Organic Roses

オーガニック・ローズ358

私が育てたおすすめの無農薬バラ

梶浦道成＋小竹幸子 [編]

築地書館

バラを無農薬で栽培すると、いろいろな発見があります。
虫のこと、鳥のこと、微生物のこと……。
たくさんの生命とかかわりながら、育っていることに気づきます。
そして何よりも、健やかなバラがもつ
生命力の美しさに胸がときめくことでしょう。
自然とともに生きる人のバラ。
私たちはそれを、オーガニック・ローズと名づけました。

オンブレ・パルフェトゥ。深い赤紫のこのバラが滝のように咲くと、その場から動けなくなる
写真／浅沼恵子

コーネリア。黄色い花芯と
花弁のグラデーションが愛らしい
写真／岸野美代子

はじめに

バラを育てている人にとって、一番わくわくする時は、大好きなバラの蕾がほころび始めたとき。

二番目にわくわくする時は、次にどんなバラを育てようか好みのバラを探しているとき。

この本は、そんな至福の時間のためにつくりました。

しかも「バラを無農薬で育てたいけれど、どんな品種がいいだろう?」と、農薬を使いたくない人にとって有益な情報となるように、具体的な栽培体験にもとづいた発信に重点をおいた内容にしています。

すべての写真やコメントは、バラの無農薬栽培を実践している全国各地の51人のガーデナーによるものです。

それぞれが実際に3年以上無農薬で育てたバラの中からとっておきの品種を358種、自らのカメラと体験で紹介しています。

ですから、オーガニックで育ったバラならではの魅力や生命力が、どのページにもあふれています。

ページをめくっていくうちに、あなたの次のひと株が、きっと微笑みかけてくることでしょう。

この本をつくる過程で、51人の皆さんから寄せられた、300種類を超えるバラの名前や分類・性質について、納得のいくまで調べ、まとめていくことは、私たちにとってたやすいことではありませんでした。疑問や驚き、とまどいの連続で、バラの世界の奥深さを実感しました。

それでも、オーガニック・ローズの美しさと、栽培の広がりを知っていただきたくて本にしました。

この本が、皆さまのお役に立てば幸いです。

編者

目 次

はじめに……5

本書をお読みいただくにあたって……10

野生種……13

オールドローズ……31

アルバ……32

ブルボン……37

ケンティフォーリア……46

チャイナ……50

ダマスク……56

ガリカ……60

ハイブリッド・パーペチュアル……68

モス……74

ノワゼット……84

ポートランド……94

ティー……97

クライミング・ティー……106

ハイブリッド・ムルティフローラ……108

ハイブリッド・スピノシッシマ……112

その他……114

モダンローズ……121

フロリバンダ……122

クライミング・フロリバンダ……141

ハイブリッド・ティー……144

クライミング・ハイブリッド・ティー……153

ラージ・フラワード・クライマー……156

ミニチュア……171

クライミング・ミニチュア……173

ポリアンサ……176

クライミング・ポリアンサ……180

イングリッシュローズ……182

シュラブ……240

ハイブリッド・ムスク……264

ハイブリッド・ルゴーサ……277

ハイブリッド・ウィクラナ……282

コラム

51人がすすめるオーガニック・ローズ TOP10……12

バラの咲き方について……一季咲き・返り咲き・四季咲き……45

オーガニック・ローズって？……67

オーガニック・ローズは、日照条件が決め手……73

庭に自然をよぶオーガニック・ローズ……82

アブラムシは庭の生態系を支える貴重な存在……83

虫の季節が、子育ての季節。シジュウカラを庭に……93

バラゾウムシは、自然界の摘蕾屋さん……107

バラゾウムシの被害を最小限にする方法……112

ピーナッツリースのつくり方……113

春から晩秋まで、カマキリはバラのガードマン……119

「バラの栄誉殿堂」"Rose Hall of Fame"とオーガニック・ローズ……120

オーガニック・ローズは、多様性のある庭で……143

オーガニック・ローズは、土づくりを大切に……155

バラを見出す……172

うどんこ病に強いオーガニック・ローズ……180

オーガニック・ローズは、微生物が味方に……181

同じバラでも欧州と日本では育ち方が違う……239

バラは自由に仕立てよう……242

無農薬。植えて3年は、辛抱する……250

オーガニック・ローズは、より香り高く……259

育種の方向性は、「耐病性有り」があたりまえになりつつある……263

オーガニック・ローズは、一季咲きが魅力……286

オーガニック・ローズは、未来につながる……287

用語解説……288

花の形……290

アンケートについて……291

この本に登場するオーガニック・ローズ・ガーデナー……294

参考文献……303

索引　バラ名和文……304

　　　　バラ名欧文……310

本書をお読みいただくにあたって

＊本書は、3年以上、基本的に無農薬でバラ栽培を楽しまれている全国の愛好家51人に、おすすめのバラを5品種以上選び、各バラについてアンケートに答えていただいたものをまとめたものです。アンケートの内容については、291ページをご参照ください。

＊バラの名前や分類などは、基本的に『バラ大百科』（NHK出版、2006年）、『Modern Roses12』（A.R.S. 2007年）に準じています。

＊51人がおすすめのバラとしてあげたもののうち、358品種を「野生種」「オールドローズ」「モダンローズ」の3つに分けて、以下の分類別に紹介しています。

＊本書で紹介しているのは個人の栽培体験ですので、地域や環境によって生育状況などは異なります。

● 野生種　Sp
● オールドローズ
A　　　アルバ
B　　　ブルボン
C　　　ケンティフォーリア
Ch　　 チャイナ
D　　　ダマスク
G　　　ガリカ
HP　　 ハイブリッド・パーペチュアル
M　　　モス
N　　　ノワゼット
P　　　ポートランド
T　　　ティー
Cl T　　クライミング・ティー
HMult　ハイブリッド・ムルティフローラ
HSpn　 ハイブリッド・スピノシッシマ
その他

● モダンローズ
F　　　 フロリバンダ
Cl F　　クライミング・フロリバンダ
HT　　 ハイブリッド・ティー
Cl HT　クライミング・ハイブリッド・ティー
LCl　　ラージ・フラワード・クライマー
Min　　ミニチュア
Cl Min　クライミング・ミニチュア
Pol　　 ポリアンサ
Cl Pol　クライミング・ポリアンサ
ER　　 イングリッシュローズ
S　　　 シュラブ
HMsk　ハイブリッド・ムスク
HRg　　ハイブリッド・ルゴーサ
HWich　ハイブリッド・ウィクラナ

バラ名（欧文表記）
品種名、流通名など一般的な名称です。

分類
左の分類をご参照ください。

咲き方
一季咲き、返り咲き、四季咲きの3つに分けました。
一季咲き　春に一度だけ咲くもの
返り咲き　年2回以上花が咲くもの
四季咲き　春の花後も繰り返し絶え間なく花が咲くもの

なお、ここで一季咲きと表記してあってもアンケート結果では年2回咲く、逆に四季咲きや返り咲きと表記してあってもアンケート結果では年1回咲くなどという品種がありますが、これは日照条件や気候、栽培年数、育て方などさまざまな要因によるものと思われます。

推薦者の一言コメント
アンケートに寄せられた、育てている場所、育て方・仕立て方・剪定のコツ・工夫、咲き方、開花時期、花もち、花の色、花の魅力、香り、蕾・葉・棘の特徴、注意することとその対処法、そのバラとのエピソードなどのコメントから構成しています。実際に自分の庭で育てた経験からのコメントです。末尾の〔都道府県／氏名／年数〕は、そのコメントをくださった方の在住地／お名前／そのバラの栽培年数です。

アンケートの結果

各バラについて、咲き方、香り、日当たり、育て方、仕立て方、うどんこ病、黒点病に対するアンケートの回答を集計したものです。「推薦者の一言コメント」と合わせて各集計結果の数字をご覧いただければと思います。

アンケートの具体的な内容については、291ページをご参照ください。

なお、1品種2ページで紹介しているものは、「仕立て方」を除き、回答が0人の項目も掲載してあります。

1ページ、0.5ページで紹介しているものは、「うどんこ病」「黒点病」を除き、0人の項目は省きました。

0.5ページで紹介しているものは、以下の記号を使用しました。

  香り   ： 強い◎、ほどよい○、弱い△

  うどんこ病・黒点病 ： 全く出ない◎、あまり出ない○、やや出る△、よく出る▲

編者による各バラへのコメント

各バラのアンケート結果から、そのバラの特性や栽培のポイントなどを総括し、さらに、必要な情報を補足しました。

写真

本書に掲載した写真はすべて、51人の方が自分の庭で撮影したものです。全部で2986枚寄せられた写真の中から、選りすぐりの632枚を掲載しています。自分の庭で自分が育てているバラだからこその愛情あふれるベストショットの数々です。

51人がすすめるオーガニック・ローズ TOP10

51人のアンケートを集計した結果、おすすめ人数が多かった品種は以下のようになりました。
TOP10 全40品種中、「アイスバーグ」「オールド・ブラッシュ」「ロサ・グラウカ」「粉粧楼」の4品種以外は、すべてつる性のバラか、半つる性のバラとして育てられるバラという結果です。これらのバラは丈夫なだけでなく、仕立て方が自由自在で、ガーデンローズとして楽しみが多いからなのでしょう。

1位 (22人)

ピエール・ドゥ・ロンサール
LCl p.156

2位 (15人)

アイスバーグ
F p.122

3位 (13人)

アンジェラ
F p.126

4位グループ (11人)

アブラハム・ダービー
ER p.182

グラハム・トーマス
ER p.190

5位グループ (10人)

コーネリア
HMsk p.264

ソンブルイユ
LCl p.160

ブラッシュ・ノワゼット
N p.86

ロサ・バンクシアエ・バンクシアエ (モッコウバラ)
Sp p.18

6位グループ (9人)

イングリッシュ・ヘリテージ
ER p.184

バフ・ビューティ
HMsk p.266

ファンタン・ラトゥール
C p.46

マダム・アルフレッドゥ・キャリエール
N p.88

7位グループ (8人)

オールド・ブラッシュ
Ch p.50

スノー・グース
ER p.192

8位グループ (7人)
アリスター・ステラ・グレー　N p.84
ウィリアム・モリス　ER p.186
エグランタイン(マサコ)　ER p.188
プロスペリティ　HMsk p.268
ペネロペ　HMsk p.270
マダム・アルディ　D p.56
ロココ　S p.240

9位グループ (6人)
アルベリック・バルビエ　HWich p.282
紫玉　G p.61
パット・オースチン　ER p.206
ポールズ・ヒマラヤン・ムスク　HMsk p.273
マダム・ピエール・オジェ　B p.41
メアリー・ローズ　ER p.209
ルイーズ・オディエ　B p.42
ロサ・グラウカ
(ロサ・ルブリフォリア)　Sp p.24
ロサ・バンクシアエ・ルテア
(キモッコウバラ)　Sp p.16

10位グループ (5人)
ヴァリエガータ・ディ・ボローニャ　B p.37
エヴリン　ER p.195
コンスタンス・スプライ　ER p.200
ザ・ジェネラス・ガーデナー　ER p.203
シャンテ・ロゼ・ミサト　HT p.144
スパニッシュ・ビューティ　LCl p.163
チャールズ・レニー・マッキントッシュ　ER p.226
粉粧楼　オールドローズその他 p.114
ロサ・ムルティフローラ
(ノイバラ)　Sp p.22

野生種
Species

モッコウバラ、キモッコウバラ、ナニワバラが、
滝のように咲く初夏の庭
写真　中村良美

ロサ・ダヴーリカ・アルペストリス（カラフトイバラ）

＊Rosa davurica alpestris ＊Sp ＊一季咲き

艶のあるピンクの一重の花が咲きます。葉っぱは細長くて小さく、枝は細くしなやかで根元からたくさん出てきます。地下茎でどんどんふえていくので、狭い庭では注意が必要です。秋の紅葉も楽しめ、寒暖の差のあるところでは赤くなりますが、市街地では黄色で終わってしまうことがしばしばです。〔茨城／片寄敬子／10〕薄い和紙のような花は1日で散ってしまいますが、その後は丸い実が楽しめます。〔神奈川／大石 忍／3〕赤みを帯びた枝に細く茂った葉、細い蕾と細長いローズ・ヒップ、いろいろと楽しめるバラです。この明るい葉色のバラと赤緑色の葉色のロサ・グラウカを並べて植えると、引き立て合って素敵です。〔長野／小松幸子／5〕

写真大／大石 忍、写真小／片寄敬子

 扱うのに革手袋が必要なほど、細く鋭い棘がたくさんついています。〔茨城／片寄敬子／10〕	 赤みを帯びた枝に細く茂った葉。〔長野／小松幸子／5〕
 ゆるく巻いた蕾と咲きがら。残った蕊もきれい。〔神奈川／大石 忍／3〕	 花後すぐに実が膨らみ始めます。この写真は7月のもの。〔茨城／片寄敬子／10〕
 秋にはオレンジ色の艶やかな実になります。まるで果実のよう。〔茨城／片寄敬子／10〕	 11月には紅葉が楽しめます。寒暖の差がある地方だともっと赤くなるようですが、私のところでは黄色どまりです。〔茨城／片寄敬子／10〕

おすすめ人数　3人

咲き方
年に1回 ……… 3人
年に2回 ……… 0人
年に3回以上 … 0人

香り
強い ………… 1人
ほどよい ……… 0人
弱い ………… 2人

日当たり
1日中 ………… 0人
主に午前半日 … 1人
主に午後半日 … 0人
明るい日陰 …… 2人

育て方
鉢植え ………… 1人
地植え ………… 2人

仕立て方
自立 ………… 3人

うどんこ病
全く出ない …… 3人
あまり出ない … 0人
やや出る ……… 0人
よく出る ……… 0人

黒点病
全く出ない …… 3人
あまり出ない … 0人
やや出る ……… 0人
よく出る ……… 0人

＊コメント
「ロサ・マレッティ」と呼ばれることもある。枝は細くしなやかで根元から株立ちになる。地下茎でふえ広がる。葉は細く明るい色合い。秋には実や紅葉も楽しめる。病気にたいへん強い。寒地に自生するため耐暑性がやや弱く、明るい日陰で育てている人も。野生種は花色や葉や実の形などに多少の幅があり、このバラも葉形は、写真のように細長いものから卵形のものまで、個体により変異が見られるようだ。実の形についても同様であることがうかがえる。

ロサ・バンクシアエ・ルテア（キモッコウバラ）

＊Rosa banksiae lutea ＊Sp ＊一季咲き

春、どのバラよりも早くカスタードクリームのような花がいっせいに咲き、それは見事。花は春だけですが、花のない時期の葉や茎もきれいです。香りがないと言われていますが、ほのかにバラらしい香りがします。棘もなく、虫もつかず、病気にもならない一押しのバラです。〔東京／神吉晃子／11〕じょきじょきと容赦なく新しいシュートを剪定しても、春には株いっぱいに花を咲かせます。〔愛媛／近藤美鈴／15〕地植えにして2年目。まだ花つきは今ひとつです。〔福島／越川洋子／5〕とにかく樹勢が強く、滝のように咲いてくれます。〔長野／長島敬子／12〕

写真大／神吉晃子、写真小／長島敬子

おすすめ人数	6人
咲き方	
年に1回	4人
年に2回	1人
年に3回以上	1人
香り	
強い	0人
ほどよい	3人
弱い	3人
日当たり	
1日中	2人
主に午前半日	2人
主に午後半日	1人
明るい日陰	1人
育て方	
鉢植え	1人
地植え	5人
仕立て方	
自立	1人
壁面	1人
背丈以下のフェンス・トレリス	2人
オベリスク	1人
その他	1人
うどんこ病	
全く出ない	3人
あまり出ない	3人
やや出る	0人
よく出る	0人
黒点病	
全く出ない	4人
あまり出ない	1人
やや出る	0人
よく出る	1人

真っ先にバラの季節が来たよと教えてくれます。愛らしくやさしい、この黄色に癒されます。〔愛媛／近藤美鈴／15〕

キモッコウは春一番に咲くバラ。キャンデーみたいな丸い蕾が色づいてくると胸がときめきます。〔東京／神吉晃子／11〕

奔放に伸びるシュートは、いつの間にかシャラノキにもからみつき、枝垂れて咲きました。〔東京／神吉晃子／11〕

近くに寄ってその咲く姿を見ると、とても愛らしいバラ。ほかの植物ともよくマッチします。〔神奈川／市川繁美／9〕

病虫害にもほとんどあわず、肥料も食いません。育てやすさから言うと断トツだと思います。〔神奈川／市川繁美／9〕

淡く小さな黄色い花たちが、庭をやさしい雰囲気にしてくれます。育てやすく丈夫で私のような初心者向けです。〔千葉／柏木恭子／3〕

*コメント
おすすめ人数第9位グループ。早咲きで、毎年バラの季節の到来を告げる。半日陰や半日の日差しでもよく育つ。棘がなく扱いやすいが、樹勢が強く旺盛に伸びるので、花後から夏にかけてスペースに合わせてカットする。肥料はひかえめに。病虫害にたいへん強く、育てやすいバラだが、耐寒性がやや弱い。

ロサ・バンクシアエ・バンクシアエ（モッコウバラ）

＊Rosa banksiae banksiae ＊Sp ＊一季咲き

バラの時期の初期に咲き始め、ケヤキの大木を真っ白な花で飾ります。花後には伸びすぎたところをばっさりと切り取ります。〔埼玉／中村敦子／8〕東の壁面にあり、真っ白い滝が落ちるような光景は圧巻です。〔福島／中村良美／12〕枝が5m以上伸びるので、広い場所でダイナミックな景観をつくるのがベスト。〔広島／松本記司子／10〕香りがとてもよく、キモッコウバラよりも柔らかい雰囲気が出せるので好きです。〔神奈川／濱田世津子／8〕10年前に西日よけとして植えた。今では、窓から見える新緑の美しさやよい香りも堪能している。〔神奈川／野村美穂子／10〕まったくの病気知らず。あまりに元気でよく伸びるので剪定だけは忘れずに。〔神奈川／大石 忍／11〕

写真大／中村敦子、写真小／中村良美

どんな枝にもたくさん蕾をつけます。ころんとした蕾から、純白の八重の花を咲かせます。〔広島／松本記司子／10〕

黄緑色の若葉に囲まれて並ぶ蕾。花がいっせいに咲いた時の眺めは壮観。〔神奈川／大石 忍／11〕

香りのよい小さな花に、ヒラタアブがよく寄って来ます。ほかのバラの色合いを邪魔しません。〔神奈川／市川繁美／8〕

花後の手入れの時に、メジロの巣を発見。その後、2羽のヒナは無事に巣立っていきました。〔神奈川／野村美穂子／10〕

春が来たことを告げる真ん丸の蕾から、ポップコーンがはじけたような花がたわわに咲きます。〔千葉／松本紀子／11〕

ナニワバラとともにアーチとトレリスを飾っています。とても香りがよく、アーチをくぐる時に思わずはっとします。〔千葉／柏木恭子／8〕

おすすめ人数 **10人**

咲き方
年に1回 …… 10人
年に2回 …… 0人
年に3回以上 … 0人

香り
強い ……… 4人
ほどよい …… 3人
弱い ……… 3人

日当たり
1日中 ……… 4人
主に午前半日 … 4人
主に午後半日 … 2人
明るい日陰 …… 0人

育て方
鉢植え ……… 0人
地植え ……… 10人

仕立て方
壁面 ………… 1人
背丈以上の
フェンス・トレリス … 3人
背丈以下の
フェンス・トレリス … 1人
パーゴラ …… 1人
アーチ ……… 2人
その他 ……… 2人

うどんこ病
全く出ない …… 5人
あまり出ない … 3人
やや出る …… 2人
よく出る …… 0人

黒点病
全く出ない …… 8人
あまり出ない … 2人
やや出る …… 0人
よく出る …… 0人

＊コメント
おすすめ人数第5位グループ。バラの季節の到来を教えてくれる春告げバラ。多花性で甘い香り。生育旺盛で、花後から夏にかけてスペースに合わせて枝を整理する。棘のない細い枝は扱いやすい。強健だが、耐寒性はやや弱い。

毎年短く剪定しても、アーチからこぼれんばかりに咲き誇ります。〔千葉／柏木恭子／8〕

非常に多花性で、3cmほどの小輪房咲きの花がいっせいに咲くと、あたり一帯に甘い香りが漂います。〔広島／松本記司子／10〕

南東側の窓の上を覆い、左側は、庭先の木へアーチのように伸ばしている。その奥の南西側の窓の上も覆っている。〔神奈川／野村美穂子／10〕

夏の日差しにも強く、葉も美しいので、西日よけの緑のカーテンとしても利用している。日にすける葉の緑がとても美しい。〔神奈川／大石 忍／11〕

柔らかな枝にたくさんの細長い葉がついた様子は風情があり、花がなくても花瓶に活けて十分に楽しめます。〔千葉／松本紀子／11〕

伸びすぎた枝でクリスマスリースをつくることができる。生育が旺盛なので、剪定と誘引に少し手がかかります。〔千葉／松本紀子／11〕

おすすめ人数	2人
咲き方	
年に1回	2人
香り	
強い	1人
弱い	1人
日当たり	
主に午前半日	1人
明るい日陰	1人
育て方	
地植え	2人
仕立て方	
背丈以上のフェンス・トレリス	1人
アーチ	1人
うどんこ病	
全く出ない	2人
あまり出ない	0人
やや出る	0人
よく出る	0人
黒点病	
全く出ない	1人
あまり出ない	0人
やや出る	1人
よく出る	0人

＊コメント
葉をこするとリンゴの香りがする。病気に強く旺盛に生育。秋に小さなヒップがたわわに色づく。鋭い棘。寒さには強い。「スイート・ブライアー」とも呼ばれる。

ロサ・エグランテリア

＊Rosa eglanteria ＊Sp ＊一季咲き

朝、窓を開けるとリンゴに似た甘酸っぱい香りが流れてきます。葉が香るのですが、春と秋は特に香りが強くてうっとりします。可憐な一重のピンクで中心が白っぽい花も、よい香りがします。大型化するので強剪定と誘引で、なんとか窓辺で育てています。〔千葉／松本紀子／11〕 ひとつひとつの花はすぐに終わりますが、蕾がたくさん上がってぽつぽつと咲くので、2～3週間は楽しめます。花後にできるヒップも可愛らしい。〔埼玉／本田章子／7〕

写真大／本田章子、写真小／松本紀子

ロサ・ムルティフローラ（ノイバラ）

＊Rosa multiflora ＊Sp ＊一季咲き

金色の蕊が花火のように広がって虫を待っているみたい。白い一重の可憐な花は虫たちに大人気です。秋には小さい実が鈴なりになり、鳥たちのご馳走になっています。〔東京／神吉晃子／10〕 小鳥の落とし物なのか、庭に生えてきました。今ではケヤキの木を家の2階ほどの高さまで登っています。〔埼玉／中村敦子／10〕 引っ越して来る前からここに自生していたノイバラ。日照が少ないにもかかわらずたくさんの花をつけます。〔神奈川／小野田輝美／4〕 4mほどの大きさになってスモモの木にからんでいます。病気知らずの手間いらず。古くなった枝と多すぎるシュートを間引くだけで毎年たくさんの花を見せてくれます。〔神奈川／大石 忍／12〕

写真大／神吉晃子、写真小／小野田輝美

美しい黄色い蕊。1週間ほどの開花期の中でいろんな姿を楽しめます。〔神奈川／大石 忍／12〕

花が咲く直前のわくわくする眺め。〔埼玉／中村敦子／10〕

蕾に産みつけられたクサカゲロウの卵。このバラにはたくさんの虫が集まります。〔埼玉／中村敦子／10〕

アブラムシやチュウレンジバチなどいろんな虫がつきますが、テントウムシの幼虫（写真）のレストランになっています。〔埼玉／中村敦子／10〕

圧巻！ 奥行き12mの庭の西側を2本のノイバラが覆いつくすと、すばらしく甘い香りにつつまれる。〔北海道／佐藤恵里子／15〕

秋のローズ・ヒップは、野鳥がついばみに来るのを観察するのが楽しい。伸びすぎた枝の剪定で、山ほどのローズ・ヒップが採れる。〔北海道／佐藤恵里子／15〕

おすすめ人数	5人
咲き方	
年に1回	5人
年に2回	0人
年に3回以上	0人
香り	
強い	1人
ほどよい	3人
弱い	1人
日当たり	
1日中	2人
主に午前半日	1人
主に午後半日	0人
明るい日陰	2人
育て方	
鉢植え	0人
地植え	5人
仕立て方	
自立	2人
背丈以下の	
フェンス・トレリス	1人
パーゴラ	1人
その他	1人
うどんこ病	
全く出ない	4人
あまり出ない	0人
やや出る	1人
よく出る	0人
黒点病	
全く出ない	3人
あまり出ない	1人
やや出る	1人
よく出る	0人

＊コメント
おすすめ人数第10位グループ。病虫害に強く旺盛に育つので、広い場所を覆うのに適する。たくさんの虫や鳥たちが集まりビオトープになる。古い枝や多すぎるシュートをカットして大きさを制御。秋に真っ赤なローズ・ヒップがたわわに実る。明るい日陰でも生育。日本全国に自生し、耐寒性、耐暑性に優れる。ヨーロッパに渡り、チャイナ系と交配されて、フロリバンダ系やポリアンサ系のバラのもとになった野生種。

ロサ・グラウカ（ロサ・ルブリフォリア）

＊Rosa glauca ＊Sp ＊一季咲き

中心が白いピンクの花を花房状に咲かせます。ブルーグレーがかった赤緑色の葉が美しく、庭のアクセントになります。日本ではヨシノズズバラという名で出まわっています。夏の暑さに弱いので対策が必要です。〔茨城／片寄敬子／5〕スイスでこのバラが自生している様子は見事でした。〔福島／中村良美／8〕珍しい葉色にひかれて入手しました。一重の花も控えめで可愛いです。〔福島／越川洋子／4〕小さな花が咲き終わると、夏には実がオレンジに色づきます。〔千葉／薄井真智子／8〕

おすすめ人数	6人

咲き方
年に1回 6人

香り
弱い 6人

日当たり
1日中 2人
主に午後半日 2人
明るい日陰 2人

育て方
鉢植え 3人
地植え 3人

仕立て方
自立 6人

うどんこ病
全く出ない 6人
あまり出ない 0人
やや出る 0人
よく出る 0人

黒点病
全く出ない 5人
あまり出ない 0人
やや出る 1人
よく出る 0人

＊コメント
おすすめ人数第9位グループ。花も葉も実も楽しめる。明るい日陰でも生育する。うどんこ病はまったく出ず、黒点病も出にくい。一季咲きだが、特異な葉色を楽しむことができる。暑さに弱く寒冷地向け。

写真大／中村良美、写真小／薄井真智子

ロサ・ラエウィガータ（ナニワバラ）

＊Rosa laevigata ＊Sp ＊一季咲き

日陰に植えて3年間は花も咲かず生長は今ひとつでした。ところが4年目から爆発的に伸びて滝のように咲きました。一重の清楚な花に似合わず、カギ状の鋭い棘だらけで取り扱い要注意品種です。〔福島／中村良美／7〕ご近所で評判になるほど存在感のあるバラ。よく伸びて大暴れ、剪定も大変です。1年に一度しか咲かないのに、それでも手放せません。〔千葉／柏木恭子／8〕常緑の葉には光沢がありツバキのよう。1.5mほどに小さく仕立てても咲きます。〔埼玉／本田章子／5〕

おすすめ人数	3人	育て方			よく出る ………	0人
		地植え ………	3人		黒点病	
咲き方		仕立て方			全く出ない ………	3人
年に1回 ………	3人	背丈以上の			あまり出ない ………	0人
香り		フェンス・トレリス…	1人		やや出る ………	0人
ほどよい ………	1人	アーチ ………	1人		よく出る ………	0人
弱い ………	2人	オベリスク ………	1人			
日当たり		うどんこ病				
1日中 ………	1人	全く出ない ………	3人			
主に午前半日 …	1人	あまり出ない ………	0人			
明るい日陰 ………	1人	やや出る ………	0人			

写真大／柏木恭子、写真小／中村良美

＊コメント

棘が鋭く、蕾や萼も小さな棘で覆われる。たいへん大きく育つ。明るい日陰や半日の日照でも生育旺盛。早咲き。ツバキのような照り葉をもち、病虫害にたいへん強いが、高冷地では防寒する必要がある。「ナニワイバラ」とも言われる。

キフツゲート

＊Kiftsgate
＊Sp＊一季咲き

日当たりがあまりなくても元気で、可愛い花をたくさんつけます。葉はライトグリーンでフレッシュな印象。秋はローズ・ヒップも楽しめます。玄関の前にこれだけの花数があると、香水をふったよう。道行く人が大感激して声をかけてくれます。

咲き方＊年1回／香り◯／日当たり＊主に午後半日／地植え／壁面／うどんこ病◎／黒点病◎〔東京／金 明姫／5〕

＊コメント　たいへん病虫害に強く、丈夫で、旺盛に伸び、1株で広い面積をカバーできる。日照不足や寒さにも強い。

ブータンナニワバラ

＊Sp＊一季咲き

ひらひらとした純白の大きな花が、次々と咲いていきます。棘はヘビの毒牙のようなひっかかりやすい形をしていて葉脈の裏にまであり、さわるととても痛い。厚みのある照り葉は虫や病気の心配もなく、丈夫さでは一番。日が陰ると花びらを閉じる様子が可愛い。

咲き方＊年1回／香り△／日当たり＊明るい日陰／地植え／壁面／うどんこ病◯／黒点病◎〔千葉／松本紀子／12〕

＊コメント　「ナニワバラ」の変種で、ひと回り花が大きい。強健でたいへん旺盛に育つ。「ナニワバラ」同様1年目の枝には花をつけないので、強剪定はせず、花後に切り戻す。

ロサ・カニーナ

＊Rosa canina
＊Sp＊一季咲き

5弁の花びらと黄色の蕊が愛らしい素朴な花。地植えにすると大きくなるので鉢で育てています。〔神奈川／大石 忍／3〕丈夫なヨーロッパのノイバラ。鋭いフック状の棘。可愛い飾り萼。〔長野／長島敬子／10／写真〕秋の赤くて細長いローズ・ヒップが魅力。〔福島／越川洋子／4〕

おすすめ人数3人
咲き方＊年1回3 香り△3 日当たり＊1日中1、主に午後半日2 鉢植え2、地植え1 自立2、アーチ1 うどんこ病◎3、○0、△0、▲0 黒点病◎3、○0、△0、▲0

＊コメント 強健。ヨーロッパ全土に自生。ローズ・ヒップに豊富なビタミンCを含み、ハーブティーなどに利用されている。

ロサ・ガリカ・ウェルシコロル

＊Rosa gallica versicolor
＊Sp＊一季咲き

自然のつくりだす縞模様と発色のよさに驚かされる。蕾にも縞がある。〔北海道／佐藤恵里子／3〕樹高は膝上ほど。横張りなので上から花を楽しみます。〔千葉／薄井真智子／5／写真〕細い枝が根元からたくさん伸びて育てやすい。〔茨城／片寄敬子／8〕

おすすめ人数3人
咲き方＊年1回3 香り◎2、○1 日当たり＊1日中2、主に午前半日1 鉢植え1、地植え2 自立3 うどんこ病◎0、○1、△2、▲0 黒点病◎1、○0、△2、▲0

＊コメント あまり大きくならず鉢植えにもできる。良香。細枝にもよく花をつけるので弱剪定で。「ロサ・ムンディ」とも呼ばれる。

ロサ・スピノシッシマの仲間

＊Rosa spinosissima
＊Sp ＊一季咲き

ロサ・スピノシッシマの品種群は長い歴史の中で人々から忘れられ、1000種もあった品種はほとんど失われ、現在でも品種名の特定のできないものが多々ある。しかし、このグループは耐病性に優れ、その小さな葉や実など1年を通して楽しめる。耐寒性が注目されて育種にも使われており、今後ますます栽培が広まるのではないかと期待している。

咲き方＊年1回／香り◎／日当たり＊1日中／地植え／自立／うどんこ病◎／黒点病◎〔山梨／矢崎恵子／5〕

＊コメント　細かい棘が多い。早咲きで花後すぐ実をつける。香りは甘い。

ロサ・ニッポネンシス（タカネバラ）

＊Rosa nipponensis
＊Sp ＊一季咲き

濃い紫ピンクの一重の素朴な小輪花。咲き終わりは淡いピンクに退色します。特徴のある蕾や飾り萼も可愛く、黄緑色の葉は9枚の場合が多い。秋にはオレンジ色の細長いローズ・ヒップも楽しめます。少ないが鋭い棘には注意。サッカーでまわりに広がります。

咲き方＊年1回／香り△／日当たり＊主に午前半日／地植え／自立／うどんこ病◎／黒点病◎〔長野／長島敬子／6〕

＊コメント　本州から四国にかけての山地の一部に自生。水はけのよい、日のあたる場所で育てるが、真夏はやや遮光するとよい。

ロサ・ニティダ

＊Rosa nitida
＊Sp＊一季咲き

一重の濃いピンクの小輪の花。秋には丸い真っ赤なローズ・ヒップをつけてとてもきれい。小さな照り葉は、秋には紅葉もする。細い直立の枝が地面からたくさん出て、枝先に花と実をつける。地下茎でよくふえて宿根草のよう。株分けも簡単。

咲き方＊年1回　香り△　日当たり＊主に午前半日　地植え　自立　うどんこ病○　黒点病○〔北海道／佐藤恵里子　12〕

＊コメント　暖地では人の背丈ほどに育つ。北アメリカ原産。光沢のある美しい葉。耐寒性が強い。

ロサ・ヒルツラ
（サンショウバラ）

＊Rosa hirtula
＊Sp＊一季咲き

ほんのりとピンクの縁どりの一重バラ。花径は3cmくらいでシンプルな美しさです。ほんとうにサンショウのような細かい葉で、茎の部分は白っぽい樹皮で覆われ、棘も鋭く、花が咲いていなければバラだとは思わないかもしれません。

咲き方＊年1回　香り△　日当たり＊1日中　鉢植え　自立　うどんこ病◎　黒点病◎〔福島／中村良美　6〕

＊コメント　たいへん病気に強い。弱香。富士箱根地方に自生し、「ハコネサンショウバラ」とも言う。木立性だが、樹木状に大きく育つ。

ロサ・ムリガニー

＊Rosa mulliganii
＊Sp＊一季咲き

咲いてすぐの鮮やかな黄色の蕊が魅力的。フェンスを覆うように花が房状になって咲きます。1年でかなり枝が伸び、棘はきつめ。この花が咲きだすと庭中によい香りが漂います。6月半ば過ぎ、ほかのバラが終わりかけた頃に咲き始めます。

咲き方＊年1回／香り◎／日当たり＊主に午後半日／地植え／背丈以下のフェンス・トレリス／うどんこ病◎／黒点病○〔群馬／後藤千織／11〕

＊コメント　秋には小さなオレンジ色の実がなる。よく伸び、フェンスや壁面などに。中国西部原産。

ロサ・ロクスブルギー・ロクスブルギー（イザヨイバラ）

＊Rosa roxburghii roxburghii
＊Sp＊返り咲き

一部が欠けた花の特徴から、十六夜の名前がついています。短い花弁がびっしりと詰まった美しい花。〔神奈川／小野田輝美／3／写真〕サンショウのような葉。とげとげの蕾。しっかりした枝を横に伸ばします。〔長野／長島敬子／8〕

おすすめ人数2人

咲き方＊年2回1、3回以上1／香り△2／日当たり＊主に午前半日1、主に午後半日／鉢植え1、地植え1／自立2／うどんこ病◎2、○0、△0、▲0／黒点病◎2、○0、△0、▲0

＊コメント　病気に強く、鉢植えにも向く。繰り返し咲く。香りは弱い。

オールドローズ
Old Roses

風に揺れて輝きを増す
ブラッシュ・ブールソール
写真／中村敦子

アルバ・セミプレナ

＊ Alba Semi-plena ＊ A ＊ 一季咲き

灰色がかった葉の色と質感がすばらしい。セミダブルの花はひらひらと優雅で、中心に「天使の羽」（小さな花びら）が入ることも。花もちはよくありませんが、次々と咲いてくれます。蕾の飾り愕も美しい。〔千葉／松本紀子／12〕 古くからあるバラ。株は大きくなり、一季咲きでも十分満足できる。〔山梨／矢崎恵子／11〕 花びらが散ったあとの蕊の姿も美しい。〔東京／久保田正子／4〕 真っ赤なローズ・ヒップと初雪とのコントラストが、私の中でこのバラの価値を高めている。〔北海道／佐藤恵里子／6〕

おすすめ人数	**4**人	明るい日陰	1人	うどんこ病	
咲き方		育て方		全く出ない	2人
年に1回	4人	地植え	4人	あまり出ない	2人
香り		仕立て方		やや出る	0人
強い	1人	自立	1人	よく出る	0人
ほどよい	2人	壁面	1人	黒点病	
弱い	1人	背丈以上の		全く出ない	1人
日当たり		フェンス・トレリス	1人	あまり出ない	2人
1日中	1人	背丈以下の		やや出る	1人
主に午後半日	2人	フェンス・トレリス	1人	よく出る	0人

＊コメント

半日の日差しや明るい日陰でも生育。病虫害に強い。飾り蕾のある蕾、灰緑の葉と白い花との組み合わせが美しい。秋には赤いローズ・ヒップがなる。壁面やフェンス、トレリスなどに誘引する。

写真大／松本紀子、写真小／佐藤恵里子

おすすめ人数 **1**人
咲き方＊年1回
香り＊強い
日当たり＊1日中
育て方＊地植え
仕立て方＊自立
うどんこ病＊全く出ない
黒点病＊やや出る

＊コメント
細くしなやかな枝が弓なりに伸びる。棘がほとんどないので扱いやすく、アーチやオベリスクなどにも誘引しやすい。香りのよい中輪花がたわわに咲く。旺盛に育つ。生育初期はうどんこ病や黒点病にやや注意。アルバ系の中では珍しく明るい緑色の葉。

マダム・プランティエ

＊Mme. Plantier＊A＊一季咲き

ころんとしたつぶらな蕾は紅色をしていますが、開花するとロゼット咲きのクリームホワイトの花。房咲きの多花性で、春、早めの開花から1カ月ほど次々と花を楽しませてくれます。コンディションによっては、葉っぱが見えないほどたくさんの花で埋めつくされることも。枝は細く、棘もほとんどないので、扱いやすい品種です。花後早めに剪定してあげると、新しい葉がすぐに展開してきます。黒点病は出る時もありますが、うどんこ病はまず発生したことがありません。〔茨城／片寄敬子／8〕

写真／片寄敬子

グレート・メイドゥンズ・ブラッシュ

＊Great Maiden's Blush
＊A＊一季咲き

アルバ特有の葉色と蕾の飾り萼、それだけでも十分魅力があるバラです。花もよく咲いて、時には両側の蕾に挟まれて窮屈そうなこともあります。萼の飾りのおかげなのか、バラゾウムシの影響がなくて嬉しいです。

咲き方＊年1回／香り◎／日当たり＊主に午後半日／地植え／自立／うどんこ病○／黒点病○〔長野／小松幸子／12〕

＊コメント　よく香り、病気にも強い。中輪。直立性で株立ちになる。半日の日照でも生育。寒さに強い。

ケーニギン・フォン・デーネマルク

＊Königin von Dänemark
＊A＊一季咲き

ウォームピンクのたっぷりとした花容、端正な花姿、そしてボタン・アイ。品格のある名前に恥じない美しいバラです。アルバ特有のシルバーがかった葉色ときっちりと整った鋸歯の葉も魅力的。茎はしっかりと上に伸びます。

咲き方＊年1回／香り◎／日当たり＊1日中／地植え／自立／うどんこ病○／黒点病◎〔長野／長島敬子／6〕

＊コメント　強香。棘が多い。病気に強く育てやすい。明るい緑色の葉。直立して伸び、鉢栽培にも向く。

ジャンヌ・ダルク

＊Jeanne d'Arc
＊A＊一季咲き

シルバーがかった緑色の葉に、白い花がよく似合うバラ。飾りのあるかわいい形の蕾からほんのりピンクで咲き始め、徐々に白く退色していきます。香りもよい。鉢で育てていますが、大きくなりすぎず育てやすいと思います。

咲き方＊年1回　香り◎　日当たり＊主に午前半日　鉢植え　自立　うどんこ病◎　黒点病◎〔埼玉　中村敦子　6〕

＊コメント　香り強く、強健に育つ。暑さ寒さに強く、日照不足にも耐える。トレリスなどに誘引するのもよい。

セレスティアル

＊Celestial
＊A＊一季咲き

小さめのふわふわとしたやさしいピンク色の花がよく香ります。枝の先に蕾がたくさんつき、蕊も魅力的。葉の色も少しグレーがかり、赤く細い棘とあいまって素敵です。病気知らずですが、チュウレンジバチの幼虫に注意。

咲き方＊年1回　香り◎　日当たり＊1日中　地植え　自立　うどんこ病◎　黒点病◎〔群馬　後藤千織　8〕

＊コメント　たいへん病気に強い。強香で、中輪。枝は堅く株立ちになり、支えがなくても自立する。

フェリスィテ・パルマンティエ

＊Félicité Parmentier
＊A＊一季咲き

これほど気高く咲くバラがあるでしょうか。上品なシルバーピンクの花びらは100枚以上も。〔神奈川／浅沼恵子／7／写真〕灰緑色の光沢のない葉色が、ピンクのグラデーションにマッチしています。〔新潟／石和田英理子／3〕

おすすめ人数2人
咲き方＊年1回2／香り◎1、○1／日当たり＊主に午後半日1、明るい日陰1／鉢植え1、地植え1／自立1、背丈以下のフェンス・トレリス1／うどんこ病◎0、○1、△1、▲0／黒点病◎1、○0、△1、▲0

＊コメント　株が充実すると病気にも強い。樹形は小さめだが、トレリスなどで支えるとよい。花色は柔らかなフレッシュピンクからクリームホワイトへ退色する。

プティット・リゼット

＊Petite Lisette
＊A＊一季咲き

やさしいピンク色の4cmほどに小さく整った花が愛らしいバラ。萼の切れ込みが多い蕾の姿にも魅かれます。株は直立性で2mほど枝が伸びます。横に倒して誘引したら、花数がふえました。

咲き方＊年1回／香り○△／日当たり＊主に午後半日／地植え／自立／うどんこ病◎／黒点病○〔東京／久保田正子／3〕

＊コメント　中輪で弱香。病気に強く、樹勢も強い。あまり大きくなりすぎず、鉢植えにも向く。半日の日照でも生育。『Modern Roses 12』ではアルバに分類されているが、日本ではケンティフォーリアやダマスクで流通している場合が多い。

ヴァリエガータ・ディ・ボローニャ

＊Variegata di Bologna＊B＊一季咲き

薄いピンクに濃い赤紫のストライプというモダンな配色。古典的な花の形はとても目を引き、庭に華やかさを与えてくれます。うどんこ病と黒点病に悩まされた時期もありましたが、今では元気印のバラです。〔福島／中村良美／10〕約100年前のイタリアのバラで、濃厚な香りがすばらしい。〔神奈川／濱田世津子／8〕枝が柔らかくアーチ向きだと思う。葉は明るいライムグリーンで、鋭い棘がある。〔東京／大野紀子／3〕つるのように伸びるが、強剪定で低く仕立ててもよい。〔長野／長島敬子／5〕

おすすめ人数	5人
咲き方	
年に1回	4人
年に3回以上	1人
香り	
強い	4人
ほどよい	1人
日当たり	
1日中	4人
主に午後半日	1人

育て方	
鉢植え	1人
地植え	4人
仕立て方	
自立	2人
背丈以下のフェンス・トレリス	1人
アーチ	1人
オベリスク	1人
うどんこ病	
全く出ない	3人
あまり出ない	2人
やや出る	0人
よく出る	0人
黒点病	
全く出ない	0人
あまり出ない	1人
やや出る	1人
よく出る	3人

写真大／中村良美、写真小／大野紀子

＊コメント
おすすめ人数第10位グループ。強健だが、生育初期は、うどんこ病や黒点病に注意。しなやかな枝がよく伸び、扱いやすい。誘引して咲かせるが、強剪定にも耐える。日照が十分な場所で育てている人が多い。

オノリーヌ・ドゥ・ブラバン

＊Honorine de Brabant ＊B ＊四季咲き

ライラックピンクに濃いピンクが混じる珍しいバラ。枝はしなやかで棘が少なく扱いやすい。強く甘い香り。長く伸びる枝に柔らかな葉をたっぷり茂らせる様がじつに美しい。〔千葉／松本紀子／11〕 ストライプのバラは数々あれど、控えめな色のバランスが好き。〔神奈川／小野田輝美／3〕 庭先でお客様をお迎えするバラ。寒さにも半日陰にも負けず、順調に伸びている。〔北海道／佐藤恵里子／4〕 トレリスや樹木から枝垂れさせると雰囲気がいい。返り咲きは少ない。〔埼玉／本田章子／4〕

おすすめ人数	**4**人
咲き方	
年に1回	2人
年に2回	2人
香り	
強い	3人
ほどよい	1人
日当たり	
主に午前半日	1人
主に午後半日	1人

明るい日陰	2人
育て方	
鉢植え	1人
地植え	3人
仕立て方	
自立	1人
壁面	1人
アーチ	1人
その他	1人
うどんこ病	
全く出ない	1人

あまり出ない	3人
やや出る	0人
よく出る	0人
黒点病	
全く出ない	0人
あまり出ない	2人
やや出る	2人
よく出る	0人

＊コメント

明るい日陰でも生育する。病気に強い。しなやかで棘の少ない枝が長く伸び、フェンスやアーチ、壁面に誘引する。甘くフルーツのような香り。花もちよく、散りぎわまでカップの形が崩れない。

写真大／佐藤恵里子、写真小／松本紀子

おすすめ人数	2人
咲き方	
年に1回………	2人
香り	
強い…………	2人
日当たり	
主に午前半日…	2人
育て方	
地植え…………	2人
仕立て方	
壁面…………	1人
背丈以上の	
フェンス・トレリス…	1人
うどんこ病	
全く出ない ……	1人
あまり出ない …	1人
やや出る ………	0人
よく出る ………	0人
黒点病	
全く出ない ……	0人
あまり出ない …	2人
やや出る ………	0人
よく出る ………	0人

＊コメント

強健で旺盛に枝を伸ばす。枝は細かい棘が多く堅め。フェンスやトレリス、壁面に誘引するとよい。花色は、咲き始めの赤紫から紫に変化。香りは強い。秋には丸いローズ・ヒップが楽しめる。

ジプシー・ボーイ

＊Gipsy Boy＊B＊一季咲き

咲き始めから散るまでの色の移り変わりが美しい。咲き進むと花は青みを帯び、ひと房で色のグラデーションが楽しめます。明るい赤紫や黄色い蕊がよく似合う。棘が多く枝が堅いので誘引は苦労しますが、咲いた時は見事です。〔埼玉／中村敦子／8〕 葉色の明るさがダークな花色とあいまって美しい。咲き進むうちにふんわりとしたイメージに花が変化。深い花色は、どの花ともよく似合う。一季咲きだが丸いヒップが楽しめる。きれいな色の葉は、病虫害にも強い。〔千葉／松本紀子／10〕

写真／中村敦子

スヴニール・ドゥ・ラ・マルメゾン

＊Souvenir de la Malmaison ＊B ＊四季咲き

淡いパウダーピンクのきれいなロゼット咲き。花びらは絹のような光沢。〔長野／長島敬子／5〕 毎年一番乗りで咲く花。うどんこ病も一番乗りですが、それにもめげずに雪が降るまで繰り返し咲いてくれます。〔新潟／石和田英理子／6〕 確かに最初はうどんこ病が出ていましたが、風通しのよい所で管理したら出なくなりました。雨にあたると蕾が開かなくなることがあります。〔神奈川／高坂ひとみ／9〕 うどんこ病対策は、風通しのよい場所と米ぬかすりすりで克服。〔福島／越川洋子／4〕

おすすめ人数	4人	地植え…………	2人	
咲き方		仕立て方		あまり出ない … 2人
年に3回以上…	4人	自立…………	4人	やや出る……… 1人
香り		うどんこ病		よく出る……… 1人
強い…………	4人	全く出ない……	2人	
日当たり		あまり出ない…	0人	
1日中………	4人	やや出る………	1人	
育て方		よく出る………	1人	
鉢植え…………	2人	黒点病		
		全く出ない……	0人	

＊コメント

うどんこ病が出るという人もあるが、まったく出ないという人も。日当たりと風通しのよい場所で育てるとよい。よく香り、繰り返し咲く。ボーリング対策には、鉢栽培にして、雨にあてずに咲かせる工夫も。

写真大／石和田英理子、写真小／高坂ひとみ

おすすめ人数	6人
咲き方	
年に1回	3人
年に2回	3人
香り	
強い	4人
ほどよい	1人
弱い	1人
日当たり	
1日中	2人
主に午前半日	1人
主に午後半日	2人
明るい日陰	1人
育て方	
鉢植え	2人
地植え	4人
仕立て方	
自立	3人
壁面	1人
オベリスク	1人
その他	1人
うどんこ病	
全く出ない	1人
あまり出ない	2人
やや出る	3人
よく出る	0人
黒点病	
全く出ない	0人
あまり出ない	3人
やや出る	3人
よく出る	0人

*コメント
おすすめ人数第9位グループ。「レーヌ・ヴィクトリア」の枝変わり。花もちはよい。秋に返り咲く。枝はしなやかで細め。誘引しやすい。

マダム・ピエール・オジェ

＊Mme. Pierre Oger ＊B＊返り咲き

シフォンのように薄い花びらのグラデーションが素敵なバラ。〔新潟／石和田英理子／6〕甘い砂糖菓子のような風情と香りに、うっとり。しなやかな枝を、鉢植えでオベリスク仕立てにしています。〔東京／宮野純子／8〕うつむいて咲くので下から見るのが可愛い。〔奈良／佐藤妙子／7〕窓を囲むように誘引できるまでに大きくなりました。〔神奈川／槐 佳世子／3〕背を高くして咲くので庭の後方に。〔長野／小松幸子／12〕北海道の私の庭では低く自立して咲いています。〔北海道／佐藤恵里子／9〕

写真大／小松幸子、写真小／宮野純子

ルイーズ・オディエ

＊Louise Odier ＊B ＊返り咲き

あたりに香りをふりまく、美しいクォーター・ロゼット咲き。〔埼玉／本田章子／5〕ローズピンクの花が株全体を覆い、お客さまの人気者。〔東京／岸野美代子／9〕濃厚な香りは部屋の中まで。秋の花数は少なめ。〔神奈川／徳山さゆり／6〕1.5mほどの枝は小ぶりなつるバラとして壁面に。棘も少なく扱いやすい。梅雨時に黒点病が出ることも。〔神奈川／高坂ひとみ／9〕今はベランダで育てていますが、地植えで思いっきりのびのびと咲かせたいバラです。〔神奈川／籔 雅子／3〕鉢から地植えにしたら、花は小ぶりで多花性になりました。〔千葉／薄井真智子／8〕

おすすめ人数	6人
咲き方	
年に1回	2人
年に2回	4人
香り	
強い	6人
日当たり	
1日中	4人
主に午前半日	2人
育て方	
鉢植え	2人
地植え	4人
仕立て方	
壁面	1人
背丈以上のフェンス・トレリス	1人
背丈以下のフェンス・トレリス	2人
パーゴラ	1人
オベリスク	1人
うどんこ病	
全く出ない	4人
あまり出ない	2人
やや出る	0人
よく出る	0人
黒点病	
全く出ない	0人
あまり出ない	3人
やや出る	3人
よく出る	0人

＊コメント
おすすめ人数第9位グループ。強香。オベリスクやトレリス、壁面にもよい。棘が少なく、扱いやすい。二番花もよく咲く。花弁は散りやすい。

写真大／本田章子、写真小／岸野美代子

レーヌ・ヴィクトリア

＊Reine Victoria ＊B ＊返り咲き

真ん丸ころんとした咲き方が可愛い！　枝が細めでうつむいて咲く風情に、バラマニアははまるのです。〔福島／中村良美　6〕濃いピンクの花色と黄緑の葉の対比が美しく、ほどよい大きさの花がたくさん咲いて、香りもすばらしい。〔神奈川／濱田世津子／4〕軒下の日当たりのよい場所に地植えにしたところ、2年目に急生長して壁面に誘因できるようになりました。〔神奈川／槐 佳世子／4〕ボーダー花壇に植えてあるので樹形は低めに抑えています。〔福島／越川洋子／4〕

おすすめ人数	4人

咲き方
- 年に2回　　　　　3人
- 年に3回以上　　　1人

香り
- 強い　　　　　　　4人

日当たり
- 1日中　　　　　　4人

育て方
- 鉢植え　　　　　　1人
- 地植え　　　　　　3人

仕立て方
- 自立　　　　　　　2人
- 壁面　　　　　　　1人
- 背丈以上のフェンス・トレリス　1人

うどんこ病
- 全く出ない　　　　1人
- あまり出ない　　　3人
- やや出る　　　　　0人
- よく出る　　　　　0人

黒点病
- 全く出ない　　　　0人
- あまり出ない　　　3人
- やや出る　　　　　1人
- よく出る　　　　　0人

＊コメント
「ラ・レーヌ・ヴィクトリア」とも呼ばれる。強健。花もちがよい。ほかのバラや植物とも組み合わせやすい。秋にも少し返り咲く。ダマスクの強い香り。直立性に伸び強剪定に耐える。

写真大／槐 佳世子、写真小／濱田世津子

ゼフィリーヌ・ドルーアン

＊Zéphirine Drouhin
＊B＊返り咲き

派手で濃いめのピンク色ですが、なぜか懐かしい気持ちになるバラです。駐車場が真横にあるため、棘のないものをと思い選びました。背丈ほどのトレリスに咲かせているのですが、花つきがよく、ご近所の方に大好評です。

咲き方＊年2回　香り○　日当たり＊主に午前半日　地植え　背丈以上のフェンス・トレリス　うどんこ病○　黒点病○〔東京／関口朋子／8〕

＊コメント　棘がほとんどない。強香。細い枝がよく茂る。小型のつるバラとしてアーチ、トレリス、フェンスなどに。

マダム・イザアック・ペレール

＊Mme. Isaac Pereire
＊B＊返り咲き

春の花はびっくりするほどたくさん咲きます。枝がよく伸びるので、オベリスクとフェンスに誘引しています。〔東京／佐藤まゆみ／6／写真〕遠くからでも目を引く豪華なローズ色。〔愛媛／近藤美鈴／6〕とても香りのよいバラです。〔長崎／松本隆司／12〕

おすすめ人数3人
咲き方＊年1回2、3回以上1　香り◎3／日当たり＊1日中1、主に午前半日1、主に午後半日1／鉢植え2、地植え1／自立1、オベリスク2／うどんこ病◎1、○1、△1、▲0／黒点病◎0、○1、△2、▲0

＊コメント　つるバラのように誘引して利用。強剪定も可能。大輪。強香。

バラの咲き方について
一季咲き・返り咲き・四季咲き

　はじめてバラを育てる方から「バラはいつ咲くの？」という質問をよく受けます。ここでは、バラの咲き方についてお話ししましょう。

　この本で採用しているバラの咲き方は「一季咲き・返り咲き・四季咲き」の3種類です。

　「一季咲き」とは、年に一度花が咲くものです。年に一度と言っても、咲く時期は、そのバラの性質によってバラバラ。東京ですと、早いもので4月の中旬過ぎくらいから咲き、多くは5月に、遅いものはほかのバラが咲き終わった6月の初めから咲き始めます。一季咲きのバラでも、咲く時期をずらして品種を選べば、4月から6月まで花を楽しむことができるというわけです。

　「返り咲き」とは、年に2回以上花が咲くものです。

　一度目の花は5月頃ほかのバラと一緒にいっせいに咲き、二度目以降になると、5月の花後にすぐ咲く品種、夏にもちらほら咲く品種、秋になってようやく咲く品種と、咲き方は品種によりまちまちです。

　「四季咲き」とは、5月の花後も繰り返し花がたえまなく咲き続けるものです。よく咲くものですと、晩秋の霜が降りる頃まで花を咲かせています。

　「野生種」をはじめとして、バラはもともと一季咲きのものが多かったのですが、四季咲きのチャイナ・ローズがかけ合わされ、バラに繰り返し咲く性質がもたらされました。

　したがって、オールドローズは一季咲きのものが多く、モダンローズになると四季咲きのものが多くなっていきます。

　ただし、四季咲きといっても、日本では、夏に猛暑の日が続くと花を休むことがあります。夏に涼しい地方でしたら、ヨーロッパのバラ園のように、文字通り四季咲きが楽しめることでしょう。　　　　（小竹）

一季咲き、返り咲き、四季咲きを組み合わせて咲かせたバラ庭。
写真／小竹幸子

ファンタン‐ラトゥール

＊Fantin-Latour＊C＊一季咲き

淡い上品なピンクのクォーター・ロゼット状の花びらが素敵です。〔千葉／薄井真智子／5〕うつむき加減に咲く様子は可憐としか言いようがありません。〔埼玉／中村敦子／6〕オールドローズのかぐわしさをたっぷりと兼ね備えているバラ。支柱は必要としますがまとまりやすい樹形です。ほんの少し黒点病は出ますが、全体に影響はなく葉をずっと維持します。〔山梨／矢崎恵子／6〕オベリスクに巻きつけていますが、枝がしなやかで扱いやすいバラです。〔島根／小松原奈穂子／7〕ほとんど樹勢まかせにして剪定は枝先だけ。〔神奈川／浅沼恵子／5〕一季咲きなのですが、次々と1カ月くらい花を楽しむことができます。〔茨城／片寄敬子／12〕

写真大／浅沼恵子、写真小／片寄敬子

花色はやさしいピンクですが強健なバラです。咲き始めはカップが美しく整っています。花もちはとてもよい。〔神奈川／浅沼恵子／5〕

肥料はそれほどあげていないのですが、毎年たくさん咲いてくれます。葉も柔らかい感触があり、病気にも強い。〔山梨／矢崎恵子／6〕

枝はしなやかでよく伸びる。棘は鋭く少なめ。大きな濃い緑の葉。〔長野／長島敬子／6〕写真／小松幸子

バラゾウムシに狙われやすいのが難点といえば難点。これも自然の摘蕾と思うことにしています。〔長野／小松幸子／12〕

ボタン・アイになる花と、蕾の萼が白くなるところがチャームポイント。花径は7cmくらいと小ぶりです。〔東京／佐藤まゆみ／4〕

咲き始めの全景。淡いピンクの花と濃いローズ色の蕾の比較ができると思います。見ていて飽きないバラです。〔茨城／片寄敬子／12〕

おすすめ人数	9人
咲き方	
年に1回	9人
年に2回	0人
年に3回以上	0人
香り	
強い	9人
ほどよい	0人
弱い	0人
日当たり	
1日中	5人
主に午前半日	2人
主に午後半日	2人
明るい日陰	0人
育て方	
鉢植え	2人
地植え	7人
仕立て方	
自立	3人
背丈以下のフェンス・トレリス	1人
オベリスク	3人
その他	2人
うどんこ病	
全く出ない	7人
あまり出ない	1人
やや出る	1人
よく出る	0人
黒点病	
全く出ない	2人
あまり出ない	2人
やや出る	4人
よく出る	1人

＊コメント
おすすめ人数第6位グループ。一季咲きだが、花つきがよく、花期が長い。強香。棘が少なく、しなやかで細い枝は扱いやすい。つるバラとしてオベリスクに巻いたり、枝を横に倒して誘引したりする。花後に枝を整理するとよい。オーガニックだとうどんこ病には強いが、黒点病は出るという人も。寒さに強い。

ジュノー

＊Juno＊C＊一季咲き

満開の花はとてもグラマラスで重く、下を向いて咲きます。葉も柔らかいニュアンスの古き良きバラ。樹の大きさもほどほどで扱いやすく、枝は弓なりにカーブします。〔山梨／矢崎恵子／6〕 シルキーピンクの花びらは1年待ったご褒美。500円玉よりひと回り小さい蕾は開花まであと1日（右写真）。〔神奈川／浅沼恵子／8〕 細く柔らかい枝が四方に伸び、その先に花がつくため、枝がしなだれて花の顔が見えにくいのが難点。横に広がらないよう、支柱をしています。〔新潟／石和田英理子／4〕

おすすめ人数	3人
咲き方	
年に1回	3人
香り	
強い	3人
日当たり	
1日中	1人
主に午後半日	2人
育て方	
鉢植え	1人
地植え	2人
仕立て方	
自立	3人
うどんこ病	
全く出ない	1人
あまり出ない	2人
やや出る	0人
よく出る	0人
黒点病	
全く出ない	1人
あまり出ない	2人
やや出る	0人
よく出る	0人

＊コメント

気品のある花。細く柔らかい枝が伸びて、ほどほどの大きさに育つ。黒点病、うどんこ病は出にくい。午後半日の日差しでも生育。香りが強い。直立性で株立ちになり、鉢栽培にも向く。

写真／浅沼恵子

ヴィレッジ・メイド

＊Village Maid
＊C＊一季咲き

ピンクの縞柄のあるバラの中で一番好きなバラ。淡いストライプがなんともキュートです。雨にあたると色の濃淡が強くなるようです。棘はたくさんありますが、枝がしなやかなのでオベリスクにからませています。〔奈良／佐藤妙子／10／写真〕

おすすめ人数2人
咲き方＊年1回2／香り◎2／日当たり＊1日中1、明るい日陰1／地植え2／自立1、オベリスク1／うどんこ病◎1、○1、△0、▲0／黒点病◎0、○1、△1、▲0

＊コメント　オールドローズとしては、大輪。強健。オベリスクやトレリスに。強香。強めに剪定して木立状に仕立ててもよい。

シャポー・ドゥ・ナポレオン

＊Chapeau de Napoléon
＊C＊一季咲き

独特な形の萼はもさもさしていて柔らかく、さわるとセダー（杉）のような爽やかな香りがします。ローズピンクのカップ咲きで、ほかのバラに比べて芽吹きがかなり遅い。ダマスクの強い香り。枝はしなやかで誘引も自由にできます。

咲き方＊年1回／香り◎／日当たり＊主に午前半日／地植え／背丈以下のフェンス・トレリス／うどんこ病◎／黒点病◎〔神奈川／徳山さゆり／6〕

＊コメント　病気に強い。フェンスやトレリスに誘引できる。ナポレオンの帽子のような蕾が特徴。別名「クレステッド・モス（Crested Moss）」。「クレステッド」とは、「とさかのような」という意味。

オールド・ブラッシュ

✲ Old Blush ✲ Ch ✲ 四季咲き

春一番に咲く順番を競い、さらに一番最後、雪が降っても咲いている優秀なバラ。〔北海道／佐藤恵里子／9〕 ほぼ毎年、我が家で開花第一号。晩秋までよく咲きます。〔神奈川／徳山さゆり／6〕 最初にヨーロッパに紹介された4種のチャイナ・ローズのひとつと言われ、歴史的にも重要なバラ。コンパクト、四季咲き、強健、やさしい芳香。短所が見当たりません。〔神奈川／小野田輝美／4〕 カップ咲きの桃色の花弁は、外側にいくほど濃い色をしています。枝は直立性で棘がほとんどなく樹高も60cmくらいと、庭の草花と合わせやすい大きさです。〔茨城／片寄敬子／10〕 丈夫で手がかからないので、無農薬で育てるのに最適。〔神奈川／高坂ひとみ／8〕

写真大／長島敬子、写真小／佐藤恵里子

外側がやや濃く、花が開くと透き通るような色のグラデーションになります。小中輪の花はほかの植物とも合わせやすい。〔神奈川／小野田輝美／4〕

シーズンの初めに咲き、繰り返しよく咲く。和の庭にも似合う花。日光をたくさん浴びた濃いピンクの花たちが満開。〔長野／長島敬子／12〕

春早くからたくさんの蕾をつけて長く咲いてくれます。花色のグラデーションが素敵なバラです。〔長野／小松幸子／12〕

四季咲き性に優れていて次々と蕾をつけます。〔茨城／片寄敬子／10〕

5月の初め頃、我が家のバラの中で一番早く咲き、バラの季節を教えてくれます。棘がなく、剪定もあまり必要ないので育てやすい。〔千葉／薄井真智子／5〕

地植えにしてアーチに誘引しています。花びらの自然な濃淡が、このバラの表情を豊かにしています。〔北海道／佐藤恵里子／9〕

おすすめ人数 8人

咲き方
年に1回 ……… 0人
年に2回 ……… 0人
年に3回以上 … 8人

香り
強い ………… 2人
ほどよい …… 5人
弱い ………… 1人

日当たり
1日中 ………… 5人
主に午前半日 … 3人
主に午後半日 … 0人
明るい日陰 …… 0人

育て方
鉢植え ……… 4人
地植え ……… 4人

仕立て方
自立 ………… 7人
アーチ ……… 1人

うどんこ病
全く出ない …… 5人
あまり出ない … 2人
やや出る …… 1人
よく出る …… 0人

黒点病
全く出ない …… 3人
あまり出ない … 1人
やや出る …… 2人
よく出る …… 2人

＊コメント
おすすめ人数第7位グループ。春早くから晩秋までたいへんよく繰り返し咲く。やさしい香り。棘が少なくコンパクトに生育し、細い枝にもよく花が咲く。日当たりのよい場所で育てている人が多い。強健でうどんこ病に強いが、黒点病は出るという人がいる。四季咲き性のあるバラの祖として重要。別名「月季花」「長春花」。

アレトゥサ

＊Arethusa ＊Ch ＊四季咲き

咲き始めは、惚れ惚れするほど美しいアプリコットピンクのロゼット咲き。それが1日で菊のように花びらが反り返り、色も退色していきます。枝は直立性で樹高が低いので、庭の前方で咲かせるといいバラです。〔茨城／片寄敬子／10〕すぐに開ききってしまいますが、開くまでの過程と開ききったあとも美しい。最後は白っぽく退色します。〔神奈川／大石 忍／9〕ランダムに乱れて花びらを広げるバラ。繰り返しよく咲くが、秋遅くに咲く花の美しさは絶品。棘はほとんどない。〔長野／長島敬子／6〕

おすすめ人数	3人

咲き方
年に3回以上 … 3人

香り
ほどよい ……… 2人
弱い ………… 1人

日当たり
1日中 ………… 2人
主に午前半日 … 1人

育て方
地植え ………… 3人

仕立て方
自立 …………… 3人

うどんこ病
全く出ない …… 3人
あまり出ない … 0人
やや出る ……… 0人
よく出る ……… 0人

黒点病
全く出ない …… 2人
あまり出ない … 0人
やや出る ……… 1人
よく出る ……… 0人

＊コメント

秋遅くまで繰り返しよく咲き、病気にも強い。棘はほとんどなく、直立して伸びるが大きくならないので花壇の前面に向く。花は1日で開ききり、白っぽく退色する。鉢植えにもよい。

写真大／長島敬子、写真小／大石 忍

エルモーサ

＊Hermosa
＊Ch＊四季咲き

丸い蕾から花びらを1枚1枚剝いたように開いていき、開くとクォーター・ロゼットに咲きます。大輪ではないのですが花弁数が多く、花弁の端を反る姿は小さなラ・フランスのよう。とても丈夫で、シーズンの早から繰り返し咲いてくれます。

咲き方＊年3回以上　香り◎　日当たり＊1日中　鉢植え　自立　うどんこ病◎　黒点病○〔神奈川　高坂ひとみ　6〕

＊コメント　小枝がこんもりと茂ってコンパクトに育つ。鉢栽培にもよい。ティー・ローズの香り。繰り返しよく咲く。

賽昭君
（サイザウチェン）

＊Sai Zhao Jun
＊Ch＊四季咲き

「チャイナは鉢植え」と思っていたのですが、地植えにしてから本領を発揮。いくつもシュートを出して株立ちとなり、たくさんの花をつけます。白にほんのり蛍光ピンクが混ざる芍薬のような咲き方が持ち味。甘い奥深い香りで訪れる人を迎えます。

咲き方＊年3回以上　香り◎　日当たり＊主に午前半日　地植え　自立　うどんこ病◎／黒点病◎〔東京　神吉晃子　6〕

＊コメント　病虫害に強い。棘や若い茎が赤く、波うった葉をもつ。繰り返しよく咲く。

ソフィーズ・パーペチュアル

*Sophie's Perpetual
*Ch*四季咲き

花弁は外側が濃く内側が淡いピンクになります。写真で一目惚れして育て始めましたが、気温によって色に大きく幅があり、とまどったことも。横張りぎみに枝を出し、鉢から溢れるような樹形。洋ナシのような濃厚な香りに包まれます。

咲き方*年3回以上／香り◎／日当たり*1日中／鉢植え／自立／うどんこ病○／黒点病○〔神奈川　小野田輝美／6〕

*コメント　コンパクトに育ち、棘も少なく鉢植えにも向く。繰り返しよく咲き続ける。伸びた枝をトレリスに誘引してもよい。

マダム・ローレット・メッシミィ

*Mme. Laurette Messimy
*Ch*四季咲き

早咲きです。そして最後まで咲いています。摘蕾しなければ年を越して咲くことも。葉が細く、花のナチュラルな咲き方に似合っています。花もちはよくありませんが、日陰でもよく花をつけるのでさみしくありません。

咲き方*年3回以上／香り△／日当たり*主に午前半日／地植え／自立／うどんこ病◎／黒点病◎〔神奈川／大石　忍／8〕

*コメント　横張りでコンパクトに育つ。棘は少ない。中輪。鉢栽培にも向く。繰り返しよく花を咲かせ、病気にも強い。

ムタビリス

＊Mutabilis
＊Ch＊四季咲き

咲き始めは淡い杏色で、咲き終わりは濃いピンク。1本のバラとは思えない花色の変化に驚かされます。〔福島／中村良美／6／写真〕花首が長くゆらゆらと揺れて咲きます。春一番の早咲きで、蕾は淡いオレンジ色。2.5m以上に枝が伸びます。〔神奈川／大石 忍／9〕

おすすめ人数2人
咲き方＊年3回以上 2 ／香り◎ 1、△ 1 ／日当たり＊主に午前半日 2 ／鉢植え 1、地植え 1 ／仕立て方＊その他 2 ／うどんこ病◎ 2、○ 0、△ 0、▲ 0 ／黒点病◎ 1、○ 1、△ 0、▲ 0

＊コメント　繰り返し咲く。病気に強い。鉢植えにも向く。一重のバラで花色が大きく変化。

ル・ベジューヴ

＊Le Vésuve
＊Ch＊四季咲き

ゆるりと咲くピンクの濃淡の花に情緒があります。濃い緑の照り葉とほどよい花数で、東洋的な雰囲気のバラです。枝を切ればすぐに蕾をつける連続開花性をもっています。横張りの樹形ですが自立し、サイド・シュートが出やすく強健で育てやすい。

咲き方＊年3回以上 ／香り○ ／日当たり＊明るい日陰 ／地植え ／自立 ／うどんこ病◎ ／黒点病◎ 〔山梨／矢崎恵子／5〕

＊コメント　横張りでコンパクトに育つ。棘は少ない。繰り返しよく花を咲かせ、鉢栽培に向く。病気に強い。

マダム・アルディ

＊Mme. Hardy ＊D ＊一季咲き

木陰が似合うバラ。たおやかなオールドの趣は、年に一度しか会えなくても手元に置きたいと思わせる。〔埼玉／本田章子／5〕いっぺんに咲かず、静かに咲いて散っていく感じ。品がある。〔神奈川／濱田世津子／3〕香りのよさは一級品。柔らかい葉とぎっしりと詰まった花びら、中心にある緑のボタン・アイが絵画のよう。〔新潟／石和田英理子／10〕咲き進むと純白になりますが、咲き始めはほんのり薄いピンクです。〔福島／越川洋子／5〕鉢植えでコンパクトに育てているせいか、花数は少なく一輪が大きめに咲きます。〔神奈川／小野田輝美／10〕育てやすく、虫がついているのをほとんど見たことがありません。〔神奈川／市川繁美／4〕

写真大／本田章子、写真小／石和田英理子

咲き始めは白ではありません。わずかにアイボリーとピンクが潜んでいるでしょ。グリーン・アイも美しく、これぞマダム・アルディ！〔福島／中村良美／7〕

艶消しのグリーンの葉は薄くてきれいです。花の繊細さにぴったり。〔福島／中村良美／7〕

蕾はぷっくりとした薄ピンク。萼が芸術的ですよね。多少のアブラムシはご愛嬌。〔福島／中村良美／7〕

輝くような純白。グリーン・アイがとてもきれい。レモンのような芳香があります。〔埼玉／本田章子／5〕

思っていたよりずっと小さな花でしたが、整った形と透明感のある花びらの白色に一目惚れでした。〔神奈川／濱田世津子／3〕

鋭い棘の根元は赤く、先は半透明のように見え、葉は葉脈が濃く先がギザギザとしている。マット感が何とも素敵。〔神奈川／濱田世津子／3〕

おすすめ人数	7人
咲き方	
年に1回	7人
年に2回	0人
年に3回以上	0人
香り	
強い	6人
ほどよい	1人
弱い	0人
日当たり	
1日中	5人
主に午前半日	1人
主に午後半日	0人
明るい日陰	1人
育て方	
鉢植え	4人
地植え	3人
仕立て方	
自立	2人
背丈以下のフェンス・トレリス	3人
その他	2人
うどんこ病	
全く出ない	2人
あまり出ない	4人
やや出る	1人
よく出る	0人
黒点病	
全く出ない	2人
あまり出ない	3人
やや出る	2人
よく出る	0人

*コメント

おすすめ人数第8位グループ。ダマスクの強香。グリーン・アイをもち気品あるバラ。萼の切れ込みに特徴のある美しい蕾。青みがかったマットな葉も美しい。強健。日照が十分な場所で大切に育てている人が多いが、木陰で咲かせているという人も。枝が長く伸びるので、オベリスクやフェンス、トレリスに添わせるとよい。

レダ

＊Léda＊D＊一季咲き

ペインテッドダマスクの別名の通り、波うつ花びらの外側にラヴェンダーピンクのペイントが入る。ロゼットの整った美花。暗緑色の丸い葉がなんともキュート。蕾はチェリーレッドで、純白の花びらが開くとはっとする美しさ。ボタン・アイがあるのも魅力のひとつ。〔埼玉／本田章子／4〕花つきが大変よくて、訪れる人がほめてくれるバラ。剪定は強めにしますが、小枝がよく出てたくさん咲いてくれる。ひとつずつ紅のさし方が違うので、ひと花ごとに楽しめます。
〔長野／小松幸子／12〕

おすすめ人数	2人
咲き方	
年に1回	2人
香り	
強い	2人
日当たり	
主に午前半日	1人
明るい日陰	1人
育て方	
地植え	2人
仕立て方	
自立	2人
うどんこ病	
全く出ない	0人
あまり出ない	1人
やや出る	1人
よく出る	0人
黒点病	
全く出ない	1人
あまり出ない	1人
やや出る	0人
よく出る	0人

＊コメント
明るい日陰や半日の日照でも生育。香りがよい。直立性で株立ちになり、うどんこ病にはやや注意。寒さに強い。小枝がよく茂る。

写真／本田章子

マダム・ゾットマン

＊Mme. Zöetmans
＊D＊一季咲き

咲き始めは陶磁器のようななめらかな質感でピンクを帯びています。極上の香りは少し離れたところにも十分に漂ってくるほどの豊かさ。一時はこのバラだけでベランダを埋めつくしたいと思ったほどいとおしく美しいオールドローズ。

咲き方＊年1回　香り◎　日当たり＊主に午後半日　鉢植え　自立　うどんこ病○　黒点病◎〔神奈川　浅沼恵子　7〕

＊コメント　気品あふれるバラ。愛らしいグリーン・アイをもつ中輪花。よく香り、病気に強い。木立性でコンパクトな樹形。

ヨーク&ランカスター

＊York and Lancaster
＊D＊一季咲き

ピンクの濃淡の出方がひと花ごとにそれぞれ違うので、見ていて楽しいダマスク・ローズです。細い枝がたくさん出て、そのどれにも蕾をもつ花つきのよさが魅力です。左下のバラは、ピンク・グルーテンドルスト。

咲き方＊年1回　香り◎　日当たり＊1日中　地植え　自立　うどんこ病○　黒点病○〔長野　小松幸子　12〕

＊コメント　強健。房咲きとなり多花性。ひとつの花の中にふたつの花色が出る。生育は旺盛でよく伸びる。

カーディナル・ドゥ・リシュリュー

＊Cardinal de Richelieu＊G＊一季咲き

小さめの暗紫紅色の花は、和の雰囲気をもつ独特の色合い。時間とともに中心が白く変化します。棘はほとんどなく、細い枝が根元から何本も出るので、支えが必要です。〔茨城／片寄敬子／11〕着物にしたいような深い紫。遠くで見るよりも近くで楽しみたいバラ。〔長野／長島敬子／5〕花色は、半日陰で育てたほうがきれいなようです。〔新潟／石和田英理子／5〕枝を伸ばしても、短く切ってもよく咲きます。日のよくあたる場所に植えましたが、曇り空の下が似合います。〔神奈川／濱田世津子／3〕

おすすめ人数	4人
咲き方	
年に1回	4人
香り	
ほどよい	4人
日当たり	
1日中	3人
明るい日陰	1人
育て方	
地植え	4人

仕立て方	
自立	2人
背丈以下のフェンス・トレリス	1人
オベリスク	1人
うどんこ病	
全く出ない	2人
あまり出ない	1人
やや出る	1人
よく出る	0人

黒点病	
全く出ない	0人
あまり出ない	1人
やや出る	2人
よく出る	1人

＊コメント
日当たりがよいほうがよく生育するが、花は半日陰のほうがきれいに見える。長く伸ばして誘引してもよいが、短めに剪定して咲かせることもできる。花ははらりときれいに散る。黒点病が出ることも。

写真大／濱田世津子、写真小／石和田英理子

紫玉

＊Shigyoku＊G＊一季咲き

咲き進んで濃い紫のポンポン咲きになるからこそ、一季咲きでも絶対に欲しいバラ。〔北海道／佐藤恵里子／15〕我が家になくてはならないガリカ・ローズ。色の変化に魅了されっぱなし。〔神奈川／浅沼恵子／7〕控えめな花径としなやかな枝ぶりは、日本の庭にぴったり。〔山梨／矢崎恵子／6〕3年目にはシュートがふえ、花つきも良好。秋は紅葉する。〔神奈川／野村美穂子／3〕ブッシュ仕立ても、アーチも、花つきはよい。〔長野／小松幸子／12〕華奢に見えるが丈夫です。〔長野／長島敬子／10〕

おすすめ人数	6人
咲き方	
年に1回	6人
香り	
ほどよい	5人
弱い	1人
日当たり	
1日中	1人
主に午前半日	2人
主に午後半日	2人
明るい日陰	1人
育て方	
鉢植え	1人
地植え	5人
仕立て方	
自立	2人
背丈以上のフェンス・トレリス	1人
オベリスク	1人
その他	2人
うどんこ病	
全く出ない	5人
あまり出ない	0人
やや出る	1人
よく出る	0人
黒点病	
全く出ない	2人
あまり出ない	3人
やや出る	1人
よく出る	0人

＊コメント
おすすめ人数第9位グループ。和の趣。細くしなやかな枝ぶりでよく伸びる。耐陰性があるが、日照が半日以上あれば、うどんこ病も黒点病も出にくく、強健。秋に紅葉。細かい鋭い棘がある。

写真大／長島敬子　写真小／小松幸子

おすすめ人数	3人
咲き方	
年に1回	3人
香り	
強い	3人
日当たり	
主に午前半日	2人
明るい日陰	1人
育て方	
地植え	3人
仕立て方	
自立	3人
うどんこ病	
全く出ない	2人
あまり出ない	1人
やや出る	0人
よく出る	0人
黒点病	
全く出ない	1人
あまり出ない	0人
やや出る	2人
よく出る	0人

＊コメント

明るい日陰や午後半日の日照でも生育する。強い香り。樹形はまとまりやすく、自然樹形でも楽しめる。楕円形の葉も魅力。蕾は初め白い色だが徐々に色づく。大輪。

シャルル・ドゥ・ミル

＊Charles de Mills＊G＊一季咲き

バラの貴婦人を想起させる美しいバラ。艶のない真緑の楕円の葉も、見ごたえ十分。〔茨城／片寄敬子／6〕 小さい蕾からたくさんの花びらが開いてくる様子は感激するほど。美麗花。強香。日なたよりも木陰に植えたほうが雰囲気がいい。〔埼玉／本田章子／4〕 深い赤色、見事なクォーター・ロゼット咲きの花は重量感があり、最後まで花容を変えません。株はそれなりに大きくなりますが、まとまりやすく自立するので扱いやすい。強健種。時に地下茎でサッカー（吸枝）が出ることも。〔山梨／矢崎恵子／5〕

写真／本田章子

ベル・イジス

*Belle Isis * G * 一季咲き

小さな球形の蕾から、ころんとしたカップ咲きの花が数多く展開。一季咲きでもこれだけ咲いてくれれば申し分ありません。かなりの多花性で香りも芳醇。病気に強い強健種。支柱1本で支えていますが、ほどほどの大きさでまとまりのよい樹形です。〔山梨／矢崎恵子／5〕 可愛いバラという表現がぴったり。無数の蕾はすべて開き、フェンスに扇状に誘引した枝からピンク色が一面に広がります。シュートはやや堅く棘もありますが、花がそれらを許してしまいます。〔神奈川／浅沼恵子／5〕

おすすめ人数	2人

咲き方
年に1回	2人

香り
強い	2人

日当たり
1日中	1人
主に午後半日	1人

育て方
鉢植え	1人
地植え	1人

仕立て方
背丈以下のフェンス・トレリス	1人
その他	1人

うどんこ病
全く出ない	2人
あまり出ない	0人
やや出る	0人
よく出る	0人

黒点病
全く出ない	2人
あまり出ない	0人
やや出る	0人
よく出る	0人

*コメント

花つきが多く、開花期は見事。細かい棘がある。比較的小型だが、支柱を添えるか、トレリスなどに添えてもよい。イングリッシュローズ第1号品種「コンスタンス・スプライ」の片親。

写真大／矢崎恵子、写真小／浅沼恵子

アントニア・ドルモア

＊Antonia d'Ormois
＊G＊一季咲き

気品溢れる花姿やふわふわで清楚なシルキーピンクの花を見ていると夢見心地な気分になれます。柔らかくてやさしい葉をもったバラで、新芽から癒されます。背丈は1.2mくらいですが、枝がしなやかなので、オベリスクにからませて楽しんでいます。

咲き方＊年1回／香り◎／日当たり＊主に午前半日／地植え／オベリスク／うどんこ病◎／黒点病◎〔山口／小川依純／3〕

＊コメント　香りが強い。美しい葉は病気にも強い。

ヴィオラケア

＊Violacea
＊G＊一季咲き

濃い紅紫色を楽しみたくて、明るい日陰に植えています。直立性の枝先の蕾の姿や萼の切れ込みに、ガリカ系であることを感じます。葉脈が深く、濃い葉色も魅力的。ルドゥーテによって描かれていることを知り、ますます好きになりました。

咲き方＊年1回／香り△／日当たり＊明るい日陰／地植え／背丈以上のフェンス・トレリス／うどんこ病○／黒点病○〔東京／久保田正子／3〕

＊コメント　強健で、日照条件の悪い場所でも生育。直立性で旺盛に枝を茂らせ、赤く丸い実も美しい。

オンブレ・パルフェトゥ

* Ombrée Parfaite
* G＊一季咲き

艶のある赤紫の花が滝のように咲き、その場から動けなくなります。鉢植えで50cmほどに剪定しています。〔神奈川／浅沼恵子／5／写真〕可愛らしいキャンデーのようなバラ。うどんこ病になりやすいのですが、それを押してでも育てる価値のあるバラです。〔東京／丸山育子／5〕

おすすめ人数2人
咲き方＊年1回2／香り◎1、○1／日当たり＊1日中1、主に午前半日1／鉢植え2／自立2／うどんこ病◎0、○0、△2、▲0／黒点病◎1、○1、△0、▲0

＊コメント　黒点病には強いようだが、うどんこ病にはやや注意。強香。

デュシェス・ダングーレム

* Duchesse d'Angoulême
* G＊一季咲き

透明感のあるピンクから白へと変化するふわふわの花をたくさん咲かせます。鉢植えで樹高1m以内で育てています。〔茨城／片寄敬子／6〕青みの入った淡いピンクの浅いカップ咲き。オールドローズらしい端正な葉、細いしなやかな枝、細かい棘が多い。〔長野／長島敬子／4／写真〕

おすすめ人数2人
咲き方＊年1回2／香り◎2／日当たり＊1日中2／鉢植え1、地植え1／自立2／うどんこ病◎2、○0、△0、▲0／黒点病◎0、○0、△2、▲0

＊コメント　直立性によく枝が伸びる。強く香る。

デュシェス・ドゥ・モンテベロ

＊Duchesse de Montebello
＊G＊一季咲き

淡いパウダーベビーピンクにグリーン・アイが愛らしい大好きなバラ。〔東京／宮野純子／5〕食べてしまいたいほどころころの蕾、完璧なロゼット咲き。〔神奈川／浅沼恵子／7／写真〕香りがよく、咲き進むにつれてポンポンのように丸みを帯びます。〔埼玉／中村敦子／5〕

おすすめ人数3人
咲き方＊年1回3／香り◎3／日当たり＊主に午前半日1、主に午後半日2／鉢植え2、地植え1／自立3／うどんこ病◎2、○1、△0、▲0／黒点病◎1、○2、△0、▲0
＊コメント　花つきがよく、香りが強い。直立性で木立状になり、鉢植えにも向く。

ベル・ドゥ・クレシー

＊Belle de Crécy
＊G＊一季咲き

紫がかった濃いめのピンクで咲き始め、しだいに薄い紫色に退色していきます。ほぼ自立で、長く伸びた枝を数本だけアーチに誘引しています。一季咲きですが、これでもかというほど花をつけ、あたりをよい香りで満たしてくれます。

咲き方＊年1回／香り◎／日当たり＊1日中／地植え／自立／うどんこ病◎／黒点病○
〔埼玉／中村敦子／5〕

＊コメント　香りよい中輪。木立状にしなやかに伸びる枝。多花性。病気にも強い。グリーン・アイをもつ。

ペルル・デ・パナシェ

＊Perle des Panachées
＊G＊一季咲き

花名を直訳すると「まだら模様の真珠」。淡いピンク地に濃いピンクの縞々模様が、たまらなく素敵です。中輪のひかえめで大人っぽい可愛らしさが気に入っています。一季咲きでも十分に魅力のあるバラです。

咲き方＊年1回　香り△　日当たり＊主に午前半日　鉢植え　自立　うどんこ病△　黒点病○〔東京　関口朋子　4〕

＊コメント　中輪のやさしいストライプの花。うどんこ病にやや注意。直立してコンパクトに育つ。

オーガニック・ローズって？

　バラを無農薬で楽しむことができるのなら育ててみたいと思われる方は、少なくないと思います。バラは花の女王。香りや姿のみならず、品種によっては春から秋まで繰り返し咲いてくれ、花時には庭主をほんとうに幸せな気持ちにしてくれます。

　そんな夢をかなえてくれるのが、オーガニック・ローズ。全国各地のオーガニック・ガーデナーたちの約20年にわたる試行錯誤と交流の結果、化学農薬を使わなくてもバラ栽培を手軽に楽しめるようになりました。そのためには、土づくり、虫や生き物の観察と知識、そして、この本で語られているような品種選びが特に大切なのです。

　オーガニック・ローズは、生き物たちと暮らす豊かさや喜びにも気づかせてくれます。皆さんも、この本を手がかりにバラを選び、気楽に無農薬で育ててみませんか？　（小竹）

おすすめ人数	3人
咲き方	
年に2回	2人
年に3回以上	1人
香り	
強い	2人
ほどよい	1人
日当たり	
1日中	2人
主に午前半日	1人
育て方	
鉢植え	1人
地植え	2人
仕立て方	
自立	2人
背丈以上のフェンス・トレリス	1人
うどんこ病	
全く出ない	0人
あまり出ない	2人
やや出る	1人
よく出る	0人
黒点病	
全く出ない	2人
あまり出ない	0人
やや出る	1人
よく出る	0人

＊コメント
白い覆輪、軽くフリンジの入る濃いローズレッドのシックな花。枝がしなやかで棘もさほどではなく、フェンスやトレリスに誘引しやすい。株が充実すると病気に強くなる。香りが強い。

バロン・ジロ・ドゥ・ラン

＊Baron Girod de l'Ain ＊HP ＊返り咲き

花弁に極細のレース糸の覆輪をあしらっているようで、咲き始めは深紅色、退色すると紫色に変化していく。早咲き品種で、香りは強いダマスク系。花首からカットしてローズバスにすると、すばらしい香りをバスルーム中に長く漂わせてくれます。〔山口／小川依純／4〕 上質なベルベットのような質感の蕾にどきっとします。この3年はうどんこ病が出ていません。〔福島／中村良美／6〕 所狭しと花がつくほどの多花性。2mほど伸びるのでフェンスに誘引しています。〔広島／松本記司子／8〕

写真大／松本記司子、写真小／小川依純

コマンダン・ボールペール

＊Commandant Beaurepaire
＊HP＊返り咲き

深紅の花弁に紫やピンクのまだらなストライプが入り、丸いゆるやかな花をつけます。葉はみずみずしい緑色。根元から細い枝が何本も出て、とても扱いやすいバラです。庭のアクセントに用いると引き締まった印象を与えます。返り咲きをします。

咲き方＊年2回　香り◎　日当たり＊主に午前半日　地植え　自立　うどんこ病◎　黒点病△〔茨城　片寄敬子　10〕

＊コメント　直立性に伸びるので、窓辺やオベリスクに。一季咲きとされる場合もあるが、環境により返り咲く。

ジェネラル・ジャックミノ

＊Général Jacqueminot
＊HP＊返り咲き

ローズピンクの、バラらしいバラ色。開ききってもあまり形が崩れず、花びらが1枚ずつ美しく散ります。南に面した塀に沿ってフェンス仕立てにしていますが、5mくらいつるが伸び、花つきは抜群です。シュートもよく出ます。

咲き方＊年1回　香り◎　日当たり＊1日中　地植え　背丈以下のフェンス・トレリス　うどんこ病◎　黒点病◎〔島根　小松原奈穂子　8〕

＊コメント　香りが強い。つるバラとして利用。病気に強い。春は、中輪の花がたわわに咲く。ハイブリッド・パーペチュアルや現代の赤バラの祖として重要。

シドニー

✻Sidonie
✻HP✻返り咲き

ダマスクの香りの花は、整ったロゼット咲きにボタン・アイがしっかりと入る。花は上向きに咲くが、咲き進むと花びらが反り返ってポンポンのように見える。ライトグリーンの葉とライラックピンクの花は相性がすばらしい。何度も返り咲きする。

咲き方✻年3回以上／香り◎／日当たり✻1日中／地植え／自立／うどんこ病◎／黒点病○〔埼玉　本田章子／3〕

✻コメント　香りが強く、繰り返し咲く。小さめのつるバラとしても使えるが、低めに剪定してもよい。

スヴニール・デュ・ドクトゥール・ジャマン

✻Souvenir du Docteur Jamain
✻HP✻返り咲き

花色のグラデーションが美しく、赤からワインレッド、紫と色の変化を楽しめます。色も香りも濃厚で人目を引きます。ガーゴイルが守っている秘密の庭に妖しい雰囲気で咲いています。棘が少なくて扱いやすく、シュートの発生も盛んです。

咲き方✻年1回／香り◎／日当たり✻主に午後半日／地植え／壁面／うどんこ病△／黒点病▲〔東京　金　明姫／5〕

✻コメント　目を引く深い花色。強光下では花色が褪せる。つるバラとして利用。

マダム・アルフレッド・ドゥ・ルージュモン

＊Mme. Alfred de Rougemont
＊HP＊四季咲き

やさしい緑色のぎざぎざとした萼が開いて赤い蕾がほころぶと、花弁が波うつソフトピンクの花が現われます。ロゼット咲きで中心にはグリーン・アイ。花径5～6cmほどの小柄で清楚なバラです。香りは爽やかでフルーティー。四季咲き性もよく、1年中花を楽しませてくれます。

咲き方＊年3回以上／香り◎／日当たり＊1日中／鉢植え／自立／うどんこ病○／黒点病◎〔山口／小川依純 6〕

＊コメント　コンパクトに育ち、繰り返し花を咲かせる。病気に強い。香りもよい。鉢栽培に向く。

マダム・ルナイー

＊Mme. Renahy
＊HP＊四季咲き

可憐な濃いピンク色の花弁をぎゅっとディープカップに秘めて咲く姿に魅了されます。香りは濃厚。雨にも負けず開きます。樹形はコンパクトですが枝が細めで花がうつむいて咲くので、鉢植えで栽培しています。四季咲き性もよいバラです。

咲き方＊年3回以上／香り◎／日当たり＊1日中／鉢植え／自立／うどんこ病○／黒点病◎〔山口／小川依純 3〕

＊コメント　できるだけ日当たりのよいところで鉢植えで育てる。たいへん繰り返しよく花をつける。

ルイ14世

＊Louis XIV
＊HP＊四季咲き

咲き始めは濃いクリムゾンレッドで浅いカップ咲き。でも、この美しい時間は短いのです。〔福島／中村良美／5／写真〕黒い蕾が開くと、王様のビロードのマントのよう。〔神奈川／高坂ひとみ／6〕花が終わったなと思う間もなく、すぐに次の花が咲いてくれます。〔新潟／石和田英理子／5〕

おすすめ人数3人
咲き方＊年3回以上3／香り◎3／日当たり＊1日中3／鉢植え3／自立3／うどんこ病◎1、○1、△1、▲0／黒点病◎1、○1、△1、▲0

＊コメント　香りが強く、コンパクトに育ち、鉢植えに向く。秋は花色がより深くなる。片親は「ジェネラル・ジャックミノ」。

レーヌ・デ・ヴィオレッテ

＊Reine des Violettes
＊HP＊返り咲き

ほんのり紫がかったバラ色の花は、8cmほどの大きさ。日当たりはあまりよくないのですが、バラの季節のトップをきって咲いてくれます。しなやかで棘の少ない2mほどのシュートは扱いも簡単。フェンスなどに誘引すると、このバラの魅力が増すと思います。

咲き方＊年1回／香り◎／日当たり＊主に午後半日／地植え／背丈以下のフェンス・トレリス／うどんこ病◎／黒点病○〔島根／小松原奈穂子／8〕

＊コメント　強香。直立して株立ちに伸びる枝をトレリスやオベリスクに添えて。半日の日照でも生育。病気に強い。

オーガニック・ローズは、日照条件が決め手

　この本で紹介されているバラは、全358品種です。そのうち、オールドローズが112品種、イングリッシュローズが81品種で、合わせて全体の約半数を占めます。両グループとも、耐病性が高く丈夫な品種が多く、オーガニック・ローズ・ガーデナーのナチュラルな庭の風情によく似合うので、うなずけます。

　しかしその半面、よく弱いと言われるティー・ローズや一般的には薬剤散布が必要と思われているハイブリッド・ティー、フロリバンダなども多数あげられました。アンケートをお寄せくださった皆さんは、自分の好きなバラを自由に選んで、オーガニック栽培で長年楽しんでいらっしゃるようです。要するに、すべてのバラは、オーガニックで楽しめるということなのではないでしょうか。

　では、何がバラ栽培の成否を分けるのでしょうか。アンケート結果を読みこんでいって見えてきたのは、バラの生育は日照条件に大きく左右されるということです。

　アンケートを見ると、日照が「1日中」「主に午前半日」合わせて72.9％、「主に午後半日」「明るい日陰」合わせて26.5％でした。大半のバラを「1日中」もしくは「午前半日」日のあたる場所で育てていることがわかります。

　さらに品種ごとによく見ていくと、一般に弱い・育てにくいと言われているバラや、四季咲き性がよく次々と蕾を上げるバラなどは、1日中よく日があたる場所で育てている人がほとんどです。でも、そのような場所が庭にない場合、日照を好むバラを午前中の日差しが得られる場所で育てて成功している人が多くいました。反対に、午後のみの日差しで栽培に成功しているバラの場合、明るい日陰などもっと条件の悪い場所でも栽培に成功している人がいました。

　ですから、アンケート結果に「午前半日」や「1日中」としか記載がないものは、特に日照を好むバラと思ってもよいかもしれません。

　バラを植えるのが、午後半日の日差しの場所ならば、耐陰性のある丈夫なバラを選ぶようにします。アンケート結果に「午後半日」や「明るい日陰」とあるバラは、耐陰性を期待できると思います。

　このように、日照条件が合った場所で育て、適切な管理をすることができれば、どんなバラでもオーガニックで楽しむことができるのではないでしょうか。　　　　　　（小竹）

アンリ・マルタン

＊Henri Martin ＊M ＊一季咲き

フランスの歴史家にちなんで命名されました。明るい蛍光色のような赤紫のセミダブルの房咲きで、春にはたくさんの花を咲かせてくれます。咲き進むと中心に黄色の蕊が目立ちます。黄緑色の苔むした蕾とやはり黄緑色をした葉っぱに、光があたるとひときわ華やかに。花が咲き終わったらただちに、翌年花を見たい高さまで剪定しています。〔茨城／片寄敬子／8〕 目を引くような赤い花は、黄色い蕊がよく似合います。とてもよい香りです。プルーンの木やアーチに自由にからめているせいか、枝もよく伸びています。薄いピンク色の花との相性がよい。〔埼玉／中村敦子／4〕

写真大／片寄敬子、写真小／中村敦子

雨上がりのアンリ・マルタン。水滴をたっぷりと含んでうなだれて咲いています。枝が細いので、支柱が必要です。〔茨城／片寄敬子／8〕

朝日を浴びた花にとまっているのは、緑色のハナグモです。目立ちすぎてもかまわないのでしょうか。〔埼玉／中村敦子／4〕

きれいな緑色のモスはアブラムシのようだと言われることもありますが、モス・ローズ好きにはたまりません。〔埼玉／中村敦子／4〕

花びらが散ったあとに残った黄色の蕊が、金色に輝いています。葉と蕊と花とのバランスがとても美しい。〔茨城／片寄敬子／8〕

小さな庭に合うように、樹高1.5m以内に剪定しています。庭全体を明るくしてくれる、とても雰囲気のあるバラです。〔茨城／片寄敬子／8〕

枝がよく伸びるので、人が通らない場所のアーチに仕立てています。秋にはオレンジ色の実がなります。〔埼玉／中村敦子／4〕

おすすめ人数　2人

咲き方
年に1回 ……… 1人
年に2回 ……… 1人
年に3回以上 … 0人

香り
強い ………… 1人
ほどよい ……… 1人
弱い ………… 0人

日当たり
1日中 ………… 1人
主に午前半日 … 1人
主に午後半日 … 0人
明るい日陰 …… 0人

育て方
鉢植え ………… 0人
地植え ………… 2人

仕立て方
自立 ………… 1人
アーチ ………… 1人

うどんこ病
全く出ない …… 2人
あまり出ない … 0人
やや出る ……… 0人
よく出る ……… 0人

黒点病
全く出ない …… 0人
あまり出ない … 2人
やや出る ……… 0人
よく出る ……… 0人

＊コメント
目を引く嫌みのない赤が美しい一季咲きのモス・ローズ。花つきや香りがよく、病気にもたいへん強い。しなやかな枝は扱いやすく、よく伸びる。秋には実がなる。

おすすめ人数	2人
咲き方	
年に1回	2人
香り	
強い	2人
日当たり	
1日中	1人
主に午前半日	1人
育て方	
地植え	2人
仕立て方	
自立	2人
うどんこ病	
全く出ない	1人
あまり出ない	1人
やや出る	0人
よく出る	0人
黒点病	
全く出ない	0人
あまり出ない	2人
やや出る	0人
よく出る	0人

＊コメント
病気に強く、たいへん強健。香りが強い。花色はピンクから灰紫へと変化。生育旺盛でフェンスやアーチにもよい。

ウィリアム・ロブ

＊William Lobb ＊M ＊一季咲き

ピンクから濃い赤紫、そしてグレーがかった紫へと変化する様が美しいバラ。花の散る前がもっとも見事な気がします。モスで覆われた蕾が生長して花が徐々に開く過程も絵になります。〔茨城／片寄敬子／10〕 柔らかなティッシュのような質感、やさしい色合いの紫のバラが、庭にニュアンスを与えてくれます。ピンク系のバラとも紫のバラとも相性がよく、弓なりの枝にふんわりと咲く姿もどことなく野趣味があって和みます。苔むした蕾や枝の不思議な感じも、育てていて楽しいバラです。〔東京／丸山育子／6〕

写真大／片寄敬子、写真小／丸山育子

サレ

＊Salet ＊M ＊返り咲き

モス・ローズ特有の苔むした蕾をもち、6～7cmの整った暖かいピンク色の花が長い間次々と咲く。花つきは抜群で数の多さに驚く。枝が密生するので、一番花のあと、ハサミを入れて風通しをよくするとよい。ひと枝に3～4輪の蕾がつき、花と苔むした蕾とを同時に見ることができる。〔北海道／佐藤恵里子／9〕中心にはボタン・アイ。花びらが開きかけてのぞく蕊も美しい。ローズマリーのような芳しい香り。半日陰の庭で育てているが、春の花を切るとすぐに二番花が上がってくる。〔埼玉／本田章子／5〕

おすすめ人数	2人	仕立て方		やや出る	1人
		自立	2人	よく出る	0人
咲き方		うどんこ病			
年に3回以上	2人	全く出ない	1人		
香り		あまり出ない	1人		
強い	2人	やや出る	0人		
日当たり		よく出る	0人		
1日中	2人	黒点病			
育て方		全く出ない	0人		
地植え	2人	あまり出ない	1人		

＊コメント
春の花後も繰り返し咲くモス・ローズ。花つきがよい。直立性に伸び、自然樹形で育ててもまとまる。強香。

写真／佐藤恵里子

おすすめ人数	2人
咲き方	
年に1回	1人
年に2回	1人
香り	
強い	1人
弱い	1人
日当たり	
1日中	2人
育て方	
地植え	2人
仕立て方	
自立	1人
その他	1人
うどんこ病	
全く出ない	1人
あまり出ない	1人
やや出る	0人
よく出る	0人
黒点病	
全く出ない	1人
あまり出ない	1人
やや出る	0人
よく出る	0人

＊コメント
年数がたてば病気にかかりにくくなる。雨でボーリングしやすい。小さな棘が多いしなやかな枝を長く伸ばす。トレリスなどに誘引してもよい。花つきがよい。

マダム・ルイ・レヴェク

＊Mme. Louis Lévêque ＊M ＊一季咲き

オールドローズらしい淡いピンクの深いカップ咲き大輪八重。萼にまで赤いモスがあり、まっすぐな枝をつるのように伸ばすので、リンゴの木に枝をとめています。春の花は湿気でボーリングしやすく開かないことも。秋の花は少ないのですがきれいに開きます。〔長野／長島敬子／10〕 順調に咲くまでに数年かかったように思います。その後、バラにくわしい方々によく咲かせているとほめられたバラでもあります。枝がたれ下がって困るほど伸び、花つきもよいです。
〔長野／小松幸子／12〕

写真大／小松幸子、写真小／長島敬子

マレシャル・ダヴゥ

＊Maréchal Davoust ＊M＊一季咲き

紫がかった茶色のモスがびっしりとついた丸い蕾から、明るいワインレッドの花弁がほどけてきます。最初は整ったカップ咲きですが、咲き進むにつれてロゼット形に。開ききるとボタン・アイものぞきます。ほかのモス・ローズのように雨で花弁が傷むこともなく、毎年きれいに咲いてくれます。シュートはよく伸びるので、近くのミカンの木に自由にからませて弓なりに枝垂れさせています。香りはかなり濃厚。秋にはオレンジ色のローズ・ヒップも楽しめます。〔埼玉／中村敦子／4〕

おすすめ人数　1人

咲き方＊年1回
香り＊強い
日当たり＊1日中
育て方＊地植え

仕立て方＊その他
うどんこ病＊全く出ない
黒点病＊あまり出ない

＊コメント
強健で、直立して枝が伸びる。コンパクトに鉢植えで育ててもよい。

写真／中村敦子

カピテーヌ・ジョン・イングラム

＊Capitaine John Ingram
＊M＊一季咲き

蕾から咲き終わりまで刻々と表情を変えるのでつい足が向くバラ。赤紫からどんどんブルーが強くなり、とても美しい。たわんだ枝にたくさんの蕾をつけるので、枝先を遊ばせて仕立てている。一季咲きだが、多くの蕾を順に咲かせ、花期は2週間くらいある。

咲き方＊年1回／香り◎／日当たり＊1日中／地植え／自立／うどんこ病○／黒点病○〔埼玉／本田章子　4〕
＊コメント　香り、花つきがよく、花期は半月ほどと長い。開花につれ花色が変化。強健。

グロワール・デ・ムスーズ

＊Gloire des Mousseuses
＊M＊一季咲き

おおらかに伸びる枝ぶりからは想像もつかないような、ソフトピンクの可愛らしい花を咲かせる。混じりけのないピンクで咲き始めて、ライトピンクに退色する。しゃれた形のモスは若草色。新しい枝の棘は、ピンク色で美しい。ダマスク香がある。

咲き方＊年1回／香り◎／日当たり＊1日中／地植え／背丈以上のフェンス・トレリス／うどんこ病○／黒点病○〔埼玉／本田章子／5〕
＊コメント　大輪。枝はしっかりしており自立する。強香。樹高は高い。強健。

ジェイムズ・ミッシェル

＊James Mitchell
＊M＊一季咲き

花は小さめの淡いピンクで平咲きになり、中心の花弁が少し盛り上がります。とても香りのよいバラで、モスの蕾から花色がのぞいた様はとても可愛らしい。あまり大きくならないので、鉢植えでも扱いが容易です。

咲き方＊年1回　香り◎　日当たり＊1日中／鉢植え　自立　うどんこ病◎　黒点病△〔茨城　片寄敬子　6〕

＊コメント　うどんこ病には強いが黒点病はやや出るようだ。ボタン・アイが魅力。半つる性で、花数が多い。

ゾエ

＊Zoé
＊M＊一季咲き

菊の紋章に似た特徴のある花びらは、目を細めてしまいます。モス・ローズ特有の苔の美しさも魅力のひとつ。どこを見ても苔だらけなのは、きっと虫から花を守っているのでしょう。鉢植えですが強健なので、強剪定をしています。

咲き方＊年1回　香り○　日当たり＊主に午後半日／鉢植え　自立　うどんこ病○　黒点病◎〔神奈川　浅沼恵子　6〕

＊コメント　甘い香り。全体がモスで覆われている。強健で病気になりにくい。ひと枝に数輪の房となって中輪花を咲かせる。鉢植えにも向く。

ブラック・ボーイ

＊Black Boy
＊M ＊一季咲き

深い黒赤の目を引く花がたわわに咲きます。花弁の内側はベルベットのようで豪華な雰囲気。蕾にもモスがたっぷり。よく伸びる枝には細かい棘が多い。オールドローズの赤花として、一番おすすめのバラ。

咲き方＊年1回／香り◎／日当たり＊1日中／地植え／自立／うどんこ病◎／黒点病◎〔長野／長島敬子／10〕

＊コメント 深い花色が魅力。ドイツのR.コルデス氏により1958年に作出されたモダン・モス。耐病性が高く、強香。つるバラとしても利用できる。

庭に自然をよぶオーガニック・ローズ

ひとたびバラを大地に植えると、たくさんの虫がやって来ます。それもそのはず、日本はもともとバラの自生地。太古の昔から、バラとともに生命をつないできた生き物は多いのです。

うかうかしていたら、大切なバラが虫たちに食べられてしまいそう。でも、もう少し観察を続けてみてください。バラを糧にしている虫たちが発生すると、それを狙って天敵と言われる肉食系の虫がやって来るようになります。カエルや野鳥なども虫を捕りに集まってきます。

肝心のバラはと言えば、たいした虫の被害を受けることもなく、ミミズや微生物がいっぱいの土に根を張りすくすくと育っています。

オーガニック・ローズの庭は、小さな生態系ができる庭。地域の自然とつながって、たくさんの生命を育む庭になっていきます。 （梶浦）

アブラムシは庭の生態系を支える貴重な存在

　オーガニック・ローズを何シーズンも育てていると、たとえ樹液を吸われようが、葉っぱを食べられようが、バラに集まる小さな虫をだんだん大切にするようになります。なぜなら、彼らがいてくれるからこそ、庭にたくさんの生命が共存していけるのだと気づくようになるからです。

　たとえば、アブラムシが発生すると、たくさんの生き物がそれを食べにやって来ます。

　中でもよく知られているのがヒラタアブの幼虫。成虫の雌はバラの蕾をひとつひとつ偵察して、アブラムシが発生しそうな場所を見きわめて卵を産み、幼虫が卵から孵った時に餌に困らないようにしています。テントウムシは親も子もアブラムシが大好物。生涯に5000匹もたいらげてくれるそうです。野鳥のメジロも、アブラムシをくちばしでこそげて食べます。

　葉っぱを食べるチュウレンジバチの幼虫などのイモムシも、庭の貴重な食糧源。アシナガバチは肉団子にして巣に持ち帰ります。シジュウカラなどの小鳥たちも、春にイモムシが大量に発生する時期に合わせて子育てをしています。

　そう考えると、アブラムシやチュウレンジバチの幼虫は、海の何かに似ていると思いませんか。

　そう、餌となってたくさんの生命を支えるオキアミやアジやイワシの大群のようなもの。「害虫」扱いするなんて、人間の勝手な発想かもしれません。彼らは自然界において食物連鎖の一環を担う大切な存在です。

　そしてバラをはじめとする庭の植物たちも、ただおとなしく被害にあっているだけではないのではないかと思うようになりました。

　そこに集まるたくさんの生き物から、栄養満点の糞や屍をしたたかにいただいているのです。やがてそれらは微生物に分解されて土に還り、貴重な養分となってバラたちを養うようにちゃんと仕組まれているのですから。

（梶浦）

ホバリングしながら、アブラムシが発生する場所を探して卵を産むヒラタアブ。写真／小川依純

アブラムシを捕食中のテントウムシの幼虫。一説によると1日に400匹も食べる。写真／小川依純

アリスター・ステラ・グレー

*Alister Stella Gray＊N＊四季咲き

ノワゼットの中では比較的コンパクト。淡い黄色から白に色が抜けていく様が美しい。香りもすばらしく遠くまで届きます。驚くべき連続開花性。〔山梨／矢崎恵子／6〕鉢でオベリスクにからませて楽しんでいます。同じ花とは思えない色の変化は、種類の異なるバラを混植しているかのよう。〔神奈川／高坂ひとみ／8〕特に秋が花色のグラデーションがきれいです。〔長野／小松幸子／11〕3年目から急生長、シュートがよく伸び生育旺盛なバラです。〔東京／久保田正子／4〕オークの木にからんで5～6m伸びています。1年中よく咲きます。〔長野／長島敬子／8〕枝がしなやかで棘も少なく、誘引しやすいと思います。〔東京／小竹幸子／12〕

写真大／小松幸子、写真小／矢崎恵子

咲き始めの色合いと咲き進んだ色合いのグラデーションが楽しめます。花つきもよく長い期間咲き続けます。〔東京／久保田正子／4〕

よく伸びて花つきもたいへんよいのですが、葉の裏につく棘には要注意。〔長野／小松幸子／11〕

花は初め卵の黄身のような暖かい黄色をしていますが、咲き進むにつれて退色してほのかに黄色を帯びた白に変化します。〔神奈川／高坂ひとみ／8〕

写真は7月の花。秋まで繰り返し咲いてくれるので、長く楽しめるお得なバラです。〔神奈川／高坂ひとみ／8〕

アーチに誘引した4月中旬の様子。新芽は赤く伸び、先には蕾がたくさんつきます。〔神奈川／徳山さゆり／6〕

咲いたばかりの黄色い花と、咲き進んで退色した白い花のグラデーション。花びらがばらばらと散らないので、花がら摘みも楽に行なえます。〔神奈川／徳山さゆり／6〕

おすすめ人数 7人

咲き方
年に1回 ……… 0人
年に2回 ……… 0人
年に3回以上 … 7人

香り
強い ………… 4人
ほどよい ……… 3人
弱い ………… 0人

日当たり
1日中 ………… 2人
主に午前半日 … 2人
主に午後半日 … 2人
明るい日陰 …… 1人

育て方
鉢植え ………… 1人
地植え ………… 6人

仕立て方
自立 ………… 1人
背丈以下の
フェンス・トレリス… 1人
アーチ ………… 2人
オベリスク …… 1人
その他 ………… 2人

うどんこ病
全く出ない …… 6人
あまり出ない … 1人
やや出る ……… 0人
よく出る ……… 0人

黒点病
全く出ない …… 3人
あまり出ない … 4人
やや出る ……… 0人
よく出る ……… 0人

＊コメント
おすすめ人数第8位グループ。四季咲き性がよく、長期間繰り返し咲く。花色は、アプリコットイエローから白に変化。よく香る。旺盛に生育し、枝がしなやかで棘が少なく、誘引しやすい。半日の日差しや明るい日陰でも生育。うどんこ病・黒点病ともに出にくい。

ブラッシュ・ノワゼット

＊Blush Noisette ＊N＊四季咲き

濃いピンクの丸い蕾と淡いピンクの花びら。その濃淡が美しい。毎年あふれんばかりの花を咲かせてくれる。〔北海道／佐藤恵里子／9〕 ふんわりとやさしい小花が房咲きに。四季咲き性がとてもよく、香りもよいのでおすすめです。〔東京／小竹幸子／12〕 新苗から元気に育てています。蕾がたくさんつくからでしょうか、うちではよくバラゾウムシが摘蕾をしにやって来ます。〔秋田／滝口明子／5〕 かなり切り詰めたので木立性になっていますが、新芽がよく伸びて花つきもよいです。〔長野／小松幸子／11〕 つるにはならず背丈ほどのブッシュ状に育てている。棘がなく暴れない。枝数を減らすくらいで手のかからないバラ。〔長野／長島敬子／6〕

写真大／佐藤恵里子、写真小／小竹幸子

柔らかい枝の先に房のように花をつけます。ふんわりゆらゆらとやさしい咲き方で繰り返し咲いてくれます。〔福島／中村良美／5〕

バラゾウムシがよくつくので蕾が半分ほどになってしまいますが、次々と花が上がってくるのでよしとしています。〔新潟／石和田英理子／6〕

ひとつの枝に、たくさんの花がつきます。小さな小さな蕾は1cmないと思います。〔東京／宮野純子／7〕

蕾から咲き始めは小さなビーズのように可愛らしいのですが、それを見られるのは一瞬、すぐにクシュクシュと開いてしまいます。〔東京／宮野純子／7〕

木陰でも機嫌よく咲いてくれます。花びらは薄い和紙のよう、葉っぱも薄くてきれいです。〔神奈川／高坂ひとみ／9〕

コーネリアよりも小ぶりの花ですが、香りはすばらしく、開花期はベランダがブラッシュ・ノワゼットの香りに包まれてうっとりします。〔神奈川／籔 雅子／6〕

おすすめ人数	10人
咲き方	
年に1回	0人
年に2回	2人
年に3回以上	8人
香り	
強い	4人
ほどよい	6人
弱い	0人
日当たり	
1日中	5人
主に午前半日	2人
主に午後半日	2人
明るい日陰	1人
育て方	
鉢植え	4人
地植え	6人
仕立て方	
自立	6人
背丈以上のフェンス・トレリス	1人
アーチ	1人
オベリスク	1人
その他	1人
うどんこ病	
全く出ない	6人
あまり出ない	3人
やや出る	1人
よく出る	0人
黒点病	
全く出ない	2人
あまり出ない	6人
やや出る	2人
よく出る	0人

＊コメント
おすすめ人数第5位グループ。香りが強く、繰り返しよく咲く。棘が少なく扱いやすい枝。生長は遅いが、明るい日陰や木陰でも生育。つる性に伸びるが、剪定して木立状に仕立てることも可能。うどんこ病、黒点病に強く、手のかからないバラだが、バラゾウムシがよくつくという人も。

マダム・アルフレッドゥ・キャリエール
＊Mme. Alfred Carrière ＊N＊四季咲き

とにかく一番花がすばらしい。香りもフルーティーで甘く強香です。〔山梨／矢崎恵子／11〕 木のてっぺんから四方に枝垂れるように花を咲かせています。風に揺れる姿が素敵。〔新潟／石和田英理子／6〕 足並みを揃えていっせいに開花するので、満開時は圧巻。〔東京／梶浦道成／15〕 壁面に誘引すると、とてもエレガント。〔東京／金 明姫／5〕 日陰でも育つバラがあるんだということを知るきっかけになったバラです。〔秋田／滝口明子／8〕 3年たってようやく株がしっかりとしてきました。〔神奈川／濱田世津子／3〕 植えてから3年目くらいまではうどんこ病になりやすいですが、株が充実するにつれて丈夫になります。〔東京／小竹幸子／7〕

写真大／中村敦子、写真小／岸野美代子

期待が高まる杏色に色づいた蕾。バラの季節の早い時期に咲き始めます。〔埼玉／中村敦子／6〕

咲き始めは淡くアプリコットがかっていますが、咲き進むにつれてシルクのように艶のある白色に変わります。軽やかで気品に満ちています。〔東京／梶浦道成／15〕

春は、白くふんわりと大輪で咲きます。とても優雅で美しいバラです。〔東京／小竹幸子／7〕

規則正しく、いっせいに、上品に。細い枝に軽やかな花をつけて風に揺れる姿がとても似合うバラ。〔東京／梶浦道成／15〕

肌色を含んだ微妙な色合いが、咲き進むにつれて淡くなり、情緒があります。年に何度か咲きますが、春の花が圧巻。〔山梨／矢崎恵子／11〕

早咲きで、透き通るような花が次から次へと惜しみなく咲く。花の咲き方、色、香り、すべてが上品で優美。まさに名花だと思う。〔東京／岸野美代子／9〕

おすすめ人数 9人

咲き方
- 年に1回 …… 1人
- 年に2回 …… 3人
- 年に3回以上 … 5人

香り
- 強い …… 6人
- ほどよい …… 3人
- 弱い …… 0人

日当たり
- 1日中 …… 3人
- 主に午前半日 …… 3人
- 主に午後半日 …… 2人
- 明るい日陰 …… 1人

育て方
- 鉢植え …… 1人
- 地植え …… 8人

仕立て方
- 壁面 …… 3人
- 背丈以上のフェンス・トレリス … 3人
- パーゴラ …… 1人
- オベリスク …… 1人
- その他 …… 1人

うどんこ病
- 全く出ない …… 8人
- あまり出ない …… 0人
- やや出る …… 1人
- よく出る …… 0人

黒点病
- 全く出ない …… 1人
- あまり出ない …… 6人
- やや出る …… 2人
- よく出る …… 0人

＊コメント
おすすめ人数第6位グループ。早咲きだが、花期が長い。春以降もぽつりぽつりと繰り返し咲く。細い枝にもよく花をつける。香りも強い。ベーサル・シュートは出にくいが、サイド・シュートはよく出る。旺盛に生育。春の花後に切り戻し、大きさをコントロール。半日の日照や明るい日陰でも生育。うどんこ病は大きく育つと出なくなる。黒点病にも強い。

エメ・ヴィベール

＊Aimée Vibert
＊N＊返り咲き

花は愛らしく、棘が少ない。6月から開花して、晩秋まで何度か咲くのが嬉しいバラです。自らシュートを雨樋に引っかけて2mくらいの高さで自由に咲いています。〔東京／関口朋子／8〕サクランボみたいな蕾が愛らしい。〔東京／小竹幸子／10／写真〕

おすすめ人数2人
咲き方＊年2回1、3回以上1／香り◯2／日当たり＊主に午前半日2／地植え2／壁面1、アーチ1／うどんこ病◎0、◯2、△0、▲0／黒点病◎0、◯1、△1、▲0

＊コメント　植えて数年は花が咲きにくい。遅咲きで、大きな房になって咲く。生長すると繰り返し咲く。細長い葉も美しい。

クレパスキュル

＊Crépuscule
＊N＊返り咲き

杏色の上品な花が、フェンスの外に向かって滝のように枝垂れます。少し崩れたような花形がおしゃれなバラ。春から秋まで房になって咲き続けます。新芽のブロンズ色の葉も魅力的。棘が少なく、枝もしなやかなので、誘引しやすい品種です。

咲き方＊年3回以上／香り◯／日当たり＊主に午前半日／地植え／背丈以上のフェンス・トレリス／うどんこ病◎／黒点病◯〔東京／小竹幸子／5〕

＊コメント　病虫害に強く、育てやすい。しなやかな枝がアーチ状に長く伸びる。秋遅くまで咲き続ける。ムスクの香り。

シャンプニーズ・ピンク・クラスター

＊Champney's Pink Cluster
＊N＊返り咲き

蕾は濃いピンクですが、開花すると淡く可憐なピンクの花に。やさしい雰囲気を漂わせて房状に咲きます。蕾が次々と立ち上がってきますが、バラゾウムシに適度に自然摘蕾されています。地植えした当初はなかなか大きくなれませんでしたが、4年目の今は株が充実してきました。

咲き方＊年3回以上　香り◯　日当たり＊主に午前半日　地植え　背丈以下のフェンス・トレリス　うどんこ病◎　黒点病◯〔神奈川／徳山さゆり／4〕

＊コメント　「ブラッシュ・ノワゼット」の親。最初のノワゼット・ローズと考えられている。秋まで繰り返し咲く。半つる性。甘いムスクの香り。

セリーヌ・フォレスティエ

＊Céline Forestier
＊N＊四季咲き

ピンクを帯びた濃いクリーム色から徐々に退色して白へと花色が変化します。気温が高いと黄色が、低いとピンクが濃く入ります。よく伸びる枝は棘が少ない。〔茨城／片寄敬子／10／写真〕品のあるやさしい黄色は、ほかのバラともなじみます。〔神奈川／籔 雅子／3〕

おすすめ人数2人
咲き方＊年2回1、3回以上1　香り◯2　日当たり＊1日中2　鉢植え1、地植え1　自立1、その他1　うどんこ病◎1、◯1、△0、▲0　黒点病◎0、◯1、△0、▲1

＊コメント　黒点病が出ることがあるようだが、強健。しなやかな枝を、トレリスやアーチなどに添えて咲かせる。片親は「シャンプニーズ・ピンク・クラスター」。

デュシェス・ドアウスタッド

＊Duchesse d'Auerstädt
＊N＊返り咲き

マスタード色とでも言うのでしょうか、シックな黄色です。咲き進むとやや色が薄くなり、濃い緑色の葉とよく合います。春のバラのシーズン以降もほぼ1年中ぽつぽつと咲きます。生育は旺盛で、シュートもよく出ます。

咲き方＊年3回以上／香り△／日当たり＊主に午前半日／地植え／アーチ／うどんこ病◎／黒点病△〔埼玉／中村敦子 5〕

＊コメント ほかのバラとも合わせやすい黄色。病気に強く、旺盛に伸び、繰り返し咲く。つるバラとして利用。中程度のティーの香り。

ラマルク

＊Lamarque
＊N＊返り咲き

やや小ぶりで上品な花姿。美しい形の白バラです。ベランダで育てていますが、地植えで育ててみたいバラです。

咲き方＊年3回以上／香り○／日当たり＊1日中／鉢植え／背丈以下のフェンス・トレリス／うどんこ病○／黒点病○〔神奈川／籔 雅子 5〕

＊コメント 純白で香りのよい美しい花。棘が少なく、丈夫でよく枝を伸ばし、壁面や大きめのアーチなどに向く。繰り返し花をつける。よく香る。片親は「ブラッシュ・ノワゼット」。

虫の季節が、子育ての季節。
シジュウカラを庭に

　庭で見かける野鳥と言えば、黒いネクタイのような柄のあるシジュウカラ。体重は15gほどでスズメとほぼ同じなのですが、普段は昆虫を食べています。1羽が食べる数はなんと1年間に10万匹以上。1日に換算すると270匹あまりも虫を食べていると言われています。

　この食欲、もしもオーガニック・ローズの庭で発揮してくれたら、バラの虫対策は万全です。そこで、庭に巣箱を設置してみてはいかがでしょう。

　実際に、この本に登場するガーデナーの中には、庭にシジュウカラ用の巣箱を設置して、シジュウカラの子育てを身近に見守る方が何人もいます。それによると、シジュウカラは冬頃から巣箱を下見に来て、春先には巣箱を決定。そして、ちょうどバラに虫がつきやすくなる頃から子育てを始めるのだそうです。

　ヒナが孵化すると、親が入れ替わり立ち替わり3分間隔ほどのサイクルで、休みなく虫を捕えてヒナに運んで来るのだとか。

　バラの葉を食べるチュウレンジバチやハバチの幼虫も、もちろん彼らのターゲットです。

　でも、庭に巣箱を設置するにせよ、肝心のシジュウカラをどうしたら庭によぶことができるでしょう。

　それは、自然界に彼らの食料が少なくなる冬がもっとも適期です。シジュウカラは、ヒマワリの種やピーナッツなど脂肪分の高い種子が大好物。餌台をつくって冬の間だけ毎日ヒマワリの種を置いたり、枝や窓辺にピーナッツリース（→113ページ）を下げてみてください。

　運よくあなたの庭の餌を見つけて通い慣れてくれたら、きっと春にもバラにつく虫を食べに来てくれることでしょう。そして、庭の巣箱で子育てしてくれるかもしれません。

　オーガニック・ローズの庭は、こうして自然の力を借りながら、成熟度を増していくのです。　　（梶浦）

3分間隔くらいで頻繁に巣箱に虫を運ぶシジュウカラ。父鳥（右）から母鳥（左）が虫を受け取って、巣箱のヒナに与えていたようだ。写真／神吉晃子

おすすめ人数	3人
咲き方	
年に1回	1人
年に2回	1人
年に3回以上	1人
香り	
強い	2人
ほどよい	1人
日当たり	
主に午後半日	2人
明るい日陰	1人
育て方	
鉢植え	3人
仕立て方	
自立	2人
壁面	1人
うどんこ病	
全く出ない	0人
あまり出ない	2人
やや出る	1人
よく出る	0人
黒点病	
全く出ない	0人
あまり出ない	2人
やや出る	1人
よく出る	0人

＊コメント
午後半日か、明るい日陰でも生育。繰り返し咲く。香りが強い。枝は、木立性でまとまりやすいので、自然樹形でも楽しめる。鉢植えにも向く。

ジャック・カルティエ

＊ Jacques Cartier ＊ P ＊ 返り咲き

たくさんの花びら、キュートなボタン・アイ。蕾が開き始めてから咲くまでに時間がかかるが、わくわく待つのが嬉しいバラ。〔秋田／滝口明子／4〕明るいピンクの花がクォーター・ロゼットに咲きます。花首が短く、葉や枝に直接花が載っているように見えます。木立性で鉢植えにも最適。何度も返り咲いて、ダマスクの芳香を楽しませてくれる優秀なバラ。〔神奈川／小野田輝美／5〕強健で、幹は暴れず、病気知らず。花びらも散らかりません。育てやすいバラです。〔愛媛／近藤美鈴／6〕

写真大／滝口明子、写真小／小野田輝美

コントゥ・ドゥ・シャンボール

＊Comte de Chambord
＊P＊返り咲き

オールドローズらしい整ったカップ咲き。中心のライラック色を帯びた濃いピンク色に魅了されます。剪定しなくてもすぐに次の蕾が出てくるほど続けてよく咲いてくれます。直立でしっかりとまとまった樹形。蕾が雨に弱く、開花しないことがあるのが唯一残念。

咲き方＊年3回以上／香り◎／日当たり＊主に午後半日／地植え／自立／うどんこ病◎／黒点病◎〔長野　小松幸子　12〕

＊コメント　病気に強く、繰り返しよく咲く。強香。半日の日照でも生育。直立性で育てやすい。剪定で木立状にもできる。

マリー・ドゥ・サンジャン

＊Marie de Saint Jean
＊P＊返り咲き

紅色の残る蕾から開くとボタン・アイを中心に白いロゼット咲きの美麗花に生まれ変わります。艶のないグリーンの葉を展開したと思ったら、すぐその先に蕾をつけます。特に春の花つきは抜群。フルーティーな香りもよく、このバラに会うために早起きする5月です。

咲き方＊年2回／香り◎／日当たり＊主に午前半日／鉢植え／自立／うどんこ病○／黒点病○〔神奈川　小野田輝美　5〕

＊コメント　強健。春以後も繰り返し花をつける。直立性に枝を伸ばし、ほどほどの大きさに育つ。花びらの縁にカーマインレッドがのる。

ヨーランド・ダラゴン

＊Yolande d'Aragon
＊P＊返り咲き

こっくりとしたピンク色のバラ。中央はボタン・アイになっています。甘いフルーツのような香りは強烈で驚くほど。花首が短いので、花がらを切る時はほかを傷つけぬよう慎重に。株はほどよい大きさで、返り咲き性に優れ、病気にも強い。

咲き方＊年3回以上／香り◎／日当たり＊1日中／地植え／仕立て方＊その他　うどんこ病○／黒点病○〔山梨／矢崎恵子　4〕

＊コメント　細かい棘の多い細い枝がほどほどに伸びる。小さいオベリスクなどを添えても。強香。

ローズ・ドゥ・レシュ

＊Rose de Rescht
＊P＊返り咲き

鮮やかで濃いローズピンクも、八重の中輪ロゼット咲きということで強すぎることはなく、庭の中で可愛らしい挿し色のアクセントになっています。ローズピンクのポンポン咲きは、素朴で純朴な少女のよう。よく返り咲いてくれます。

咲き方＊年3回以上／香り◎／日当たり＊1日中／地植え／自立／うどんこ病△／黒点病△〔北海道／佐藤恵里子　10〕

＊コメント　よく香り、繰り返し咲く。花茎は短い。枝はあまり大きくなりすぎず木立性で、ほどほどに伸びる。強健で寒さにも強い。

デュシェス・ドゥ・ブラバン

＊Duchesse de Brabant ＊T ＊四季咲き

可愛いカップ咲きの花。花びらは繊細で透明感があり、ふんわりと咲きます。やさしい香りも素敵。〔山口／小川依純／6〕 はかなげにうつむいて咲く姿とはうらはらに、とても丈夫で安心して楽しめます。枝は横張りで、枝の途中から元気なシュートをよく出します。〔神奈川／高坂ひとみ／4〕 毎年たくさんの花をつけ、無農薬栽培一押しのティー・ローズ。〔神奈川／籔 雅子／5〕 日当たりが半日ほどでもすぐに蕾をつけます。かなり細い枝でも花芽をもちます。〔神奈川／大石 忍／8〕

おすすめ人数	4人
咲き方	
年に2回	1人
年に3回以上	3人
香り	
強い	2人
ほどよい	2人
日当たり	
1日中	3人
主に午前半日	1人

育て方	
鉢植え	4人
仕立て方	
自立	3人
背丈以下のフェンス・トレリス	1人
うどんこ病	
全く出ない	2人
あまり出ない	2人
やや出る	0人
よく出る	0人

黒点病	
全く出ない	2人
あまり出ない	2人
やや出る	0人
よく出る	0人

＊コメント
黒点病、うどんこ病ともに出にくく強健。四季咲き性がよい。半日くらいの日照でも生育。横に広がるように枝を伸ばすが、あまり大きくなりすぎずコンパクトに育つ。香りも強い。鉢栽培にも向く。別名「桜鏡」。

写真大／大石 忍、写真小／高坂ひとみ

パークス・イエロー・ティー-センティッド・チャイナ

＊Park's Yellow Tea-Scented China ＊T ＊一季咲き

咲き始めから移ろいゆく様は、どの瞬間も味わいがあります。それなりの広さ、支えが必要なバラですが、のびのびと育った姿はほんとうに見事です。きわめて強健で病気知らず。名前の通り、紅茶の香りが感じとれます。〔山梨／矢崎恵子／5〕アイボリーホワイトのシルキーな花びら。咲き始めは中心にわずかにピンクが感じられます。立木にからめていますが樹勢が強いので大変。その分多花性で、バラのシーズンの最初に咲きます。若い枝にはしっかりした棘があります。〔長野／長島敬子／8〕

おすすめ人数	2人	仕立て方		あまり出ない …	0人
		背丈以上の		やや出る …	0人
咲き方		フェンス・トレリス…	1人	よく出る …	0人
年に1回 ………	2人	その他 ………	1人		
香り		うどんこ病			
強い …………	1人	全く出ない ……	2人		
ほどよい ……	1人	あまり出ない …	0人		
日当たり		やや出る ………	0人		
1日中 …………	2人	よく出る ………	0人		
育て方		黒点病			
地植え ………	2人	全く出ない ……	2人		

＊コメント
病気にたいへん強く、旺盛に育つ。のびのびと育てるには、広い場所で。多花性。香りもよい。棘は多くはないが鋭い。

写真大／長島敬子、写真小／矢崎恵子

おすすめ人数	4人
咲き方	
年に3回以上 …	4人
香り	
強い …………	4人
日当たり	
1日中 …………	1人
主に午前半日 …	2人
主に午後半日 …	1人
育て方	
鉢植え …………	3人
地植え …………	1人
仕立て方	
自立 ……………	2人
その他 …………	2人
うどんこ病	
全く出ない ……	0人
あまり出ない …	4人
やや出る ………	0人
よく出る ………	0人
黒点病	
全く出ない ……	1人
あまり出ない …	2人
やや出る ………	1人
よく出る ………	0人

*コメント

黒点病が出ることもあるが年数がたつと出にくくなる。オーガニックだとうどんこ病には強いようだ。繰り返しよく咲く。木立性で鉢栽培に向く。高い位置で花や香りを楽しめるので、スタンダード仕立ても人気。半日の日照で生育。強香。

フランシス・デュブルーユ

＊Francis Dubreuil ＊T＊四季咲き

ベルベットを思わせるダークレッドの花、ダマスクの芳香に恵まれた贅沢なバラ。樹高1mくらいで形よく育つので鉢植えにしています。半日陰のほうが花色も濃く、この花のよさが発揮できます。〔神奈川／小野田輝美／5〕 ゆるやかなカップ咲きが魅力的。四季咲き性がよいので、次々に花を楽しめます。〔山口／小川依純／6〕 ティー・ローズでは珍しい深紅の名花。スタンダード仕立てに最適です。〔神奈川／荒井希味子／3〕 繰り返しよく咲く赤いティー・ローズなら、これがおすすめ。〔神奈川／濱田世津子／4〕

写真大／小野田輝美、写真小／濱田世津子

アルシデユック・ジョセフ

＊Archiduc Joseph
＊T＊四季咲き

枝がしなやかで細く、それでいて確実に年間を通して断続的に花を咲かせてくれます。絵具をにじませたような複雑で独特のグラデーションは、その時ごとに異なる表情を見せてくれます。特に晩秋から冬にかけての花色が秀逸です。

咲き方＊年3回以上／香り○／日当たり＊明るい日陰／鉢植え／自立／うどんこ病◎／黒点病○〔東京／丸山育子／5〕

＊コメント　明るい日陰でも生育。細いがしっかりした枝。強健。繰り返しよく花を咲かせる。花色のグラデーションが美しい。半つる状に伸ばせる。

ウィリアム・R・スミス

＊William R. Smith
＊T＊四季咲き

淡い黄色からピンクへ咲き進むと赤みが増します。花茎が赤いのが特徴。やや横張りの樹形ですが自立し、棘も少なめなので扱いやすいバラです。少肥でも花がらを切ってすぐに次の蕾をつける、恐るべき連続開花性をもっています。強健。

咲き方＊年3回以上／香り○／日当たり＊1日中／地植え／自立／うどんこ病◎／黒点病◎〔山梨／矢崎恵子／6〕

＊コメント　うどんこ病、黒点病ともに強い。大輪。花の中心はクリーム色で、花びらの縁はピンクになる。木立性でコンパクト。

エンジェルズ・キャンプ・ティー

＊Angels Camp Tea
＊T＊四季咲き

咲き始めのアプリコットピンクがかった上品な花形から、みるみる乱れて奔放に開花します。見ていて飽きることがありません。少し休んだほうがと心配するくらい、四季を通じて花を咲かせます。樹勢も旺盛で育てやすく、香りも芳醇。おすすめのティー・ローズです。

咲き方＊年3回以上　香り◎　日当たり＊主に午前半日　鉢植え　自立　うどんこ病◎　黒点病○〔東京／梶浦道成／5〕

＊コメント　繰り返しよく咲く。よく香る。1日で咲き進み、花の表情が変化。強健で病気にも強い。

サフラノ

＊Safrano
＊T＊四季咲き

暖かみのある杏色。開き始めの剣弁咲きから後にやや乱れ、味わいがある。棘は少なめで、高さ幅ともに120cmぐらいで自立し扱いやすい。〔山梨／矢崎恵子／5／写真〕中輪の花は変化に富んでいて、花色・咲き方ともに大人の魅力があります。〔東京／岸野美代子／9〕

おすすめ人数2人
咲き方＊年3回以上2　香り◎1、○1　日当たり＊1日中1、主に午前半日1　地植え2、自立1、背丈以下のフェンス・トレリス1　うどんこ病◎2、○0、△0、▲0　黒点病◎1、○1、△0、▲0

＊コメント　半八重のカップ咲き。晩秋まで咲き、病気にも強い。別名『西王母』。

ジェネラル・シャブリキン

＊Général Schablikine
＊T＊四季咲き

たっぷりの花弁でも少しゆるめの八重咲き。輝くようなメタリック感のある赤ピンクの花びらで、外側のほうが色が濃く出ます。花首が長くうつ向きぎみに咲く姿は、ティー・ローズの魅力のひとつ。少し黄色みを帯びた革質の葉もきれいです。棘は少なめ。

咲き方＊年3回以上／香り△／日当たり＊1日中／地植え／自立／うどんこ病◎／黒点病○〔長野／長島敬子／6〕

＊コメント　細長い花弁。繰り返し咲く。強健。横張りで、鉢栽培にも向く。

スヴニール・ダン・ナミ

＊Souvenir d'un Ami
＊T＊四季咲き

ゆるやかな八重は、赤みを帯びたピンクから中心に向かってベージュピンクに色合いが微妙に変化。花によってピンクの入り方はいろいろです。ティー・ローズとしては厚めのしっかりとした花びら。艶のない浅緑の葉もきれいです。そばで見ていたくて鉢植えにしています。

咲き方＊年3回以上／香り△／日当たり＊1日中／鉢植え／自立／うどんこ病◎／黒点病◎〔長野／長島敬子／4〕

＊コメント　強健。中輪で、繰り返しよく咲く。季節により花色が変化。

スヴニール・デリズ・ヴァルドン
（香粉蓮）

＊Souvenir d'Elise Vardon
＊T＊四季咲き

杏色からクリーム色のやさしい色合いで、時にピンクが残ります。ほかのバラよりも少し遅く咲き、この時期の私の意識を独占します。コンパクトで扱いやすく、房咲きになっても上を向いて咲く律儀さ。秋にもきちんと咲いてくれます。好感のもてるティーの香り。

咲き方＊年3回以上 香り◎ 日当たり＊1日中 鉢植え 自立 うどんこ病○ 黒点病○〔神奈川／小野田輝美／7〕

＊コメント 鉢植えに向く。剣弁からクォーター・ロゼットに咲き進む。横張り。

ヒュームズ・ブラッシュ・ティー - センティッド・チャイナ

＊Hume's Blush Tea-Scented China
＊T＊四季咲き

早咲きの淡いピンクの花がうつむき加減に愛らしく咲く。小さな葉が密に広がり、樹高50cmほどに収まっている。鉢植えや狭い庭にぴったりの品種。写真は5月中旬頃。〔東京／関口朋子／3／写真〕

おすすめ人数3人
咲き方＊年2回1、年3回以上2 香り○3 日当たり＊1日中1、主に午前半日2 鉢植え2、地植え1 自立2、背丈以下のフェンス・トレリス1 うどんこ病◎1、○2、△0、▲0 黒点病◎0、○2、△1、▲0

＊コメント 細い枝がよく茂る。多花性で花期は長い。

マダム・アントワーヌ・マリ

＊Mme. Antoine Mari
＊T＊四季咲き

うつむいた時の花びらのくるり…が美しい、とてもエレガントなティー・ローズ。剣弁の咲き始めから、咲き進むにつれて花の形が乱れます。旧枝を10cmほど残して剪定したら、春に膝上くらいの高さに花がたくさん咲きました。

咲き方＊年2回／香り◯／日当たり＊1日中／地植え／自立／うどんこ病◎／黒点病◎〔千葉／薄井真智子／3〕

＊コメント　整った剣弁高芯咲きの中輪花。鉢栽培にもよい。繰り返しよく花をつける。

マダム・ブラヴィ

＊Mme. Bravy
＊T＊四季咲き

無農薬でもティー・ローズはちゃんと栽培できるのだろうか？　そんな実験的な意味もこめて育て始めました。案ずることなく、病気とは無縁。春から冬の初めまで、連続して香りのよい花を楽しませてくれます。ほんのりピンクがかったクリームのような質感の花がお気に入り。

咲き方＊年3回以上／香り◎／日当たり＊主に午前半日／鉢植え／自立／うどんこ病◎／黒点病◯〔東京／梶浦道成／5〕

＊コメント　コンパクトな樹形。細めの枝にうつむき加減に繰り返し香りのよい花を咲かせる。鉢栽培に向く。

マダム・ロンバール

＊Mme. Lombard
＊T＊四季咲き

輝くようなチェリーピンクとベージュピンクが混ざり合う。花びらの開き方もランダムで、自由奔放なマダムです。しっかりとした枝で、まっすぐ上に伸びる生育旺盛なたくましさ。繰り返しよく咲きます。メタリックな色合いが庭で目を引くティー・ローズ。

咲き方＊年3回以上／香り◎／日当たり＊1日中／地植え／自立／うどんこ病◎／黒点病◎〔長野／長島敬子／6〕

＊コメント　剣弁咲きの中輪で、よく香る。病気に強く、細い枝が旺盛に伸びる。

レディ・ヒリンドン

＊Lady Hillingdon
＊T＊四季咲き

甘い紅茶の香りと枇杷色のゆるやかな花びらがゆったりと咲く様が、なんとも優美。花は重みでうなだれるように咲くので、見上げる位置に鉢を置いています。四季を通してよく咲いてくれます。芽吹きの頃の赤い葉がとても美しいバラです。

咲き方＊年3回以上／香り◎／日当たり＊1日中／鉢植え／自立／うどんこ病◎／黒点病△〔茨城／片寄敬子／10〕

＊コメント　花色と枝葉の色合いの対比が美しい。オーガニックだとうどんこ病に強いが、黒点病にはやや注意。つる性の枝変わりがある。別名「金華山」。

おすすめ人数	2人
咲き方	
年に3回以上 …	2人
香り	
強い …………	2人
日当たり	
主に午前半日 …	2人
育て方	
地植え ………	2人
仕立て方	
壁面 …………	1人
背丈以下の フェンス・トレリス …	1人
うどんこ病	
全く出ない ……	1人
あまり出ない …	0人
やや出る ………	1人
よく出る ………	0人
黒点病	
全く出ない ……	0人
あまり出ない …	1人
やや出る ………	1人
よく出る ………	0人

＊コメント
花つきがよく、晩秋まで繰り返し咲く。午前中の日差しを好む。よく枝が伸びるので、壁面やフェンスに誘引する。香りが強い。早咲き。株が充実すると病気にも強くなる。

グロワール・ドゥ・ディジョン

＊Gloire de Dijon ＊Cl T ＊返り咲き

剣弁咲きからロゼット咲きになる。ルーズな開き方で、クラシカルな表情を見せるのが特徴。花弁数が多く、杏黄色を含むピンク色。雨に弱く、蕾のまま開花できないこともある。早咲きバラで、驚くほど蕾をつける。〔北海道／佐藤恵里子／12〕何度苗を植えても根づかなかったのに、朝日があたる東側の花壇に新苗を直接植えたところ、うまく育ちました。香りと優雅な花に魅了されます。春は一番に咲き始め、その後も繰り返し花を咲かせ、秋遅くまで花を楽しめます。〔東京／小竹幸子／7〕

写真／小竹幸子

マダム・ジュール・グラブロー

＊Mme. Jules Gravereaux
＊Cl T ＊返り咲き

咲き始めはアイボリーの剣弁高芯咲きですが、徐々に中心がピンクのクォーター・ロゼットの形に開きます。生き生きとした照り葉で樹勢が強く、鉢植えでも2mほど伸びることも。やさしいティーの香り。大人っぽい印象の花姿です。

咲き方＊年2回　香り○　日当たり＊1日中　鉢植え　自立　うどんこ病○　黒点病○
[神奈川　籔　雅子　6]

＊コメント　細い枝がしなやかに長く伸びる。大輪。開くとクォーター・ロゼット咲きに。シックで微妙な花色。丈夫で病気に強い。つるバラのように扱える。オベリスクや低めのフェンスに。

バラゾウムシは、自然界の摘蕾屋さん

　やっとバラの蕾が膨らんできたと楽しみにしていたら、翌朝になって立て続けに蕾の下をチクリ。これ、ショックですよね。バラゾウムシの仕業です。

　でも、地植えしてまだ1～2年目の根が十分に生育していないバラや多花性のバラに関して言えば、この仕業はちょうどいい摘蕾になっているはず。あまり神経質にならず、蕾のつけすぎによる株の消耗をバラゾウムシがうまく防いでくれたんだくらいな気持ちで寛容に受け入れてみませんか。オーガニック・ローズを育てていると、自然はじつにうまくバランスがとれているなと思えてくるのです。（梶浦）

3番目の蕾に産卵するバラゾウムシ。多花性のバラの消耗を防いでくれる。
写真／梶浦道成

ヴィオレットゥ

✻ Violette ✻ HMult ✻ 一季咲き

赤紫色の花は、鮮やかな黄色の蕊とよく似合う。咲き進むと落ちついた紫色に退色し、別のバラがからんでいるようにも見える。退色した花色も美しく、花もちがとてもよい。小さなヒップは緑色から赤く変わり、クリスマスリースに飾ると可愛らしい。〔千葉／松本紀子／12〕 3～4cmほどの花をたくさんつけます。オベリスクにピエール・ドゥ・ロンサールと混植し、一季咲きどうしの組み合わせを楽しんでいます。生育旺盛で、あっという間にピエールを抜いてしまいました。〔東京／久保田正子／3〕

おすすめ人数	2人
咲き方	
年に1回	2人
香り	
ほどよい	2人
日当たり	
主に午前半日	1人
主に午後半日	1人
育て方	
地植え	2人

仕立て方	
壁面	1人
オベリスク	1人
うどんこ病	
全く出ない	1人
あまり出ない	1人
やや出る	0人
よく出る	0人
黒点病	
全く出ない	0人
あまり出ない	1人
やや出る	1人
よく出る	0人

✻コメント

半日の日照で生育。旺盛に伸び、大きなアーチや壁面によい。ほかのバラを引き立てる美しい花色は、赤から紫に変化。花もちがよい。冬にはローズ・ヒップが赤く色づく。

写真／久保田正子

ヴァルトブルグ

＊Wartburg
＊HMult ＊一季咲き

濃いピンクの小輪房咲きで、木にからませるとどの方向からも花が楽しめます。生育旺盛で花つきがよく、葉を虫に食べられやすいのですが、そんな被害もなんのその、とても強いバラです。セイヨウニンジンボクにからませていますが、棘もほとんどなく扱いやすいです。

咲き方＊年1回　香り○　日当たり＊主に午後半日　地植え　仕立て方＊その他　うどんこ病◎　黒点病○〔神奈川　市川繁美　4〕

＊コメント　強健で生育旺盛。半日の日照で生育。フェンス、アーチ、ポールなどに。

ギスレヌ・ドゥ・フェリゴンドゥ

＊Ghislaine de Féligonde
＊HMult ＊返り咲き

オレンジがかった黄色の蕾を無数につけます。やや濃いめの黄色で咲き始め、クリームイエロー、クリーム、白へと少しずつ退色していく様が美しいバラです。葉は黄緑色で細長く、花と葉の組み合わせも絶妙。秋には少し返り咲きます。

咲き方＊年2回　香り△　日当たり＊1日中　地植え　自立　うどんこ病◎　黒点病○〔茨城　片寄敬子　8〕

＊コメント　小さめの花が房咲きになる。棘の少ない枝はしなやかに伸び、フェンスなどに誘引する。たいへん病気に強く丈夫。

キング

＊King
＊HMult ＊一季咲き

濃いローズピンクの花がひと房ごとに塊のようになって咲きます。ほかのバラが散る頃にやっと蕾を開き始める遅咲きですが、この鮮やかな色の小輪は、毎年庭で人の目を引きつけます。子どもの頃、庭に咲いていた懐かしい感じのするバラです。

咲き方＊年1回／香り△／日当たり＊1日中／地植え／自立／うどんこ病◎／黒点病◎
〔千葉／薄井真智子／8〕

＊コメント　小さめの花が大きな房になって咲く。棘の少ない枝はしなやかに長く伸びつるバラとして利用。生育旺盛で病気にも強い。耐寒性がある。

トリアー

＊Trier
＊HMult ＊返り咲き

半八重の小輪。アプリコット色の小さな蕾が咲き開くと白に変化。ひと枝ごとに多くの花をびっしりと咲かせ、満開の時はそのやさしさと美しさに感動します。バラゾウムシが大好きなバラなので、それなりの自然摘蕾は覚悟して。通りに面したトレリスに咲かせています。

咲き方＊年2回／香り○／日当たり＊1日中／地植え／壁面／うどんこ病○／黒点病○
〔東京／岸野美代子／9〕

＊コメント　多花性。旺盛に伸び、病気にも強い。壁面を覆うのに適する。いくつかのハイブリッド・ムスクの交配親になった。

ペーター・ローセガー

＊Peter Rosegger
＊HMult＊返り咲き

花はきれいなコーラルピンク。窓辺に咲かせてみた。まるで子どものように愛らしい花。〔北海道／佐藤恵里子／4／写真〕房咲きで、花期は長くシーズン中楽しめる。〔長崎／松本隆司／4〕

おすすめ人数2人
咲き方＊年1回1、3回以上1　香り◎2
日当たり＊1日中2　鉢植え1、地植え1　自立1、背丈以下のフェンス・トレリス1　うどんこ病◎1、○0、△1、▲0　黒点病◎0、○1、△1、▲0

＊コメント　小輪房咲き。旺盛に枝を伸ばす。フェンスなどに誘引する。香りもある。花色はコーラルピンクから白に退色する。

ラッセリアーナ

＊Russelliana
＊HMult＊一季咲き

小さめの中輪ポンポン咲きは、花弁のまわりだけ色が薄い。赤紫の丸い蕾にとげとげの萼。小ぶりの花に似合わず生育は旺盛で、まっすぐなシュートが3mも伸びます。斜面上部に植え、自然にカーブして垂れ下がるようにして咲かせています。大小の棘がたくさんあります。

咲き方＊年1回　香り○　日当たり＊1日中　地植え　自立　うどんこ病◎　黒点病◎〔長野　長島敬子　10〕

＊コメント　丈夫で旺盛に伸びる。枝はしなやかに横に広がるように伸び、フェンスなどに誘引できる。

スタンウェル・パーペチュアル

＊Stanwell Perpetual
＊HSpn＊返り咲き

柔らかでやさしい顔のシルバーピンクの花。緩やかなカーブを描いて枝垂れる樹形はエレガント。マットな質感の青みがかった7枚の葉は、赤い縁どりが見えることも。茎や棘がルビー色になる様子も、青緑色の葉色とあいまってきれいです。〔千葉／松本紀子／11〕写真／中村敦子／5

おすすめ人数2人
咲き方＊年3回以上2／香り◎2／日当たり＊主に午前半日2／地植え2／自立1、背丈以下のフェンス・トレリス1／うどんこ病◎2、○0、△0、▲0／黒点病◎0、○2、△0、▲0

＊コメント　強香で、強健。フェンスや壁面に誘引。早咲き。よく返り咲く。

バラゾウムシの被害を最小限にする方法

これまでほとんどのバラの本には、「バラゾウムシの被害にあった蕾はすみやかに茎ごと切り取って処分」と書いてありました。でも、よく観察を続けると、バラゾウムシは数日間続けてやって来て、次々と新しい蕾へチクリと産卵してしまいます。

ところが、被害を受けた蕾をすぐには摘み取らないで数日間そのままにしておくとどうでしょう。手つかずの蕾よりも、すでに仲間が産卵した蕾を好んで選びチクリとやっていくのです。多い時にはひとつの蕾に20カ所ほど産卵した跡が集中して残ります。つまり刺された数の分だけ、ほかの蕾が助かったというわけです。（梶浦）

被害にあった蕾を数日そのままにしておくと、集中してその蕾に産卵する。
写真／梶浦道成

ピーナッツリースのつくり方

庭を窓辺から眺める楽しみのひとつに、自然界に餌の少なくなる冬から早春にかけての冬季限定ピーナッツリースがあります。

これはおもにシジュウカラたちのためにつくるもの。2階の窓辺やリビングから見える庭の木の枝に吊しておくと、2～3週間ほどで、それにとまって器用に落花生の殻を突っつくかわいい姿を見ることができるようになります。

そして庭を餌場として気に入ってくれるようになると、チュウレンジバチの幼虫などが大量に発生する春には、子育てのためにせっせと虫を捕りに来てくれる頼もしい存在に。

目にも楽しく、バラにもいいことがあるピーナッツリースのつくり方を紹介します。

針金の先をとがらせて、くびれに沿って斜めに刺すと形よくできあがる。写真／梶浦道成

●用意するもの
針金約80cm、くびれのある殻つき落花生約35個、ラジオペンチ
●シジュウカラがくちばしで食べやすいように、落花生の両端にラジオペンチで小さな穴をあける
●先を鋭くした針金を、落花生のくびれに沿って斜めに刺し通していく
●落花生をすべて刺し通したら、針金の両端を15cmほど残す
●軽く輪をつくり、針金の交差した部分をラジオペンチで挟む
●殻と殻のくびれがしっかりとかみ合うまで、何度も締める。落花生側を回すのがコツ
●形を丸く整え、明るく開けた場所に吊す
●隣にミカンの輪切りを吊すとメジロと一緒に来る

（梶浦）

自然界に餌の少ない冬の間、ピーナッツリースをつくってシジュウカラを招く。庭を餌場と認識してくれたら春にはバラにつく虫をたくさん捕食してくれる。写真／梶浦道成

おすすめ人数	5人
咲き方	
年に3回以上…	5人
香り	
強い…………	3人
ほどよい………	2人
日当たり	
1日中…………	3人
主に午前半日…	2人
育て方	
鉢植え…………	5人
仕立て方	
自立……………	5人
うどんこ病	
全く出ない……	0人
あまり出ない…	3人
やや出る………	1人
よく出る………	1人
黒点病	
全く出ない……	1人
あまり出ない…	1人
やや出る………	3人
よく出る………	0人

＊コメント

おすすめ人数第10位グループ。鉢植え向き。雨にあたるとボーリングしがち。うどんこ病は、よく出るという人もいるが、あまり出ないという人も少なくない。風通しのよい場所で育てたほうがよい。ポリアンサの「クロチルド・スーペール」と同じ品種ではないかと言われている。

粉粧楼（フェンジュアンロウ）

＊Fen Zhang Lou ＊その他 ＊四季咲き

真ん中にいくにしたがって濃いピンクになる様子は、ピエール・ドゥ・ロンサールを小ぶりにした感じ。〔福島／中村良美／7〕美人ですが下を向いて咲きます。あきらめず気長に育ててうどんこ病も出なくなりました。〔愛媛／近藤美鈴／6〕暑さに弱く半日陰くらいの環境のほうがいいみたいです。〔神奈川／高坂ひとみ／9〕花弁が薄く雨や湿気に弱いので、鉢植えで軒下で育てています。〔長野／小松幸子／12〕花の華奢な印象をくつがえすほど元気です。〔新潟／石和田英理子／6〕

写真大／小松幸子、写真小／近藤美鈴

アデレード・ドルレアン

* Adélaide d'Orléans
* その他 * 一季咲き

蕾の時は上を向いていますが、花首が細く、垂れ下がって淡いピンクの花を咲かせます。よく伸びる細いしなやかな枝はパーゴラの間から垂れてきます。太い枝が出るまでに数年かかりました。赤いフック状の棘があります。

咲き方＊年1回／香り△／日当たり＊1日中／地植え／パーゴラ／うどんこ病◎／黒点病◎〔長野／長島敬子／12〕

＊コメント　しなやかな枝がよく伸びる。株が充実するとよく咲くようになる。

カナリー・バード

* Canary Bird
* その他 * 一季咲き

一重の花は、花弁も蕊も黄色。私の庭で春一番に咲いてくれます。時間とともに花弁は白っぽく退色していきます。葉はとても小さくて丸く、棘はたくさんあります。枝は細くて枝垂れるので、垂れ下がる場所を与えています。

咲き方＊年1回／香り○／日当たり＊主に午後半日／地植え／自立／うどんこ病◎／黒点病◎〔茨城／片寄敬子／10〕

＊コメント　早咲き。しなやかな枝に、ステムがとても短い花がびっしりと咲く。病気に強いが、暑さにはやや弱い。『Modern Roses 12』ではシュラブに分類されているが、野生種とする図鑑もある。

白長春

＊Shirochoushun
＊その他 ＊一季咲き

ピンクが微かに残るゆるやかな八重の白い花。大きな棘がある。〔長野／長島敬子／6〕蕾はピンクで、花は白。中輪なので咲き始めから満開まで豪華で美しい。手入れは花がら摘みだけ。我が家ではモッコウバラの次に早く咲く。〔神奈川／野村美穂子／3／写真〕

おすすめ人数2人
咲き方＊年1回2／香り○1、△1／日当たり＊1日中1、主に午後半日1／地植え2、オベリスク1、その他1／うどんこ病◎2、○0、△0、▲0／黒点病◎1、○0、△1、▲0

＊コメント　旺盛に育ち、つるバラとしても。花後に強めに剪定して大きさを調整する。早咲き。別名「ロサ・キネンシス・アルバ」。

紫燕飛舞
（ズーイェンフェウー）

＊Zi Yan Fei Wu
＊その他 ＊四季咲き

紫がかった濃いピンクの花で艶っぽい美しさがあります。蕾が色づき、開いてくる瞬間はどきどきするくらいの美しさです。〔神奈川／小野田輝美／7〕香りがよく、手のかからないバラ。花がいろいろな方向に向いて咲き、どこから見ても楽しめます。〔神奈川／槐佳世子／3〕写真／小竹幸子／15

おすすめ人数3人
咲き方＊年2回2、3回以上1／香り◎3／日当たり＊1日中1、主に午前半日1、主に午後半日1／鉢植え2、地植え1／自立3／うどんこ病◎0、○3、△0、▲0／黒点病◎0、○1、△2、▲0

＊コメント　晩秋まで繰り返し咲く。半日の日照で生育。半つる性。トレリスに添えても。

スペクタビリス

＊Spectabilis
＊その他＊返り咲き

ライラックを混ぜたようなピンクが女性的で、ナチュラルな雰囲気のバラ。蕾と花の濃淡のコントラストが好きです。ランブラー系特有の細く柔らかい枝を長く伸ばすので、楽に誘引できました。ほかのバラよりも少し遅咲き。

咲き方＊年1回　香り◯　日当たり＊1日中　地植え　オベリスク　うどんこ病◯　黒点病◯〔広島　松本記司子　7〕

＊コメント　しなやかな枝は扱いやすい。強健。花色はライラックから淡いピンクに変化。フェンスやトレリスにも。

フォーチューンズ・ダブル・イエロー

＊Fortune's Double Yellow
＊その他＊一季咲き

ゆっくりとゆるやかに開きます。首が細いので自らの重みでうつむく花も。年々花数がふえ、とても華やか。早咲きで、咲き終わりの花びらにはピンク色が混じります。棘は鋭いけれど葉がほっそりとしていて柔らかな印象。5mほど枝が伸びます。

咲き方＊年1回　香り◯　日当たり＊主に午後半日　地植え　仕立て方＊その他　うどんこ病◎　黒点病◎〔東京　関口朋子　6〕

＊コメント　1845年にR.フォーチューン氏によって中国で発見。病気に強い。壁面やフェンスに。

ブラッシュ・ブールソール

＊Blush Boursault
＊その他＊一季咲き

バラの季節の早い時期にふんわりと咲き出します。咲き始めのピンク色が咲き進むと薄くなり、やさしい雰囲気に。棘のないしなやかな枝を、プルーンの木から枝垂れさせて楽しんでいます。

咲き方＊年1回／香り△／日当たり＊主に午前半日／地植え／仕立て方＊その他。うどんこ病◎／黒点病○〔埼玉／中村敦子　6〕
＊コメント　丈夫で、数メートルしなやかによく伸びる枝には棘がない。アーチなどにもよい。繊細でやさしい花容。

ロサ・ポミフェラ・デュプレックス

＊Rosa pomifera duplex
＊その他＊一季咲き

花の大きさは約8cm。咲き始めはやや濃いめの透明感のあるピンクで、2日目には色が落ちつきます。八重のせいなのか花もちは3〜4日ほど。南側の日当たりのよい場所で育てていますが、2年目より太いシュートが出るようになりました。

咲き方＊年1回／香り△／日当たり＊1日中／鉢植え／背丈以下のフェンス・トレリス／うどんこ病◎／黒点病◎〔奈良／内田真規子　6〕
＊コメント　病気に強く、株立ちになり直立して伸びる。棘は多い。紅色の大きな実をつける。

ロング・ジョン・シルバー

＊Long John Silver
＊その他＊一季咲き

中心にピンクを忍ばせて、ふわふわとクラシカルに咲き、濃い緑の葉が花の白を引き立てます。太いシュートを伸ばすたくましいつるバラで、アーチには収まりきらないほど。しわの目立つ葉。大きな棘。バラのシーズンの終盤に咲きます。

咲き方＊年1回　香り△　日当たり＊1日中　地植え　アーチ　うどんこ病◎　黒点病△
〔長野　長島敬子　6〕

＊コメント　中輪花が大きな房咲きになる。旺盛に育つ。黒点病がやや出るが、強健。遅咲き。『Modern Roses 12』では、ハイブリッド・セティゲラ（HSet）に分類されている。

春から晩秋まで、カマキリはバラのガードマン

　カマキリは、薄茶色の卵嚢から春に数百匹単位で孵化し、最初は小さな虫を食べて育ち、晩秋までさまざまな虫を捕食しながら生きています。

　成虫のカマキリが1日に食べる量は、コオロギに換算すると十数匹分にもなるのだとか。この大食漢がシーズンを通してバラを虫から守ってくれたら心強いですよね。

　そこで、カマキリを庭に招いてはいかがでしょう。方法は簡単です。

冬に近所の公園や空き地へ行き、枯れた茎や枝に産みつけられた卵嚢を見つけて、そっと持ち帰ります。あとは、庭のバラの小枝に固定しておくだけ。春には頼もしいガードマンが大挙して出動となるわけです。

近所の公園で採取した卵嚢を庭のバラに固定。
写真／梶浦道成

（梶浦）

「バラの栄誉殿堂」"Rose Hall of Fame" とオーガニック・ローズ

　本書のアンケートによるTOP5の中で、1位の「ピエール・ドゥ・ロンサール」、2位の「アイスバーグ」、4位グループの「グラハム・トーマス」の3品種は、世界バラ会連合（World Federation of Rose Societies）世界大会でバラの栄誉殿堂入りを果たした品種です。この賞は、3年に一度、たった1～2品種が選ばれる、たいへん名誉ある賞で、世界中のどの環境でも育てやすく、人類普遍の美意識から選ばれたバラだそうです。2011年までのところ、計14品種が殿堂入りを果たしています。今回のアンケートのTOP5のうち3品種が、この栄誉殿堂入りしたバラであったというのは納得できますし嬉しい結果でした。

　ほかにも、栄誉殿堂入りの第1号品種である「ピース」の枝変わりの「つるピース」も本書に掲載されています。また、同じく栄誉殿堂入りしている「ニュー・ドーン」も掲載されていますが、この品種は交配親としてオーガニックで育てやすいバラをたくさん産みだしていることが、系譜をたどってみるとわかります。

　世界バラ会連合のホームページでは、オールドローズの栄誉殿堂（Old Rose Hall of Fame）入りした品種についても掲載されています。本書で紹介している次の品種がオールドローズの栄誉殿堂入りをしています。

　　グロワール・ドゥ・ディジョン
　　マダム・アルフレッドゥ・キャリエール
　　マダム・アルディ
　　オールド・ブラッシュ
　　ロサ・ムンディ（ロサ・ガリカ・ウェルシコロル）
　　スヴニール・ドゥ・ラ・マルメゾン

リストアップされているのは、全部で8品種ですが、上記のほかにセシル・ブルンネとグルス・アン・テプリッツが入っています。これらのバラは、歴史的にも系統的にも重要な品種であり、多くの人に長い年月人気があり、親しまれてきたバラだそうです。どのバラもたいへん魅力的で、バラ好きの人ならきっとこのうち何品種かは育てたことがあるか、あるいは強い憧れを抱いたことがあるのではないでしょうか。

　世界中の人々から愛され、その価値を認められたごく少数の選ばれたバラたちが、日本のオーガニック・ローズ・ガーデナーたちからも、同じように支持されているのは素敵な発見でした。　　　　　　（小竹）

モダンローズ
Modern Roses

庭の小径に降り注ぐように咲く
10年目のシンベリン
写真　佐藤恵里子

アイスバーグ

＊Iceberg＊F＊四季咲き

純白の花びらにゴールドの蕊。「バラ好きの庭には必ず1本」と言われるのもうなずけます。〔神奈川／小野田輝美／12〕 白雪姫の肌のような真っ白さにクラクラ。〔千葉／藤本由紀子／5〕 ほかの花色のバラたちが映えるのも、このバラの清らかな白のおかげ。〔兵庫／島村宏美／10〕 楚々とした雰囲気が魅力的なバラ。香りも爽やかで上品です。〔鹿児島 中村敬子／15〕 香りまでやさしい最高のバラ。〔東京／金 明姫／8〕 小さな鉢植えでもとにかくよく咲き、日陰にも強い。〔東京／宮野純子／10〕 やや日陰でもたくさん開花。葉の形もおしゃれです。〔神奈川／籔 雅子／10〕 真冬でも咲く完全四季咲き。〔長崎県／松本隆司／15〕

写真大／籔 雅子、写真小／島村宏美

モッコウバラがたわわに咲いたあとに、アイスバーグが咲きます。冬も咲いているので、お正月の飾り花に使っています。〔神奈川／野村美穂子／6〕

蕾の形が細長く品があります。雨にあたると赤い斑点が出ることも。〔神奈川／濱田世津子／8〕

ライトグリーンの葉は爽やかな印象。棘は少なめ。細い花首の先に清潔感のあるセミダブルの白花を咲かせる。〔長野／長島敬子／6〕

純白の花びらに黄色い花芯がのぞきます。黒点病の葉は自然に落ちない限りそのまま残しておきます。〔東京／関口朋子／3〕

オトシブミのお母さん、せっせとアイスバーグの葉っぱを巻きこんでゆりかご製作中。〔東京／神吉晃子／3〕

白く清楚です。房咲きなので、華やかさもあります。スタンダードに仕立てるとたくさんの花をつけて、ブーケのようで見ごたえがあります。〔東京／大野紀子／5〕

おすすめ人数 15人

咲き方
- 年に1回 ……… 0人
- 年に2回 ……… 6人
- 年に3回以上 … 9人

香り
- 強い ………… 1人
- ほどよい ……… 9人
- 弱い ………… 5人

日当たり
- 1日中 ………… 5人
- 主に午前半日 … 3人
- 主に午後半日 … 5人
- 明るい日陰 …… 2人

育て方
- 鉢植え ………… 7人
- 地植え ………… 8人

仕立て方
- 自立 ………… 11人
- 壁面 ………… 1人
- 背丈以上のフェンス・トリス … 1人
- オベリスク …… 1人
- その他 ………… 1人

うどんこ病
- 全く出ない …… 9人
- あまり出ない … 4人
- やや出る ……… 2人
- よく出る ……… 0人

黒点病
- 全く出ない …… 1人
- あまり出ない … 5人
- やや出る ……… 6人
- よく出る ……… 3人

＊コメント

おすすめ人数第2位。どんな庭にもなじむ万人向けのバラ。甘い香り。四季咲き性よく冬まで咲き、花もちがよい。細い枝先にもよく花をつける。シュートは出にくいが、サイド・シュートがよく発生。伸ばしてアーチなどに利用できる。棘は少なめ。日陰に強く北側でも咲く人あり。うどんこ病に強い。黒点病になりやすいが回復力あり。1983年の世界バラ会連合第6回大会で「バラの栄誉殿堂」入りを果たした。

おすすめ人数　**1**人
咲き方＊年3回以上
香り＊ほどよい
日当たり＊
主に午後半日
育て方＊地植え
仕立て方＊自立
うどんこ病＊
全く出ない
黒点病＊
あまり出ない

＊コメント
名花「アイスバーグ」の枝変わりから派生した「ブリリアント・ピンク・アイスバーグ」の枝変わり。ちなみに「ブリリアント・アイスバーグ」は「ピンク・アイスバーグ」の枝変わり。「ピンク・アイスバーグ」は「アイスバーグ」の枝変わり。性質や花形は「アイスバーグ」に似る。深い花色が魅力。2003年に発表され、各方面で高い評価を得ている。

バーガンディ・アイスバーグ

＊Burgundy Iceberg＊F＊四季咲き

独特の深いワイン色がとても魅力的で、白のアイスバーグと同じく飽きることのないバラです。午後だけの日差しの中庭で育てていますが、病気にもならず元気そのもの。ピンクのバラが多い甘い空間を、このワイン色が引き締めてくれています。蕾の時から目を引くバラです。〔鹿児島／中村敬子／3〕

ピンク・アイスバーグ Pink Iceberg（F＊四季咲き）

写真大／中村敬子、写真小／柏木恭子

おすすめ人数	4人
咲き方	
年に1回	2人
年に2回	2人
香り	
ほどよい	2人
弱い	2人
日当たり	
1日中	1人
主に午前半日	2人
明るい日陰	1人
育て方	
鉢植え	2人
地植え	2人
仕立て方	
自立	1人
背丈以下のフェンス・トレリス	1人
アーチ	2人
うどんこ病	
全く出ない	3人
あまり出ない	1人
やや出る	0人
よく出る	0人
黒点病	
全く出ない	1人
あまり出ない	0人
やや出る	3人
よく出る	0人

＊コメント
花もちよく、雨でも花が傷みにくい。しっかりと上を向いて花が咲く。株が充実すると秋にも返り咲く。誘引してもよいが、冬にコンパクトに剪定してもよい。

レオナルド・ダ・ビンチ

＊Leonardo de Vinci ＊F ＊返り咲き

咲き始めから散りぎわまで、どの場面でも姿が整っているバラ。樹形も剪定しだいで思うがまま。〔福島／中村良美／6〕 花つきがよく、華やかな印象。病気にも強い。〔千葉／柏木恭子／3〕 枝先の凍害で伸び悩んでいましたが、今年やっとアーチ仕立てに成功。一番花はたくさん咲くし、雨にも負けない花もちのよさ。〔北海道／松本徹・恭子／3〕 植えて3年くらいたつと、春の花が株を覆い隠すほど咲き、秋も返り咲くようになる。株元が太くなるのでテッポウムシに注意。〔埼玉／本田章子／4〕

写真大／松本徹・恭子、写真小／本田章子

アンジェラ

*Angela * F * 四季咲き

春はお花畑のように濃いピンクの花がたくさん。秋まで繰り返し咲いてくれます。〔千葉／藤本由紀子／5〕 花は意外と大きく、ころんとした形状から平咲きっぽく変化します。〔千葉／松本紀子／12〕 まとまって咲くので存在感があります。〔福島／中村良美／6〕 病虫害に動じない強いバラ。花つき、花もちもよく、最盛期は圧巻。〔東京／寺田直子／7〕 庭に最初に植えた大好きなバラ。〔千葉／柏木恭子／8〕 強健種で初心者におすすめ。香りもあります。〔神奈川／籔 雅子／9〕 はらりと花びらを散らせてとても愛らしい。〔神奈川／市川繁美／6〕 隣の木に勝手にからんで伸び、木に花が咲いたように見えます。〔新潟／石和田英理子／7〕

写真大／寺田直子、写真小／中村良美

深い緑色の照り葉と濃いショッキングピンクの花のコントラストが鮮やかなつるバラ。とても丈夫でよく育ち、無農薬栽培には最適です。〔広島／松本記司子／10〕

日照に多少の難があっても、房咲きで丈夫な性質は信頼性が高いと思います。半日陰こそ適していると言えるかもしれません。〔東京／丸山育子／12〕

旺盛な樹勢のせいか、バラゾウムシの被害（○印）も、寛大に受け入れているように感じます。適度な摘蕾といったところ。〔北海道／松本徹・恭子／4〕

アブラムシが出てくると、テントウムシやその幼虫（写真）もやって来ます。濃いピンクで中輪の半八重カップ咲きで、花もちもよく目を引きます。〔神奈川／徳山さゆり／4〕

大きな房になってアーチを覆います。枝はかなり堅く、誘引は手こずります。壁面がおすすめです。〔神奈川／徳山さゆり／4〕

うちのシンボルとも言える北壁のアンジェラ。黒点病も出やすいし、アブラムシにも好かれますが、丈夫でよく咲きます。〔長崎／松本隆司／16〕

おすすめ人数 13人

咲き方
- 年に1回 ……… 1人
- 年に2回 ……… 7人
- 年に3回以上 … 5人

香り
- 強い ………… 3人
- ほどよい ……… 5人
- 弱い ………… 5人

日当たり
- 1日中 ………… 5人
- 主に午前半日 … 4人
- 主に午後半日 … 0人
- 明るい日陰 …… 3人
- その他 ………… 1人

育て方
- 鉢植え ………… 2人
- 地植え ………… 11人

仕立て方
- 壁面 ………… 3人
- 背丈以上のフェンス・トレリス … 3人
- 背丈以下のフェンス・トレリス … 1人
- アーチ ………… 4人
- オベリスク …… 1人
- その他 ………… 1人

うどんこ病
- 全く出ない …… 8人
- あまり出ない … 4人
- やや出る ……… 1人
- よく出る ……… 0人

黒点病
- 全く出ない …… 3人
- あまり出ない … 5人
- やや出る ……… 4人
- よく出る ……… 1人

＊コメント
おすすめ人数第3位。強健で樹勢が強い。つる状に大きく育つが、強剪定して、ブッシュ状に咲かせることもできる。花つきがよく、花もちに優れる。ひとつひとつの花は微香だが、たくさん咲くので全体では香りを感じる。明るい日陰や半日陰でも生育。うどんこ病に強い。黒点病は、やや出る人もあり。

あおい

＊Aoi
＊F＊四季咲き

モーヴがかったピンクの花はアンティークのような深い色合い。デリケートな色のバラなので気むずかしいのではと心配しましたが、丈夫で大輪の花が房になって咲きます。特筆すべきは花もちのよさ。最盛期には株が花で包まれたようになります。病気にも虫にも悩みません。

咲き方＊年3回以上／香り△／日当たり＊主に午前半日／鉢植え／自立／うどんこ病○／黒点病○〔東京／神吉晃子／3〕

＊コメント　香りは弱いが、繰り返しよく咲く。コンパクトに育ち、鉢植えに向く。

インターナショナル・ヘラルド・トリビューン

＊International Herald Tribune
＊F＊四季咲き

紫の花びらに少し白みを帯びて、中心の黄色い蕊とのコントラストがきれい。淡い色ばかりの花壇だったので、紫系のこのバラを植えました。半八重で中輪。コンパクトな樹形。花もちはあまりよくありませんが、次々と咲き、花壇を明るくしてくれます。

咲き方＊年3回以上／香り△／日当たり＊主に午前半日／地植え／自立／うどんこ病◎／黒点病○〔神奈川／德山さゆり／4〕

＊コメント　病気に強く、繰り返しよく咲く。香りは弱い。直立性でコンパクトなので、花壇の前面か、鉢植えに。

ウーメロ

＊Umilo
＊F＊返り咲き

淡いピンクに中心がアプリコットの微妙な色合いはキュートのひと言。ほかにない香りは道行く人の足を止めるほど。〔長崎／松本隆司／8〕咲き進むと花弁が強く波うちいちだんと魅力的。見る角度で色合いが変化。〔広島／松本記司子／10／写真〕

おすすめ人数2人
咲き方＊年2回1、3回以上1　香り◎1、○1　日当たり＊1日中1、主に午後半日1　鉢植え1、地植え1　自立2　うどんこ病◎2、○0、△0、▲0　黒点病◎1、○1、△0、▲0

＊コメント　樹勢が強く、太くがっしりとした枝。強健で、繰り返し咲く。小さめのつるバラとしても。耐寒・耐暑性あり。

エンジェル・フェイス

＊Angel Face
＊F＊四季咲き

ひらひらの花びらとこのラヴェンダー色が、訪れた人の目を引きます。大きくて豪華な花が、5月の初めからずっと咲き続けます。散りぎわは、一度にどっさりと花びらを落とす潔さ。開花サイクルが早く、すぐにたくさんの蕾が立ち上がってきます。

咲き方＊年3回以上　香り△　日当たり＊1日中　鉢植え　自立　うどんこ病◎　黒点病△〔愛媛／近藤美鈴　8〕

＊コメント　四季咲き性がよい。ラヴェンダー系の中では強い。花弁がやさしく波うつ。コンパクトで鉢植えによい。「ラヴェンダー・ピノキオ」の血を引く。

オクタヴィア・ヒル

＊Octavia Hill
＊F＊四季咲き

密に重なったベビーピンクの花弁が、ゆっくりと開いていきます。房で咲く時と、一輪で咲く時では雰囲気がまったく違います。花弁がしっかりとしていて多少の雨では傷みません。葉は丸みを帯び光沢があって健康的。冬短めに剪定すると、株いっぱいに花をつけます。

咲き方＊年3回以上／香り△／日当たり＊1日中／地植え／自立／うどんこ病◎／黒点病○〔埼玉／本田章子／4〕

＊コメント　花は房咲きになり、雨にも強い。繰り返しよく咲く。病気にも強い。

ガブリエル

＊Gabriel
＊F＊四季咲き

花の中心にいくほど紫のグラデーションが美しい。春にたくさんの花を咲かせてくれましたが、夏、突然枯れてしまいました。でも、再チャレンジしたい素敵なバラです。〔神奈川／濱田世津子／3〕繊細な花の印象とは異なり、切ったらすぐに次の蕾が出てきます。棘が少なく扱いやすい。〔神奈川／荒井希味子／3／写真〕

おすすめ人数2人
咲き方＊年3回以上2／香り◎2／日当たり＊主に午前半日2／鉢植え2／自立2／うどんこ病◎0、○1、△1、▲0／黒点病◎0、○2、△0、▲0

＊コメント　神秘的な花色。青系のバラは樹勢が弱く、生育期には1枚でも多く葉を残して育てるとよい。

グルス・アン・アーヘン

＊Gruss an Aachen
＊F＊四季咲き

ピンクがのった蕾からやさしげなアイボリー色の花弁が開き、半日陰の庭によく映えます。多花性で、房になった蕾が次にひかえています。新しいシュートがあまり出ないわりには、秋もそこそこ花をつけてくれる優等生。棘が少なめなので切り花にも最適です。

咲き方＊年2回／香り◯／日当たり＊明るい日陰／地植え／自立／うどんこ病◎／黒点病◯〔東京／関口朋子／8〕

＊コメント　明るい日陰でも生育。病気に強い。房咲きになる。棘の少ない枝がコンパクトに茂り、鉢植えにも向く。

ゴールデン・ボーダー

＊Golden Border
＊F＊四季咲き

房で次々に咲き花色のグラデーションを楽しめます。棘も少なく、手もかかりません。〔埼玉／本田章子／12／写真〕腰の高さあたりでブーケのように房咲きするので、よく鑑賞できます。〔千葉／薄井真智子／3〕

おすすめ人数2人
咲き方＊年2回1、3回以上1／香り△2／日当たり＊1日中1、明るい日陰1／地植え2／自立2／うどんこ病◎2、◯0、△0、▲0／黒点病◎1、◯1、△0、▲0

＊コメント　直立して伸び、病気に強い。繰り返し咲く。香りは弱い。明るい日陰でも生育。冬剪定で木立状に樹形を整える。

サプライズ

＊Surprise
＊F＊四季咲き

深いグリーンの葉に鮮やかに映える黄色い花。とにかくスリップスがよくつきますが、房でたくさん咲いてくれます。蕊が見えるところも可愛いバラです。

咲き方＊年3回以上／香り△／日当たり＊1日中／地植え／自立／うどんこ病○／黒点病○〔千葉／藤本由紀子／8〕

＊コメント　房咲きになり花つきよく、繰り返しよく咲く。ドイツのコルデス作出のバラで、丈夫で育てやすい。ブッシュ状に育ち、こぢんまりとまとまる。香りは淡い。鉢植えにもよい。

サマー・スノー

＊Summer Snow
＊F＊四季咲き

咲き始めは花びらが淡い緑色で整い、凛として爽やかな印象。バラの季節には、株全体が純白の花姿になり魅力的です。若草色の葉が枝垂れるように仕立てました。たくさん花がつき、花もちも良好。棘も少なく扱いやすい。

咲き方＊年1回／香り△／日当たり＊明るい日陰／地植え／オベリスク／うどんこ病◎／黒点病◎〔千葉／薄井真智子／3〕

＊コメント　「つるサマー・スノー」の枝変わり。香りは弱いが、強健で病気に強い。明るい緑の葉が、グリーンを感じさせる白い花とよく合う。

スヴニール・ドゥ・アンネ・フランク

＊Souvenir d'Anne Frank
＊F＊四季咲き

平和を祈るバラとして大切に育てています。蕾は深紅なのですが、咲き始めると、黄色からオレンジ色に。そして咲き終わりにはピンクへと色が変化します。とにかく多花性で、5月中は次々と咲いてくれます。

咲き方＊年3回以上／香り○／日当たり＊1日中／鉢植え／自立／うどんこ病○／黒点病△〔愛媛／近藤美鈴／6〕

＊コメント　大きめの花が春は房咲きになる。コンパクトに育ち、鉢植えにも向く。花色が変化しやすい。

ストロベリー・アイス

＊Strawberry Ice
＊F＊四季咲き

白地に輝くピンクの覆輪で、花弁のほどけていく様子がとても華やか。花弁は雨にも強い。〔埼玉／本田章子／4〕花もちがよく、庭を明るくします。〔愛媛／近藤美鈴／7／写真〕春と秋でピンクの濃さが違います。寒さや雪にも強く、丈夫で手がかかりません。〔新潟／石和田英理子／11〕

おすすめ人数3人

咲き方＊年3回以上3／香り◎1、△2／日当たり＊1日中1、主に午後半日1、明るい日陰1／地植え3／自立3／うどんこ病◎2、○0、△1、▲0／黒点病◎0、○2、△1、▲0

＊コメント　明るい日陰でも生育。しっかりした棘。伸ばしてアーチやフェンスにも利用できる。数々の受賞歴をもつ。

たそがれ

*Tasogare
*F*四季咲き

重ねは薄く平咲きの花ですが、たくさん咲いてくれます。雨にも強く、たおやかな枝ぶりが和を感じさせます。黄金色の蕊が可愛らしい。〔愛媛／近藤美鈴／8〕樹高は1mになりませんが、横に張ります。やや黒点病に弱いようです。〔千葉／藤本由紀子／4／写真〕

おすすめ人数2人
咲き方*年2回1、3回以上1／香り○1、△1／日当たり*1日中2／地植え2／自立2／うどんこ病◎0、○2、△0、▲0／黒点病◎0、○0、△2、▲0

*コメント　花つきがよく強健。コンパクトで横張り、枝葉は細め。香りがある。黒点病に注意。

ピンク・グルス・アン・アーヘン

*Pink Gruss an Aachen
*F*四季咲き

いつも乱れることなく、きちんとした形に開きます。ベビーピンクの美しい花色。〔神奈川／大石 忍／10／写真〕開花株を購入しましたが、順調に育つまでしばらくかかりました。散りぎわまで美しい。〔神奈川／籔 雅子／6〕

おすすめ人数2人
咲き方*年2回1、3回以上1／香り○1、△1／日当たり*1日中1、主に午前半日1／鉢植え1、地植え1／自立2／うどんこ病◎1、○1、△0、▲0／黒点病◎1、○1、△0、▲0

*コメント　病気に強く、四季咲き性もよい。コンパクトに育ち鉢植えにも向く。「グルス・アン・アーヘン」の枝変わり。

ブラス・バンド

✽ Brass Band
✽ F ✽ 四季咲き

赤みの強い一番花を終えると、ふりふりの花びらが美しい数輪の房咲きになります。元気の出る色が庭を彩ります。

咲き方✽年3回以上／香り◯／日当たり✽1日中／地植え／自立／うどんこ病◯／黒点病△〔愛媛／近藤美鈴／5〕

✽コメント　房咲きで、繰り返しよく咲く。南国の強い日差しにも負けない元気な花色。スタンダード仕立てでも楽しめる。

プリティ・レディ

✽ Pretty Lady
✽ F ✽ 四季咲き

どこまでもやさしいアプリコット色で、豊かな香りの花がよく咲きます。特に春は蕾がたくさんつきすぎるので、摘蕾をするのがたいへんなほど。シュートの出も旺盛です。株の下のほうの細い枝にも、上を向いたしっかりとした花が咲きます。秋以降も冬まで花を楽しめます。

咲き方✽年2回／香り◯／日当たり✽主に午前半日／地植え／自立／うどんこ病◎／黒点病◯〔神奈川／野村美穂子／4〕

✽コメント　樹勢が強い。房咲きになり、多花性で、晩秋まで繰り返し咲く。

ブルー・フォー・ユー

＊Blue For You
＊F＊四季咲き

セミダブルのパールモーヴ色に黄色の蕊がきれいなバラ。房咲きで、徐々に退色する花弁のグラデーションも楽しめます。いったん咲き始めると次々に開花し、甘い香りも漂って嬉しい気持ちでいっぱいになります。樹形はシュラブですが、両サイドに余裕をもって植えつけを。

咲き方＊年2回／香り◯／日当たり＊1日中／地植え／自立／うどんこ病◎／黒点病◎〔山口／小川依純／4〕

＊コメント　青系のバラだが、耐病性に優れ、樹勢も強く育てやすい。

ホーム＆ガーデン

＊Home & Garden
＊F＊四季咲き

勢いよく伸びるシュートの先にはたくさんの蕾。ベビーピンクの花は、整ったロゼット咲きでたくさんの花をつける。ほのかにリンゴのような芳香が漂う。樹勢が強く横張りに育つので、トレリスなどに誘引すると覆い隠すほどに生長する。葉は照り葉で丈夫。花もちもよい。

咲き方＊年3回以上／香り△／日当たり＊1日中／地植え／背丈以下のフェンス・トレリス／うどんこ病◎／黒点病◎〔埼玉／本田章子／4〕

＊コメント　たいへん丈夫で、繰り返し咲き、香りは淡い。つるバラとして利用できるが、剪定してコンパクトにもできる。樹形などからシュラブとされていることが多い。

ホット・コロア

＊Hot Cocoa
＊F＊四季咲き

庭で春一番に芽吹き、遅咲きですが雪囲いをする11月中旬まで絶えず蕾を上げています。寒くなればなるほど花弁の色が深くなり、これから寒い冬が来ることをすんなりと受け入れさせてくれます。秋がもっともホット・ココア色。

咲き方＊年3回以上／香り△／日当たり＊1日中／地植え／自立／うどんこ病○／黒点病△〔北海道／松本徹・恭子　3〕

＊コメント　気温で色が変化。晩秋までよく咲く。

ほのか

＊Honoka
＊F＊四季咲き

名前のごとく、甘いアイボリーの花弁に紅色の覆輪がほのかにのって、ふわふわの砂糖菓子のよう。大きな房にはなりませんが、とても丈夫でたくさん咲きます。花もちもよく、一番花が終わったあとも、どんどん蕾を上げて休みなく咲き続けます。

咲き方＊年3回以上／香り△／日当たり＊1日中／鉢植え／自立／うどんこ病○／黒点病△〔愛媛／近藤美鈴　3〕

＊コメント　強健で、コンパクトに生育する。鉢植えにもよい。大きめの花。花もちはよい。

マジェンタ

＊Magenta
＊F＊四季咲き

房咲きのたくさんの濃い赤紫色の蕾に囲まれて、咲き進むにつれて淡いグレーがのっていく花弁の色の対比が美しい。深い色合いは嫌みがなく、ほかのバラともよく合います。香りもよく房咲きで、咲ききると細い枝がしなだれて、その風情も絵になります。

咲き方＊年3回以上／香り◎／日当たり＊1日中／鉢植え／自立／うどんこ病〇／黒点病△〔兵庫／島村宏美／6〕

＊コメント　香りが強く、強健に育つ。房咲きになり花つきよく、繰り返しよく咲く。鉢植えに向く。「ラヴェンダー・ピノキオ」が片親。

マチルダ

＊Matilda
＊F＊四季咲き

咲き始めの美しさとさまざまな色合いをもつ不思議なバラ。〔千葉／柏木恭子／6〕鉢植えですが、毎年たくさん花を咲かせます。〔愛媛／近藤美鈴／7〕雨に強くぬれても花弁が傷まないので、雨後の花の美しさを楽しむことができます。〔埼玉／中村敦子／8／写真〕

おすすめ人数3人
咲き方＊年2回1、3回以上2／香り◎2、△1／日当たり＊1日中2、主に午前半日1／鉢植え2、地植え1／自立3／うどんこ病◎2、〇1、△0、▲0／黒点病◎0、〇0、△3、▲0

＊コメント　棘が鋭く多い。繰り返しよく咲く。鉢植えにも向く。育てやすい。

ミスティ・パープル

＊Misty Purple
＊F＊四季咲き

ミステリアスな花色はもちろん、その香りにもノックダウン。咲き始めたのがわかるくらいの強香です。朝方と夕暮れ時の美しさは特別で、幻想的です。〔福島／中村良美／5／写真〕グレーがかった淡い紫色の丸弁のセミダブル咲き。ウェーブがきれいで、思わずうっとり。〔千葉／藤本由紀子／5〕

おすすめ人数2人
咲き方＊年3回以上2／香り◎1、○1／日当たり＊1日中2　鉢植え2／自立2　うどんこ病◎1、○1、△0、▲0／黒点病◎0、○1、△1、▲0

＊コメント　棘が少なくコンパクト。青系のバラの中では強健なほう。

メルヘンランド

＊Märchenland
＊F＊返り咲き

ひらひらとしたピンクの半八重の花が房に咲きます。なにより丈夫で、太いシュートが次々と出て、フルーティーな香りの花を枝先いっぱいに咲かせます。冬の鳥たちのために春の花がらを摘まずにヒップを実らせますが、秋や冬は、花とヒップを一緒に楽しんだりもできます。

咲き方＊年2回／香り◎／日当たり＊主に午前半日／地植え／背丈以下のフェンス・トレリス／うどんこ病◎／黒点病○〔東京／神吉晃子／12〕

＊コメント　香りが強く、繰り返し咲く。フェンスやトレリスに誘引できる。強健。

ライラック・チャーム

＊Lilac Charm
＊F＊四季咲き

前日までの堅かった蕾が、一気に開きます。散るのが早いのが残念ですが、一重か半八重の花びらに、なんともいい雰囲気が漂うバラです。コンパクトに育つので鉢植えにして、花壇や寄せ植えの間などに自由に置いて花を楽しんでいます。

咲き方＊年2回／香り△／日当たり＊主に午前半日／鉢植え／自立／うどんこ病△／黒点病○〔東京／関口朋子／3〕

＊コメント　花つきがよい。ライラックを帯びた花弁と黄色の蕊との対比が美しい。コンパクトに育つ。鉢植えに向く。

ラヴェンダー・ピノキオ

＊Lavender Pinocchio
＊F＊四季咲き

茶色がかったラヴェンダー色の特徴的な花色。黄金色の蕊との相性も格別にきれいで、波うつ半八重咲きのクラシカルな名花です。花もちはよくないのですが、四季咲き性がよいので、またすぐに会えます。冬に鉢上げしたら、ますます元気になりました。

咲き方＊年3回以上／香り△／日当たり＊1日中／鉢植え／自立／うどんこ病○／黒点病◎〔山口／小川依純／5〕

＊コメント　特徴ある花色で人気のバラ。コンパクトな樹形で鉢植えにも向く。繰り返しよく咲く。強健。「グレー・パール」が片親。

おすすめ人数	3人
咲き方	
年に2回	3人
香り	
強い	1人
ほどよい	1人
弱い	1人
日当たり	
1日中	3人
育て方	
鉢植え	1人
地植え	2人
仕立て方	
壁面	1人
アーチ	1人
その他	1人
うどんこ病	
全く出ない	2人
あまり出ない	1人
やや出る	0人
よく出る	0人
黒点病	
全く出ない	0人
あまり出ない	1人
やや出る	1人
よく出る	1人

＊コメント
名花「アイスバーグ」の枝変わり。年数がたち株が充実すると、病虫害に強くなり、秋にも返り咲くが、秋の花は少ない。しなやかな枝が大きく伸びてよく茂る。アーチや壁面に。

つるアイスバーグ

＊Iceberg, Climbing ＊Cl F ＊返り咲き

花びらが開いた時は、豊かな優雅さを感じます。よく花を咲かせ、ほとんど虫の被害にあいません。香りも麗しく、姿も美しい純白のバラです。〔神奈川／市川繁美／4〕育て始めて2年ほどは生長が遅いのですが、その後はどんどん大きくなり手がかかりません。〔福島／中村良美／6〕チュウレンジバチの餌食になりますが、年々充実した株に。春先の寒風で枝先の枯れ込みがあるため、剪定は枯れ枝のみ。それでも春はアーチいっぱいに咲いてくれます。〔新潟／石和田英理子／9〕

写真大／市川繁美、写真小／中村良美

群星

* Gunsei
* Cl F * 一季咲き

紅をさした小さな蕾が開くと、ピンクを帯びた白いセミダブルの花が房になって咲きます。生育が旺盛で大株に育ちます。〔茨城／片寄敬子／10／写真〕棘がないので手入れはしやすい。花もちがよく、2週間くらいは満開。〔神奈川／野村美穂子／3〕

おすすめ人数2人
咲き方*年1回2／香り△2／日当たり*1日中1、明るい日陰1／鉢植え、地植え1／背丈以上のフェンス・トレリス1、その他1／うどんこ病◎2、○0、△0、▲0／黒点病◎0、○1、△1、▲0

*コメント　多花性。弱香。明るい日陰でも生育。強健。片親は「サマー・スノー」。

つる桜霞

* Sakuragasumi, Climbing
* Cl F * 返り咲き

霞がかったその桜色のたたずまいは、どこまでもやさしくいとおしい。私の庭でシーズンの一番最初に咲くバラです。年数がたつにつれて花数が多くなってきて、育てるのが楽しみ。紫色のクレマチスとのツーショットを楽しんでいます。

咲き方*年1回／香り○／日当たり*主に午後半日／地植え／アーチ／うどんこ病◎／黒点病△〔神奈川／市川繁美／5〕

*コメント　細めの枝をよく伸ばすのでアーチなどに誘引しやすい。花つきがよい。フロリバンダの「桜霞」の枝変わり。

オーガニック・ローズは、多様性のある庭で

　アンケートに参加された皆さんから寄せられたバラの写真には、主役のバラだけでなく、いろいろな植物と合わせてあるものが少なくありません。

　コメントを読んでいても、バラが咲く季節に合わせて、宿根草や一年草、クレマチスなどのつる植物を咲かせたり、中には、バラを樹木にからませて楽しんだりと、バラだけでなく多様な植物とともに庭を楽しんでいる方がほとんどです。

　バラのほかにも庭にいろいろな植物を植えると、どんなよいことがあるのでしょうか。

　ひとつめは、もちろん、目に楽しいということです。バラにない色や造形・質感のものを選んで合わせることで、バラの庭に奥行きと広がりが生まれ、バラの存在をより引き立てることができます。

　ふたつめは、バラの季節以外にも、庭を楽しめるということです。早春のクリスマスローズや小球根類、夏の緑陰と葉もの、秋のセージ類など、バラ以外の季節を彩る植物は、1年中庭を心地よいものにしてくれます。

　3つめは、いろいろな植物を混植することで、連作障害を起きにくくすることを期待できるということです。自然農法でも、ひとつの畑にいろいろな作物を隣り合わせて植える混植が基本なのだそうです。

　4つめは、多様な植栽は、多様な生き物をよびこむということ。樹木につけた巣箱にシジュウカラが来て、庭の植物には多種多様な昆虫たちが集い、生き物たちの楽園になります。

　5つめは、オーガニック・ローズは、ほかの生き物や植物とあってこそ美しいということです。生命が満ち溢れている庭で咲くバラほど輝くものはありません。

　このような、多様性のある庭づくりが、オーガニック栽培の基本と言えるでしょう。　　　　　（小竹）

樹木、宿根草、バラがひとつのハーモニーを奏でる5月の庭。
写真／小竹幸子

シャンテ・ロゼ・ミサト

＊Chant rose misato ＊HT ＊四季咲き

赤黒く丸い蕾からライラックピンク色の花が咲くと、そのギャップに驚くほど。直立型で扱いやすく丈夫な品種です。〔山口／小川依純／3〕 日本の暑い夏にも雨にも強く、咲き進むまで美しさを保ちます。上を向いて咲くので、樹高は目の高さよりも低く仕立てています。〔神奈川／小野田輝美／3〕 デルバール社のバラは、確かに暑さに強いです。〔鹿児島／中村敬子／3〕 切り花にすると部屋にスパイシーな素敵な香りが漂います。〔神奈川／槐 佳世子／4〕 歌手の渡辺美里さんに捧げられたバラです。〔愛媛／近藤美鈴／3〕

おすすめ人数	5人
咲き方	
年に2回	1人
年に3回以上	4人
香り	
強い	4人
ほどよい	1人
日当たり	
1日中	2人
主に午前半日	2人
明るい日陰	1人
育て方	
鉢植え	1人
地植え	4人
仕立て方	
自立	5人
うどんこ病	
全く出ない	3人
あまり出ない	2人
やや出る	0人
よく出る	0人
黒点病	
全く出ない	1人
あまり出ない	3人
やや出る	1人
よく出る	0人

＊コメント

おすすめ人数第10位グループ。強香。直立性で、剪定によって樹形を整えることができる。樹形などからシュラブとされていることが多い。病気に強く強健。海外では、「スール・エマニュエル（Soeur Emmanuelle）」の名で流通。

写真大／近藤美鈴、写真小／小川依純

デインティ・ベス

＊Dainty Bess ＊HT ＊四季咲き

ひらひらとした大きな一重のバラ。濃いピンクの花弁にソバカスのような赤紫の蕊がよく映えます。〔神奈川／徳山さゆり／8〕上を向いて咲きます。花がらを摘むと次々と咲き、丈夫です。〔千葉／薄井真智子／5〕花は散りやすいのですが、日が沈んで花弁を閉じた姿や散ったあとの蕊だけの姿も美しく、一瞬一瞬を楽しめます。〔北海道／松本徹・恭子／3〕期待を裏切らないスパイシーな香り。蕾は濃いピンクでツンととがっています。直立に枝を出しスリムに育ちます。〔神奈川／小野田輝美／5〕

おすすめ人数	4人
咲き方	
年に2回	1人
年に3回以上	3人
香り	
強い	2人
ほどよい	1人
弱い	1人
日当たり	
1日中	2人
主に午前半日	1人
主に午後半日	1人
育て方	
鉢植え	2人
地植え	2人
仕立て方	
自立	4人
うどんこ病	
全く出ない	3人
あまり出ない	1人
やや出る	0人
よく出る	0人
黒点病	
全く出ない	1人
あまり出ない	2人
やや出る	0人
よく出る	1人

＊コメント

赤紫の蕊が美しい。夕方になると花弁を閉じる。直立状に枝を伸ばしスリムな樹形。うどんこ病に強い。黒点病は出ることがあっても秋にはまた葉を展開。年数がたつと黒点病も出にくくなる。

写真大／松本徹・恭子、写真小／小野田輝美

おすすめ人数　**1人**

咲き方＊年3回以上
香り＊ほどよい
日当たり＊1日中
育て方＊地植え
仕立て方＊自立
うどんこ病＊全く出ない
黒点病＊全く出ない

＊コメント

新しく展開した葉に、鮮明な白斑が入る。クラシックな花は香りがある。四季咲き性がよく、病気にも強い。枝は細めで、しなやかに伸びる。

ヘルシューレン

＊Verschuren＊HT＊四季咲き

葉に斑が入ったバラで、花が咲く前から楽しませてくれます。よく見てみると、蕾や花にも斑入りしていて、いい意味で驚きます。咲き進むと、おおらかでふわふわとした丸い花びらがセミダブル状になり、チャーミングな印象です。甘く豊かな芳香も魅力的。樹形も直立形で扱いやすく、病気や虫の被害をほとんど受けたことがありません。写真の花は12月の姿ですが、黄色の蕊も見えふんわりと咲いてくれました。春から冬まで、とても四季咲き性のよいバラです。〔山口／小川依純／4〕

写真／小川依純

アシュラム

*Ashram
*HT*四季咲き

咲き始めは柔らかなオレンジ色で、だんだんと退色し、蕊が見えるようになります。遅咲きですが繰り返し何度も咲き、雨にも負けません。〔北海道／松本徹・恭子／3／写真〕のびのびと大きく育ち、元気色の花がたくさん咲きます。〔愛媛／近藤美鈴／3〕

おすすめ人数2人
咲き方*年3回以上2／香り◎1、△1／日当たり*1日中1、主に午前半日1／鉢植え1、地植え1／自立1／うどんこ病◎1、○1、△0、▲0／黒点病◎0、○0、△1、▲1

*コメント　繰り返しよく咲く。花もちがよい。うどんこ病には強い。鉢植えに。

アンドゥレ・ル・ノートゥル

*André le Nôtre
*HT*四季咲き

樹勢が旺盛な品種です。強く香り、庭仕事の途中で立ち止まってしまうくらい。蕾が次々と上がり、花がとぎれたことがありません。秋は淡いピンク色の花に。雨に弱く、開花しないこともあります。〔北海道／松本徹・恭子／3／写真〕

おすすめ人数2人
咲き方*年2回1、3回以上1／香り◎2／日当たり*1日中1、主に午前半日1／鉢植え1、地植え1／自立2／うどんこ病◎1、○1、△0、▲0／黒点病◎0、○1、△1、▲0

*コメント　樹勢が強く、病気が出ても回復力がある。繰り返しよく咲く。大輪で、強い香りがある。

イヴ・ピアジェ

＊Yves Piaget
＊HT ＊四季咲き

ふくよかな蕾はまるで桃のよう。花弁はフリルがあり切れ込みが入ります。香りは芳醇で、豪華なイメージ。〔山口／小川依純／8／写真〕まるで芍薬のように咲きます。香りが気に入っています。〔京都／柿原久美／3〕

おすすめ人数2人
咲き方＊年2回1、3回以上1／香り◎2／日当たり＊1日中1、主に午前半日1／鉢植え2／自立2／うどんこ病◎0、○1、△1、▲0／黒点病◎0、○2、△0、▲0

＊コメント　うどんこ病が出ることもあるが、黒点病には強いほう。鉢植えにも向く。香りが強く、繰り返しよく咲く。数々の香りの賞を受賞している。

オーギュスト・ルノアール

＊Auguste Renoir
＊HT ＊四季咲き

花弁の枚数が40枚以上とボリュームがあり、濃厚な香りが漂ってきます。シュートは長く伸びますが、冬に強剪定してブッシュ状に仕立てています。病気はまったく出ませんが、虫に蕾をかじられることも。雨にぬれても、しっかりとした花弁です。

咲き方＊年2回／香り◎／日当たり＊主に午前半日／地植え／自立／うどんこ病◎／黒点病○〔千葉／藤本由紀子／3〕

＊コメント　香りが強い大輪バラ。強健で繰り返し咲く。半つる状に大きく育ててもよいが、冬の強剪定でブッシュ状にもできる。

カフェ・ラテ

＊Caffe Latte
＊HT＊四季咲き

蕾の時はピンクですが、咲くとカフェラテ色です。遅咲きで、夏には黒点病で葉が落ちることがありますが、お盆明け頃に復活。春夏よりも気温が下がる秋のほうが名前の通りのカフェラテ色に咲き、香りも深みが出てきます。冬囲いをする11月中旬まで咲き続けます。

咲き方＊年2回 香り○ 日当たり＊1日中 地植え 自立 うどんこ病◎ 黒点病▲〔北海道 松本徹・恭子 3〕

＊コメント スパイシーな香り。黒点病は出るが回復する。気温により花色が変化。

グレー・パール

＊Grey Pearl
＊HT＊四季咲き

一般的に弱い品種と言われますが、我が家のベランダでは、少々うどんこ病にやられてもよく咲きます。いとおしいバラです。

咲き方＊年3回以上 香り◎ 日当たり＊1日中 鉢植え 背丈以下のフェンス・トレリス うどんこ病△ 黒点病○〔神奈川 籔 雅子 7〕

＊コメント ベージュからグレーに変化する微妙なニュアンスの花色。後の青品種の祖。病気が出ることがあり、樹勢が弱いと言われる。花はよく咲く。香りが強い。できるだけ日当たりのよい場所で育てるとよい。

ジーン・シスレー

＊Jean Sisley
＊HT＊四季咲き

淡いピンクのシンプルな蕾から、ゆるやかにランダムに開きます。濃いピンクの花弁を淡いピンクが外側から包みこんで咲く姿は、花首も長く可憐な印象。赤紫色のしなやかな茎、大きな棘、革質の葉、これらのすべてがきれいです。シュートは、縦に横によく伸びます。

咲き方＊年3回以上／香り△／日当たり＊1日中／地植え／自立／うどんこ病◎／黒点病○〔長野／長島敬子／6〕

＊コメント　ティー・ローズの趣を感じる繊細な枝。病気に強い。1879年作出の古いハイブリッド・ティー。香りはない。

シャルル・ドゥ・ゴール

＊Charles de Gaulle
＊HT＊四季咲き

ゴージャスな花です。香りも強く存在感があります。堂々としてよい香りを放っています。

咲き方＊年3回以上／香り◎／日当たり＊1日中／鉢植え／自立／うどんこ病◎／黒点病○〔福島／越川洋子／5〕

＊コメント　半横張りに太い枝が伸びる。強い香り。強健でがっしりした樹形だが、大きくなりすぎず割合とコンパクトに育つ。繰り返しよく咲く。つるの枝変わり品種がある。花名はフランスの大統領から。

セバスチャン・クナイプ

＊Sebastian Kneipp
＊HT＊返り咲き

サーモンピンクがかった咲き出しからしだいに乳白色に。アンティークな花形が美しい。〔埼玉／本田章子／8〕クラシカルな雰囲気がぴったりのミルラ香。春は遅めに咲き、秋もぽつぽつと返り咲きます。〔山口／小川依純／4〕花つきは抜群。早く大きく育てたい人におすすめ。〔東京／神谷佳江／3／写真〕

おすすめ人数3人
咲き方＊年2回3／香り◎2、○1　日当たり＊1日中3　地植え3　自立1、パーゴラ1、アーチ1　うどんこ病◎3、○0、△0、▲0　黒点病◎1、○1、△1、▲0

＊コメント　枝は棘が多くて細い。旺盛に生育。つるバラとしても使えるが、強剪定も可。

ニュー・ウェーブ（フォルム）

＊New Wave
＊HT＊四季咲き

ゆるやかにウェーブした美しい花弁がふんわりと重なった、淡いラヴェンダー色の魅力的なバラ。数輪の房になって開花する多花性で、やさしい芳香もあります。咲き始めから咲き終わりまで、どのシーンも見逃せない美しさ。最初の1年は病気になりましたが、現在は健康です。

咲き方＊年3回以上／香り△／日当たり＊1日中／地植え／自立　うどんこ病◎／黒点病◎〔山口／小川依純／5〕

＊コメント　育ちはよく、年数がたつと病気にかかりにくい。花つきがよく。繰り返しよく咲く。

ラウル・フォルロー

＊Raoul Follereau
＊HT＊返り咲き

ひと枝にこの花数です。庭で10日間、花瓶に活けてさらに10日咲き続ける花もちのよさは、特筆ものです。最初の年からなんのトラブルもなく、数多くの花を咲かせてくれました。

咲き方＊年3回以上／香り◎／日当たり＊1日中／地植え／自立／うどんこ病◎／黒点病○〔愛媛／近藤美鈴／3〕

＊コメント　房咲きで香りが強く、丈夫でよく伸び、ルーズな樹形。シュラブとして扱い、フェンスやトレリスに誘引してもよい。花名はハンセン病患者救済ラウル・フォルロー基金に由来。

ラ・フランス

＊La France
＊HT＊四季咲き

丸い蕾や花の形に、オールドローズの面影があります。大きな花は、惜しみなく繰り返し咲いてくれます。〔神奈川／高坂ひとみ／6／写真〕丈夫で初心者でも育てやすい。花も香りも見事です。〔福島／越川洋子／6〕その香りにはうっとりしますが、雨で蕾が開花しないことも。〔千葉／藤本由紀子／5〕

おすすめ人数3人
咲き方＊年2回1、3回以上2／香り◎3／日当たり＊1日中1、主に午前半日2／鉢植え3／自立3／うどんこ病◎1、○2、△0、▲0／黒点病◎0、○3、△0、▲0

＊コメント　記念すべきモダンローズ第1号品種。1867年作出。ダマスク系の強香。

つるピース

＊Peace, Climbing ＊Cl HT ＊四季咲き

堂々とした蕾から手のひらほどの大きな花が非常に整った形で咲く。香りはとてもよい。黄色い花は咲き進むにつれてクリーム色に退色し、花びらの外側がピンク色を帯びてくる。そのやさしいグラデーションは限りなく美しい。長く伸びる枝は太く堅いのでアーチには不向き。生育は旺盛で、立派なシュートが次々に伸びる。大きく艶やかな濃緑色の葉は病気にも虫にも強い。1本あるだけで圧倒的な存在感を出すバラ。名花の中の名花。〔千葉／松本紀子／12〕

おすすめ人数　1人

咲き方＊年1回
香り＊強い
日当たり＊主に午前半日
育て方＊地植え

仕立て方＊背丈以上のフェンス・トレリス
うどんこ病＊あまり出ない
黒点病＊あまり出ない

＊コメント
名花「ピース」（ハイブリッド・ティー）の枝変わり。大輪で香りが強い。病気に強く、生育旺盛。壁面やフェンスに向く。多花性。

写真／松本紀子

つるミセス・ハーバート・スティーヴンズ

* Mrs. Herbert Stevens, Climbing
* Cl HT * 返り咲き

くるっと反り返った花弁が可憐で美しい。花は重みがあるので下を向いて咲いています。枝変わりでできたつるバラですが、白い大輪の花がたおやかに咲く様はブッシュタイプよりもいっそう優雅で貴婦人のようです。かの鈴木省三氏をして「胸がしめつけられる」と言わしめただけのことはあるバラ。咲き始めの時からよい香りが庭一面に漂います。枝は直線的に伸びますが、扱いにくいというわけではありません。つるバラでも返り咲きます。〔山梨／矢崎恵子／4〕

おすすめ人数　1人

咲き方 * 年に2回
香り * ほどよい
日当たり * 主に午後半日
育て方 * 地植え
仕立て方 * その他
うどんこ病 * 全く出ない
黒点病 * あまり出ない

* コメント
「ミセス・ハーバート・スティーヴンズ」（ハイブリッド・ティー）の枝変わりで、返り咲きする。純白の大輪花がうつむいて咲く。さわやかなティーの香り。多花性。誘引はしやすい。

写真／矢崎恵子

オーガニック・ローズは、土づくりを大切に

　オーガニックでバラを育てている人は、土づくりをとても大切にしていますが、ほとんどの人が身近な有機物を上手に使って土を豊かにしています。

　生ごみ堆肥をつくって土の表層に施している人、生ごみを直接地面に浅く埋めている人、枯葉や庭から出る残渣でマルチングしている人、よく発酵した牛糞や馬糞を使っている人、発酵肥料をつくって施している人と、やり方はさまざまですが、いずれも、土を深く耕さず、有機物を花壇の表層か浅い部分に施しているようです。

　では、施した有機物は、どのようにして豊かな土をつくってくれるのでしょう。

　じつは、バラもほかの植物も、施した有機物をすぐに直接利用できるわけではありません。有機物は、バラの栄養、というよりも、むしろ土にすむ無数の生き物や微生物たちの糧となるのです。

　粗大な有機物は、まず、ダンゴムシやヤスデ、ミミズなどに食べられて、彼らのおなかを通ってかなり細かくなります。

　さらに、土にすむ無数の微生物たちがその有機物を分解し、その過程で土が団粒化したり、肥沃化したりしていきます。

　要するに、人が有機物を土の表層に施すだけで、土にすむ生き物たちが勝手に土を耕し肥やしてくれるというわけです。

　バラや植物の根がよく張る、土の深いところでは、粗大な有機物は見当たりません。人間の腸にあたる土の深い部分に、不消化なものはあってはならないのです。有機物を土の表層に施すようにするのはこのためです。

　庭や台所から出た有機物を循環させて使うということも、オーガニック・ガーデナーたちが土づくりの基本としていることです。

　かつて日本の里山で行なわれていたような持続可能なやり方が、私たちのオーガニック・ローズ・ガーデンでも大切にされているのです。

（小竹）

ピエール・ドゥ・ロンサール

＊Pierre de Ronsard ＊LCl ＊一季咲き

一季咲きですが、春はどの枝にも大きく立派な花を咲かせ、花もちもよい。香りがないのが残念。〔東京／神谷佳江／10〕 通りすがりのほとんどの人が魅了される、我が家で人気№1のバラ。〔長崎／松本隆司／16〕 ほかのバラと花束のように仕立てると、女王のように美しい。〔東京／岸野美代子／10〕 蕾から咲き始めの様子が美しい。〔群馬／後藤千織／10〕 株が充実したのか7年を過ぎた頃から返り咲きするようになりました。〔神奈川／濱田世津子／9〕 西日にも耐え、見事に返り咲きます。〔愛媛／近藤美鈴／10〕 地植えにして2年目に癌腫ができましたが、翌年はそれを乗り越え、強いバラだと思います。〔神奈川／槐 佳世子／3〕 完全無農薬で育て始めてからは、黒点病などの病気はほとんど出なくなりました。〔山口／小川依純／8〕 強健で育てやすい品種。虫の被害を受けることがほとんどありません。〔神奈川／市川繁美／8〕

写真／小川依純

このバラが庭にひとつあるだけで、その庭の雰囲気が変わるほどの存在感。壁面に咲かせると圧倒的な美しさを見せてくれます。〔東京／金 明姫／5〕

うつむき加減に咲くので、見上げる位置に花を咲かせるのがコツ。シュートが堅く裂けやすいので、誘引は時間をかけて。〔東京／梶浦道成／16〕

フェンスに沿って枝を誘引しているので、一列に並んで咲きます。気象条件などにより、その年の花色が変化します。〔北海道／佐藤恵里子／11〕

ピエールは、いくつもの顔をもつ。

同じ株なのに、白っぽく咲く時や濃いピンクになることも。〔兵庫／島村宏美／12〕 日当たりが強いと赤が強く出る。〔長野／長島敬子／4〕 その年の気候や栽培環境などにより、ピンクの濃さはまちまちです。〔東京／梶浦道成／16〕

大きくふくよかに咲いた。毎年違う表情で咲く。〔北海道／佐藤恵里子／11〕

咲き進んだこの淡い感じと、蕾の黄色みがかったグリーンとの色の対比もたまりません。〔北海道／松本徹・恭子／4〕

鉢植えですが、もう7シーズン目。初心者でも立派に咲いてくれます。〔福島／越川洋子／7〕

玄関わきでとてもきれいに咲いてくれます。ご近所の方たちにも評判がよく、うちのを見て購入された方も多いようです。〔千葉／柏木恭子／8〕

直射日光にあたらない花のほうが、ピンク色が強く出すぎずに、好みの色合いになります。〔千葉／松本紀子／12〕

新苗から鉢で育てましたが、早く生長しました。病気にもならず、地植えに負けない大きな花が咲きます。〔東京／宮野純子／6〕

長いステムの花はブーケのように房咲きします。木が充実してきたのか、最近は返り咲きしてくれます。〔神奈川／徳山さゆり／8〕

豪華な感じを受けるバラ。中心がピンク色というその花色も姿も、咲いていく過程が飛びぬけて美しい。〔神奈川／市川繁美／8〕

半日しか日があたらない環境で育てていますが、とっても丈夫。花びらは下に落ちることが少ないので、お掃除が簡単！〔京都／柿原久美／4〕

地植えして4年目の様子。このくらいの伸び方ならトレリスでいいなと高をくくっていましたが、今はフェンスに誘引しています。〔新潟／石和田英理子／10〕

庭のどこに植えようか迷っているうちに7年間もずっと鉢のまま。丈夫なシュートをコンパクトにまとめるのに苦労します。〔福島／越川洋子／7〕

光沢のある葉が元気よく展開し、いよいよ蕾が上がってきました。今シーズンはバラゾウムシの自然摘蕾を受け花数が減りましたが、それもまたよしです。〔山口／小川依純／8〕

たっぷりとした花がうつむきながら咲く姿は、クラシカルでとても魅力的。少々の雨なら花弁が傷まない品種です。左の写真が開花したところ。〔山口／小川依純／8〕

10月に咲いた花は、花びらの数が少なく軽やかな印象です。地植えの場合、株が充実してくると返り咲くことがあるようです。〔東京／梶浦道成／16〕

ごくまれですが、春や秋以外にも花をつけます。花びらが傷んでいますが、これは2月のピエール。〔東京／梶浦道成／16〕

おすすめ人数 22人

咲き方
年に1回 …… 16人
年に2回 …… 5人
年に3回以上 … 1人

香り
強い …… 0人
ほどよい …… 5人
弱い …… 17人

日当たり
1日中 …… 6人
主に午前半日 … 8人
主に午後半日 … 7人
明るい日陰 …… 1人

育て方
鉢植え …… 4人
地植え …… 18人

仕立て方
壁面 …… 6人
背丈以上の
フェンス・トレリス… 3人
背丈以下の
フェンス・トレリス… 5人
パーゴラ …… 1人
アーチ …… 2人
オベリスク …… 3人
その他 …… 2人

うどんこ病
全く出ない …… 16人
あまり出ない … 5人
やや出る …… 1人
よく出る …… 0人

黒点病
全く出ない …… 2人
あまり出ない … 11人
やや出る …… 7人
よく出る …… 2人

＊コメント
おすすめ人数第1位。株が充実すると返り咲くことも。地植えの人が多く、枝が堅いので壁面向きだが、切り詰めてブッシュ仕立てにしても楽しめる。条件により花色が変化。半日の日照でも生育。うどんこ病には強いが、黒点病はやや出る人もあり。2006年の世界バラ会連合第14回大会で、「バラの栄誉殿堂」入りした品種。

ソンブルーイ

＊Sombreuil＊LCl＊返り咲き

すばらしいクォーター・ロゼット咲きの花。香りもフレッシュで爽やかです。ひとつの枝先に最低3つ以上蕾をつけるので、春の花期が長いのも魅力。逆に、根がまだ十分に発達していない若い株は、摘蕾が必要です。〔東京／梶浦道成／16〕12号鉢で育てていますが、最初の2年間は蕾が次々と落ちて泣きました。秋から冬にかけてもよく咲きます。〔東京／佐藤まゆみ／4〕一番花が終わったあとも、すぐにシュートが上がってくる丈夫な品種です。〔奈良／佐藤妙子／12〕元気いっぱいでにょきにょき育つ自然児のようですが、香りはエレガント。〔神奈川／籔 雅子／5〕枝がこみ合うので、花後はちょっと強めに剪定。〔埼玉／本田章子／7〕

写真大／梶浦道成、写真小／本田章子

鉢栽培でも枝はよく伸びるし、すべての節々から、とてもよく蕾をつけます。たくさんの細かい花びらは、何枚あるんだろうと思ってしまうほど。〔東京／佐藤まゆみ／4〕

葉は縁や葉脈が赤くなります。ほとんどの枝に2～3個の蕾をつけますが、株を守るために摘蕾をします。〔神奈川／濱田世津子／3〕

底に杏色をもった暖かみのある白花です。花弁数は驚くほどの数で、甘くかぐわしいティーの香りを強く放ちます。〔山梨／矢崎恵子／7〕

秋はもちろん冬にもぼちぼち蕾をつけます。開花するまで時間がかかるので若干傷んでいますが、これは1月の花。〔東京／梶浦道成／16〕

新苗を地植えして10年目。春はどのバラよりも早く咲いて、長く楽しめます。早咲きのクレマチスとの共演も楽しめます。〔東京／神谷佳江／10〕

午前中だけの日差しですが、日差しの強い鹿児島ではかえってそれがよかったようで、壁面いっぱいに咲き誘ってくれます。〔鹿児島／中村敬子／10〕

おすすめ人数	10人
咲き方	
年に1回	0人
年に2回	5人
年に3回以上	5人
香り	
強い	7人
ほどよい	3人
弱い	0人
日当たり	
1日中	3人
主に午前半日	6人
主に午後半日	0人
明るい日陰	1人
育て方	
鉢植え	2人
地植え	8人
仕立て方	
壁面	4人
背丈以上のフェンス・トレリス	1人
背丈以下のフェンス・トレリス	2人
アーチ	2人
オベリスク	1人
うどんこ病	
全く出ない	8人
あまり出ない	2人
やや出る	0人
よく出る	0人
黒点病	
全く出ない	0人
あまり出ない	8人
やや出る	2人
よく出る	0人

＊コメント

おすすめ人数第5位グループ。ティーの香りが強い。花もちよく房咲きになり開花期が長い。返り咲き性もたいへんよい。シュートの発生がよく、花を咲かせながらもシュートが上がる。強めに剪定して仕立てることも可能。枝はしなやかでよく伸びるが、棘が鋭く誘引はたいへん。半日の日照でも生育。うどんこ病に強く、黒点病もあまり出ない人が多い。以前はクライミング・ティーとされていたが、近年になって分類が変更された。

新雪

＊Shinsetsu ＊LCl ＊四季咲き

一般的な図鑑では半剣弁高芯咲きとなっていますが、咲き始めの花はどれもグラマラス。1株で数百個の大輪の花を咲かせる姿は圧巻です。二番花、三番花と続けて咲くので、春は長く花を楽しめます。壁面を四季咲きの白いつるバラで飾りたい人におすすめの品種。病気に強く、樹勢も旺盛で非常に育てやすい。株が成熟すると、春、梅雨前、秋、初冬と年に4回咲いてくれます。右の写真は、2月の花。新雪の上に新雪が積もりました。〔東京／梶浦道成／18〕

おすすめ人数 **1**人

咲き方＊年に3回以上
香り＊ほどよい
日当たり＊主に午前半日
育て方＊地植え
仕立て方＊壁面
うどんこ病＊あまり出ない
黒点病＊あまり出ない

＊コメント

鈴木省三氏作出の名花。しっかりした棘のあるシュートが勢いよく伸びる。大きめのフェンスや壁面に向く。病気に強く、夏もよく葉を保つ。多花性で、房咲きになる。秋まで繰り返し咲く。「ニュー・ドーン」の血を引く。

写真／梶浦道成

スパニッシュ・ビューティ

＊Spanish Beauty ＊LCl ＊一季咲き

フリルのあるピンクの花びらが華やか。〔東京／岸野美代子／10〕 名前の通り情熱的に咲き誇り、香りも強く、このバラの下でパーティーをしたくなります。〔東京／金 明姫／7〕 花びらのひらひら感がドレッシー。生育旺盛で毎年立派なシュートが育っていきます。〔東京／久保田正子／5〕 生長は早く2～3年で見ごたえのある株に。うつむいて咲くので見上げる位置に咲かせます。〔福島／中村良美／9〕 病虫害も少なく、生長も旺盛で、2階まで伸びています。〔東京／寺田直子／7〕

おすすめ人数	5人

咲き方
年に1回 ……… 5人

香り
強い ……… 4人
弱い ……… 1人

日当たり
1日中 ……… 2人
主に午前半日 … 1人
主に午後半日 … 2人

育て方
地植え ……… 5人

仕立て方
壁面 ……… 1人
背丈以上の
フェンス・トレリス … 1人
背丈以下の
フェンス・トレリス … 1人
パーゴラ ……… 2人

うどんこ病
全く出ない …… 3人
あまり出ない … 2人
やや出る ……… 0人
よく出る ……… 0人

黒点病
全く出ない …… 0人
あまり出ない … 5人
やや出る ……… 0人
よく出る ……… 0人

＊コメント
おすすめ人数第10位グループ。華やかなつるバラ。香りも強い。病虫害にたいへん強く生育旺盛。早咲き。半日の日照で生育。壁やパーゴラなど広い場所を覆うのによい。別名「マダム・グレゴワール・シュテシュラン」。

写真大／中村良美、写真小／金 明姫

ニュー・ドーン

✲ New Dawn ✲ LCl ✲ 返り咲き

咲き始めはほんのりピンク色で、その後、透明感のある淡いピンクがシルクのシフォンのようになります。〔東京／丸山育子／12〕ごく薄いピンクの清楚な花が、光沢のある葉をバックにたくさん咲く。遅咲きで花期が長い。〔長崎／松本隆司／8〕我が家では秋の花は少ない。よく伸びるつるバラ。〔長野／長島敬子／6〕地植えしてから4年ぐらいはゆっくりと生長。それ以降は目覚しい樹勢と花つきを見せてくれます。棘は鋭いのでアーチではもてあましています。〔新潟／石和田英理子／7〕

おすすめ人数	4人
咲き方	
年に1回	2人
年に2回	2人
香り	
ほどよい	3人
弱い	1人
日当たり	
1日中	3人
主に午前半日	1人

育て方	
地植え	4人
仕立て方	
壁面	1人
パーゴラ	1人
アーチ	1人
その他	1人
うどんこ病	
全く出ない	3人
あまり出ない	1人
やや出る	0人

よく出る	0人
黒点病	
全く出ない	2人
あまり出ない	1人
やや出る	1人
よく出る	0人

✲コメント

旺盛に伸びる。棘が鋭い。壁面など面積の広い場所に誘引して咲かせるのに向く。うどんこ病、黒点病に強い。春以降の花は少ない。1997年の世界バラ会連合第11回大会で、「バラの栄誉殿堂」入りした品種。

写真大／長島敬子、写真小／石和田英理子

アウェイクニング

* Awakening
* LCl * 返り咲き

やさしいピンクのせいか、花びらが多くても重たい感じはしない。花びらの奥へいくほど色濃くなっていくグラデーションが、花に立体感をつけている。ニュー・ドーンの枝変わりがうなずける品のよい花。濃い緑の丸い小さな照り葉も花を引き立てる。しっかりした棘がある。

咲き方*年2回　香り○　日当たり*1日中　地植え　オベリスク　うどんこ病◎　黒点病△〔長野　長島敬子　4〕

*コメント　強健で旺盛に育つ。半日陰でも生育。しっかりとした大きな棘。繰り返し咲く。

アシュ・ウェンズディ

* Ash Wednesday
* LCl * 一季咲き

咲き始めは淡いライラック&ミルクティーのような色。行儀よくくるくると花弁が巻き、開ききるまでに微妙な色の変化も楽しめます。一輪だけカットして活けても美しいバラ。シュートが太くて堅いので、ゆったりとした誘引が無難です。

咲き方*年1回　香り△　日当たり*主に午前半日　地植え　オベリスク　うどんこ病◎　黒点病◎〔山口　小川依純　4〕

*コメント　開花につれ花色が変化し白に近づく。枝は太く堅い。フェンスやトレリスに向く。香りは弱い。

コレットゥ

＊Colette
＊LCl ＊返り咲き

クラシックなロゼットの花形。甘く爽やかな香りが広がる。〔東京／関口朋子／6〕比較的日陰に植えているのに花つきはよく、繰り返し咲いてくれます。柔らかく細めの枝は、きっちり誘引しないでゆらゆらと。〔福島／中村良美／8／写真〕

おすすめ人数2人
咲き方＊年1回1、年2回1／香り◎1、○1／日当たり＊主に午前半日1、明るい日陰1／地植え2／背丈以上のフェンス・トレリス1、その他1／うどんこ病◎1、○1、△0、▲0／黒点病◎0、○2、△0、▲0

＊コメント　病気にとても強い。返り咲きもする。柔らかい枝がほどほどに伸びる。フェンスやオベリスクに。

トレジャー・トローヴ

＊Treasure Trove
＊LCl ＊一季咲き

カエデの木に豪快に枝をからませて育てています。アーチ状に木の枝から垂れ下がり、最盛期は花で埋めつくされるほど。〔東京／小竹幸子／12／写真〕北側で育てているためか、4年目でようやく咲きました。新芽が赤くきれいです。〔奈良／内田真規子／6〕

おすすめ人数2人
咲き方＊年1回2／香り○1、△1／日当たり＊1日中1、主に午前半日1／鉢植え1、地植え1／壁面1、その他1／うどんこ病◎2、○0、△0、▲0／黒点病◎0、○1、△1、▲0

＊コメント　非常に丈夫。直立して伸びた枝が枝垂れてアーチ状になり、たわわに花をつける。開花まで数年かかる。片親は「キフツゲート」。

ナエマ

＊Nahéma
＊LCl＊四季咲き

名前はゲランの香水から。アラビアンナイトの姫君の名前だとか。棘も気にならず、花つきもよい。葉が裏側にやや反る。〔長崎／松本隆司／4〕満開になると豪華。酷暑にも耐えてくれます。〔鹿児島／中村敬子／3〕 写真／近藤美鈴／3

おすすめ人数3人
咲き方＊年2回2、年3回以上1／香り◎3／日当たり＊1日中1、主に午前半日2／鉢植え1、地植え2／壁面1、背丈以下のフェンス・トレリス1、オベリスク1／うどんこ病◎2、○0、△1、▲0／黒点病◎0、○2、△1、▲0

＊コメント 病気に強い。生育旺盛。よく枝が伸びるが、段差をつけて剪定しても、花つきがよい。

羽衣

＊Hagoromo
＊LCl＊四季咲き

ころんとした蕾から、ウォームピンクの厚みのある花びらの整った顔に開きます。咲ききると花びらが後ろに丸まり、まったく違った表情に。しっかりとしたシュートがよく伸びるので、銅葉のノルウェーカエデにからめています。少し艶のある大きな濃緑の葉。

咲き方＊年2回／香り◎／日当たり＊1日中／地植え／仕立て方＊その他／うどんこ病◎／黒点病◎〔長野／長島敬子／6〕

＊コメント 鈴木省三氏作出。香りがあり、強健で病気に強い。寒冷地でも枝がよく伸びるつるバラ。柔軟な枝。「ニュー・ドーン」の血を引く。

バタースコッチ

＊Butterscotch
＊LCl＊四季咲き

筆先のような美しい蕾から、バターキャンデー色の整った形の花が咲きます。枝は太く堅め。切り花にするとすぐに退色するので向きません。真夏も真冬も咲いてくれます。

咲き方＊年3回以上／香り○／日当たり＊主に午前半日／地植え／背丈以上のフェンス・トレリス／うどんこ病○／黒点病△〔千葉／松本紀子／12〕

＊コメント　個性的な花色。植えつけ時は周囲のバラとの色合わせに注意。つるバラとしては四季咲き性に優れ、秋まで繰り返し咲く。古い枝にも花を咲かせる。片親は「ロイヤル・サンセット」。

フォース・オブ・ジュライ

＊Fourth of July
＊LCl＊四季咲き

真っ赤と白のストライプに真っ黄色の蕊はとっても派手ですが、半八重のせいか庭にしっくりなじみます。次々と花を咲かせてくれるので、夏は重宝。気温で斑の入り方も変わります。赤白のストライプを国旗に見立て、アメリカ独立記念日にちなんでついた名前だそうです。

咲き方＊年3回以上／香り△／日当たり＊1日中／鉢植え／自立／うどんこ病◎／黒点病○〔福島／中村良美／4〕

＊コメント　四季咲き性がたいへんよく、夏も花をつける。強健で旺盛に育つ。冬に強剪定しても咲く。

ブラン・ピエール・ドゥ・ロンサール

＊Blanc Pierre de Ronsard
＊LCl＊返り咲き

ブラン(白)という名前ですが、オフホワイトの中に吸いこまれてしまいそうな淡いピンク色が入っていて、やさしい色合いが素敵です。花びらはやや厚くマットな感じ。雨にぬれても傷みはあまりありません。丸みを帯びた照り葉、少なめの棘、樹勢などは、ピンクのピエールとほぼ同じです。

咲き方＊年1回　香り△　日当たり＊主に午前半日　地植え　壁面　うどんこ病○　黒点病△〔神奈川　槐佳世子　4〕

＊コメント　名花「ピエール・ドゥ・ロンサール」の枝変わり。柔らかな香りがある。返り咲くこともある。つるバラとして壁などに誘引するが、ブッシュ・ローズのように剪定してもよく咲く。

ペニー・レーン

＊Penny Lane
＊LCl＊四季咲き

淡いアプリコットの半剣弁咲きから、咲き進むにつれてクォーター・ロゼット咲きに。四季を通してよく咲いてくれるバラです。照り葉で暗緑色の丸い葉をしていて、淡い色の花が浮き立つように見せてくれます。シュートはよく伸びます。

咲き方＊年3回以上　香り△　日当たり＊1日中　地植え　仕立て方＊その他　うどんこ病◎　黒点病◎〔茨城　片寄敬子　4〕

＊コメント　クラシックな花型のつるバラ。病気に強く、よく伸び、繰り返し花を咲かせる。枝は細く誘引しやすい。気温が高くなると、花色はパールを帯びる。

ポールズ・スカーレット・クライマー

＊Paul's Scarlet Climber
＊LCl ＊返り咲き

嫌みのない深い赤。花びらが薄く可憐な感じに咲く。秋の花は、ますます赤が深みを増してより美しい。小屋の壁面に這わせているため風通しが悪いのか、黒点病が出て葉が少ない時期がある。棘は少なめ。葉は大きく艶がない。

咲き方＊年2回／香り△／日当たり＊1日中／地植え／壁面／うどんこ病◎／黒点病▲〔長野／長島敬子／4〕

＊コメント　中輪花が大きな房咲きに。細めの枝をよく伸ばし壁面を覆うことができる。強健。わずかに秋にも返り咲く。

ロイヤル・サンセット

＊Royal Sunset
＊LCl ＊四季咲き

空に向かって花開く姿に元気づけられる美しいバラ。蕾の時の色合いが特に気に入っています。とにかく花色が美しく、ピンクが多いバラ庭にオレンジ色の花が引き立ちます。開花直前の花姿も絵になります。強健でシュートも長くよく伸びます。

咲き方＊年3回以上／香り◯／日当たり＊主に午後半日／地植え／仕立て方＊その他／うどんこ病◎／黒点病△〔神奈川／市川繁美／4〕

＊コメント　明るい花色の大輪。繰り返しよく咲く。強い香り。枝は太く堅い。壁面や高めのフェンスに。

スイート・チャリオット

＊Sweet Chariot ＊Min ＊四季咲き

ひと枝でいろいろな表情を見せてくれる赤紫色の小さなバラ。30cm以上のテラコッタ鉢に3株一緒に植えこんで、ボリューム感を出しています。枝のすべてに蕾がつき、花の重みでどの角度にも枝垂れて咲く姿は、花色のグラデーションとあいまっておしゃれで優雅。鉢は地面に置かずアイアン製の台に乗せ、高さを確保しています。オールドローズ香が強く、マゼンタを含んだピンク色に退色するまで飽きることなく美しい。ミニバラであっても存在感は絶大です。〔神奈川／浅沼恵子／6〕

おすすめ人数	1人		
咲き方＊年2回		仕立て方＊自立	
香り＊強い		うどんこ病＊全く出ない	
日当たり＊主に午後半日		黒点病＊全く出ない	
育て方＊鉢植え			

＊コメント

ミニバラとしては珍しく香りが強い。繰り返しよく咲き、半日の日照でも生育する。病気に強い。細い枝がこんもりとよく茂り、コンパクトに育つので、鉢植えに向く。花色が開花につれて変化。

写真／浅沼恵子

グリーン・アイス

＊ Green Ice
＊ Min ＊ 四季咲き

小さな花が房になって咲く様子はコサージュのよう。グリーン以外にも、白、ピンク、そして赤みを感じるほどの色合いまでさまざまな表情を見せてくれます。〔兵庫／島村宏美／8／写真〕こんもりと広がりのある樹形。よく咲いてくれます。〔千葉／藤本由紀子／9〕

おすすめ人数2人
咲き方＊年3回以上2／香り△2／日当たり＊1日中2／鉢植え1、地植え1／自立1、その他1／うどんこ病◎0、○2、△0、▲0／黒点病◎0、○0、△2、▲0
＊コメント　黒点病対策には、ハンキングやスタンダード仕立てで。弱香。

バラを見出す

　この本で紹介しているバラの中には、何年か前に発表され、今ではなかなか手に入りにくくなったにもかかわらず、オーガニックで長年元気に育てられているものがあります。この本で、少し古いけれど、案外すばらしいと思える品種を改めて見出せるかもしれません。

　また、アンケートを取るときに、無農薬で3年以上育てたバラという条件をつけたので、近年作出された魅力あるバラは、いくら丈夫で育てやすくても紹介することができませんでした。その中には四季咲き性・耐病性・香りが重視されるようになり、初心者でも育てやすく楽しめるバラがたくさんあり、目が離せません。

　少し古いバラも、新しいバラも、大切な庭の一員であることは同じ。庭に迎えるバラをどう見出し、そのバラとどのように日々向き合うのか、バラ庭の楽しみはつきません。

（小竹）

つるシンデレラ

＊Cinderella, Climbing
＊Cl Min ＊返り咲き

小さくて、形の整ったケーキのデコレーションのようなホワイトピンクの小花。小指の爪ほどの蕾もさらに可愛く、小さな葉や花と一緒にそのままブローチにしたいくらいです。高さ1mほどのフェンスに横に倒して誘引しているので、とても多くの花を咲かせます。

咲き方＊年2回　香り◯　日当たり＊1日中　地植え　背丈以下のフェンス・トレリス　うどんこ病◯　黒点病◯〔北海道／佐藤恵里子／10〕

＊コメント　多花性。花もちもよい。草花との組み合わせも楽しい。「シンデレラ」という名のバラは、ほかにコルデスのシュラブ（ソフトピンク、中輪）が強健種としてよく知られている。

のぞみ

＊Nozomi
＊Cl Min ＊一季咲き

サクラソウを思わせる可憐な一重のバラ。枝は細くしなやかにしなだれます。花もちがよく、丈夫で、思うように誘引できます。〔神奈川／徳山さゆり／7／写真〕ウィーピング仕立てにしていて、愛らしい小花が一面に咲くと、はじめて見た人が歓声を上げるほどのインパクト。〔鹿児島／中村敬子／14〕

おすすめ人数2人
咲き方＊年1回2　香り△2　日当たり＊主に午後半日2　鉢植え1、地植え1　自立1、その他1　うどんこ病◎2、◯0、△0、▲0　黒点病◎1、◯0、△1、▲0

＊コメント　旺盛で強健。棘はきつい。弱香。英国王立園芸協会の「アワード・オブ・ガーデン・メリット」を日本ではじめて受賞した品種。フェンスやオベリスクに。

ユキコ

＊Yukiko
＊Cl Min＊一季咲き

白い蕾が鈴なりになり、愛らしい花が次々に開きます。開花は6月になってから。オープンガーデンに間に合いません。〔愛媛／近藤美鈴／6／写真〕2階のベランダまで伸びて、滝のように枝垂れて咲きます。〔東京／小竹幸子／10〕

おすすめ人数2人
咲き方＊年1回2／香り△2／日当たり＊1日中1、主に午前半日1／鉢植え1、地植え1／壁面1、オベリスク1／うどんこ病◎2、○0、△0、▲0／黒点病◎0、○2、△0、▲0

＊コメント 「ノイバラ」の改良種。柔らかく棘のない枝が旺盛に伸びる。花は遅咲き。弱香。たいへん病気に強く丈夫。

夢乙女

＊Yumeotome
＊Cl Min＊一季咲き

2cmほどの小花が、びっしりと咲きます。花期が長く、返り咲きもしてくれます。〔千葉／藤本由紀子／5〕枝が長く柔らかいので、いろいろな仕立て方ができます。〔福島／中村良美／4／写真〕香りのないのが残念。〔新潟／石和田英理子／5〕

おすすめ人数3人
咲き方＊年1回2、年3回以上1／香り△3／日当たり＊1日中1、主に午前半日1、主に午後半日1／鉢植え2、地植え1／自立1、背丈以下のフェンス・トレリス1、オベリスク1／うどんこ病◎1、○1、△1、▲0／黒点病◎0、○1、△2、▲0

＊コメント 強健。半日の日差しでも生育。花の中心はピンクで端は白い。

レッド・キャスケード

＊Red Cascade
＊Cl Min＊四季咲き

南東向きの玄関で、大きな樽に植えています。赤い小花は冬も咲くので、12月になると小さな飾りをかけて、クリスマスツリーの代わりにしています。栽培1年目は花首にうどんこ病が出ましたが、2年目からはまったく出なくなりました。

咲き方＊年3回以上／香り△／日当たり＊主に午前半日／鉢植え／オベリスク／うどんこ病◎／黒点病○〔神奈川　野村美穂子　3〕

＊コメント　たいへん強健で、半日の日照でも繰り返しよく花を咲かせる。ほどほどに育ち、鉢植えにも向く。香りはない。

ローラ・アシュレイ

＊Laura Ashley
＊Cl Min＊返り咲き

真ん中のローズピンクのバラ。高さ1mほどのフェンスに、つるシンデレラやクレマチスのグリーン・アイズと一緒に誘引しています。花がよく似ているバレリーナよりも花も葉も小さく、花色は濃く、挿し色としても有効に使えるバラです。

咲き方＊年1回／香り○／日当たり＊主に午前半日／地植え／背丈以下のフェンス・トレリス／うどんこ病○／黒点病○〔北海道　佐藤恵里子　10〕

＊コメント　しなやかな枝が長く伸びる。花つきがよい。病気に強く、香りもある。やや遅咲き。「のぞみ」の子孫。

ペルル・ドール

＊Perle d'Or ＊Pol ＊四季咲き

アプリコット色のとても可愛らしい花。咲き進むにつれて花弁がくるりと反り返り、変化が楽しい。直立性で背が高くならないので、庭の前方でほかの草花と組み合わせやすい。次から次へとよく咲きます。〔茨城／片寄敬子／8〕 ポリアンサですが、株は大きく育っています。咲き始めは端正な巻いた花形で、その後は菊咲きになり、ひとつの株でいろいろな表情が楽しめます。花色のアプリコットも、夏にはピンクが強く出て、秋にはまたアプリコット色に戻ります。〔神奈川／大石 忍／9〕

おすすめ人数	2人
咲き方	
年に3回以上	2人
香り	
ほどよい	1人
弱い	1人
日当たり	
1日中	1人
主に午前半日	1人

育て方	
地植え	2人
仕立て方	
自立	2人
うどんこ病	
全く出ない	2人
あまり出ない	0人
やや出る	0人
よく出る	0人

黒点病	
全く出ない	1人
あまり出ない	0人
やや出る	1人
よく出る	0人

＊コメント
病気に強く、四季咲き性がよい。直立して伸びあまり大きくならないので、花壇の前面か、鉢植えに向く。草花と組み合わせるのも楽しい。

写真大／大石 忍、写真小／片寄敬子

アンヌ‑マリ・ドゥ・モンラヴェル

＊Anne-Marie de Montravel
＊Pol＊四季咲き

これぞ名脇役。ころころとした真っ白な花をたくさん咲かせ、花つきも抜群。大きいバラの株元をカバーしてくれます。〔東京／神谷佳江／9／写真〕
小さくても存在感のあるカップ咲き。それほど伸びすぎず、しっかりとした株立ちに。手のかからないバラ。〔長野／長島敬子／6〕

おすすめ人数2人
咲き方＊年2回1、年3回以上1／香り△2／日当たり＊1日中1、主に午後半日1／地植え2／自立2／うどんこ病◎2、○0、△0、▲0／黒点病◎0、○0、△1、▲1

＊コメント　午後半日の日照で生育。強健だが、黒点病にはやや注意。小輪房咲きで、コンパクトな樹形。

イヴォンヌ・ラビエ

＊Yvonne Rabier
＊Pol＊四季咲き

濃い緑の葉と房咲きの白い小花が可愛いバラ。地植えして2年目までは黒点病で葉を落としていましたが、3年目からは丈夫で花もよく咲くようになりました。地植えでは大きくなるので、かなり短めに剪定してコンパクトに育てています。

咲き方＊年2回／香り○／日当たり＊明るい日陰／地植え／自立／うどんこ病◎／黒点病◎〔神奈川／野村美穂子／4〕

＊コメント　強健で病気に強い。明るい日陰でも生育。繰り返し咲く。木立性でコンパクトに育つので鉢植えにも向く。

エクセレンツ・フォン・シューベルト

＊Excellenz von Schubert
＊Pol＊四季咲き

レンゲのような甘い香りの花がたくさん咲く。ひとつひとつの花は小さく、すぐにはらはらと散ってしまいますが、惜しむ間もなく次の花へ。どう剪定してもたくさんの花をつける。枝がよく伸びるので、アーチに誘引したりコンパクトに仕立てたり、いろいろと楽しめそう。

咲き方＊年3回以上／香り◎／日当たり＊1日中／地植え／アーチ／うどんこ病◎／黒点病○〔埼玉／本田章子／3〕

＊コメント　強健で病気に強く、よく伸びる。繰り返しよく咲く。香りが強い。

ザ・フェアリー

＊The Fairy
＊Pol＊四季咲き

2cmほどの小さなピンクの花。シュートが2m近く伸びたので、トレリスに這わせています。遅咲きでほかのバラが終わってから楽しめます。〔東京／宮野純子／10／写真〕庭の中ではっと目が止まります。〔千葉／柏木恭子／9〕

おすすめ人数2人

咲き方＊年2回1、年3回以上1／香り○1、△1／日当たり＊1日中1、主に午後半日1／鉢植え1、地植え1／自立1、背丈以上のフェンス・トレリス1／うどんこ病◎2、○0、△0、▲0／黒点病◎0、○2、△0、▲0

＊コメント　旺盛に生育。繰り返し咲く。剪定してコンパクトに咲かせてもよい。多花性。

ディック・コスター

＊Dick Koster
＊Pol＊四季咲き

鉢植えで育てていますが、病気をしたことはありません。1年を通して、濃いピンクのカップ咲きの小花をたくさん見せてくれます。〔福島／越川洋子／7／写真〕 樹高は30cmと小柄ですが、樹勢は旺盛です。〔京都／柿原久美／3〕

おすすめ人数2人
咲き方＊年3回以上2 香り△2 日当たり＊1日中1、主に午前半日1 鉢植え1、地植え1 自立2 うどんこ病◎1、○0、△1、▲0 黒点病◎2、○0、△0、▲0

＊コメント コンパクトに育ち、鉢植えに向く。丈夫で樹勢が強く、病気に強い。繰り返しよく咲く。香りは弱い。小輪房咲き。

マルゴ・コスター

＊Margo Koster
＊Pol＊四季咲き

3cmほどの小さいころころの花がとても可愛いバラ。咲き始めは真ん丸で、球に近いディープカップ咲きに。音頭をとったようにいっせいに開き始める様子が微笑ましい。樹形もコンパクトで育てやすく、ほかの草花とよく合います。

咲き方＊年3回以上 香り△ 日当たり＊1日中 鉢植え 自立 うどんこ病◎ 黒点病◎〔広島／松本記司子／7〕

＊コメント 「ディック・コスター」の枝変わり。たいへん丈夫で、樹勢も強い。こんもりと茂り、繰り返しよく花をつける。鉢栽培に向く。小輪房咲き。

フィリス・バイド

＊Phyllis Bide
＊Cl Pol ＊返り咲き

咲き進むと淡いオレンジ色の花びらが、サーモンピンクからピンクへと変化します。〔東京／久保田正子／3〕葉は小さく黄緑色。棘が鋭く多いので、植える場所にはご注意を。〔神奈川／大石 忍／7／写真〕しっかりとした枝を上に伸ばします。〔長野／長島敬子／4〕

おすすめ人数3人
咲き方＊年2回3 香り△3 日当たり＊1日中1、主に午前半日1、主に午後半日1 地植え3 背丈以上のフェンス・トレリス1、オベリスク1、その他1 うどんこ病◎2、○1、△0、▲0 黒点病◎1、○2、△0、▲0
＊コメント　フェンスや壁面、アーチに。

うどんこ病に強いオーガニック・ローズ

　バラは消毒しないとうどんこ病にかかりやすい、と思っている人は多いと思います。オーガニックでバラを健康に育てられるのでしょうか。

　全国のオーガニック・ローズ・ガーデナーから寄せられたアンケートを見てみると、うどんこ病が「よく出る」という回答は全体の0.5％、「全く出ない」「あまり出ない」という回答は合わせて91.9％でした。オーガニックだからと言って、特別うどんこ病が出やすいというわけではなさそうです。そればかりか、「育て始めた頃はうどんこ病がよく出たが、3年目くらいから出にくくなった」という回答が目につきました。オーガニックで育てると、むしろうどんこ病にかかりにくくなるようなのです。

　オーガニックで育てるのなら、たとえうどんこ病になりやすいと言われている品種でも、敬遠する必要はなさそうです。　　　　　（小竹）

オーガニック・ローズは、微生物が味方に

　土の中には無数の微生物がすんでいます。

　土は植物にとって、人間で言えば腸にあたる部分。植物は、土からさまざまな養分や水を吸い上げて生長しているからです。その土の中にも、人間の腸と同じように微生物がたくさんすんでいるというのは驚きです。

　また、植物の葉面にもたくさんの微生物たちがすんでいます。人間の皮膚にも同じように微生物たちがいて、さまざまな病菌から人を守っています。

　これらの微生物たちは、善玉菌たちが元気なら、植物も健康に育ちます。植物も人も同じですね。

　微生物たちを元気にするには、餌をまきます。たとえば米ぬかです。または、善玉菌入りの活性液をまくという手もあります。これらの作業を春先の芽吹きの頃から行なっていくと、うどんこ病はまず出なくなります。同時に土が肥えて、よく根が張り、バラが元気よく育つようになります。

　反対に、春先に殺菌剤をまいて、うどんこ病菌と十把ひと絡げに、バラと共生し守ってくれていた微生物を一掃してしまったら、そのあとはどうなるでしょう。殺菌剤を定期的にまくしかバラを守るすべがなくなってしまいます。このあたりに、オーガニック・ローズがうどんこ病に強い理由が潜んでいる気がします。

　オーガニック栽培は、見えない世界へと私たちの興味を大きく深く広げてくれます。　　　　　　（小竹）

一季咲きシュラブ「ソング・オブ・ヒロシマ」。生命力あふれる祈りのバラです。写真／小竹幸子

アブラハム・ダービー

✻ Abraham Darby ✻ ER ✻ 四季咲き

大きな花と強い香り。存在感があります。〔東京／大野紀子／3〕 花びら1枚でこんなにグラデーションが楽しめるバラは希少だと思います。房咲きになるとボリュームが凄いので、ひと枝に4〜5個の蕾を残して摘蕾します。〔山口／小川依純／7〕 最初は豪華すぎるとも思ったけれど、季節ごとに違う表情を見せてくれるので今では大好きなバラ。〔兵庫／島村宏美／6〕 咲き始めたのがすぐにわかるくらいの強香です。〔福島／中村良美／8〕 インパクトのある花色なので、花壇のメインに考えたほうがいいかもしれません。〔新潟／石和田英理子／6〕 フェンスの下など過酷な場所でも自ら太陽を求めて開花します。〔神奈川／籔 雅子／6〕

写真大／大野紀子、写真小／小川依純

ジューシーなアプリコットピンクの花。フルーツ系の甘く爽やかな香りも魅力のひとつ。〔広島／松本記司子／10〕

9〜10cmの大輪のディープカップ咲きの花がいっせいに開く春は圧巻です。よく枝が伸びるタイプなので横広がりに仕立てるのが美しい。〔広島／松本記司子／10〕

密ではないが赤くて大きな棘があり、若葉も赤く光沢がある。〔神奈川／濱田世津子／5〕

咲き始めは色も濃く、香りも濃厚なフルーツ香。ステムのわりに大きな花をつけるので、全開になるとうつむいてしまいます。〔東京／佐藤まゆみ／9〕

基本的にはアプリコットですが、時期によってはオレンジやピンクが強く出ることもあります。〔秋田／滝口明子／5〕

オレンジがかったピンクの花弁は花もちがよいです。横張りするので短く剪定して育てています。〔奈良／佐藤妙子／10〕

おすすめ人数 11人

咲き方
- 年に1回 …… 0人
- 年に2回 …… 2人
- 年に3回以上 … 9人

香り
- 強い …… 11人
- ほどよい …… 0人
- 弱い …… 0人

日当たり
- 1日中 …… 5人
- 主に午前半日 …… 4人
- 主に午後半日 …… 1人
- 明るい日陰 …… 1人

育て方
- 鉢植え …… 4人
- 地植え …… 7人

仕立て方
- 自立 …… 5人
- 背丈以上のフェンス・トレリス… 1人
- 背丈以下のフェンス・トレリス… 3人
- オベリスク …… 1人
- その他 …… 1人

うどんこ病
- 全く出ない …… 9人
- あまり出ない …… 2人
- やや出る …… 0人
- よく出る …… 0人

黒点病
- 全く出ない …… 0人
- あまり出ない …… 6人
- やや出る …… 4人
- よく出る …… 1人

＊コメント

おすすめ人数第4位グループ。フルーツ系の甘く強い香りの大輪。グラデーションのある花色は、季節により変わる。大きな棘。剪定により、大きくも小さくも自由に仕立てられる。樹勢が強く、虫の害にあっても回復するほど。うどんこ病に強く、日当たりがよければ、黒点病もあまり出ない。モダンローズどうしの交配から誕生。「ニュー・ドーン」の孫にあたる。

イングリッシュ・ヘリテージ

＊English Heritage ＊ER ＊四季咲き

カップ咲きの形といい、フルーティーな香りといい、すんなりした枝といい、とても魅力的。〔長崎／松本隆司／14〕 はらっと一気に散ってしまいますが、やさしい花色とフルーティーな香りは特別。つるバラのように仕立てています。〔東京／丸山育子／13〕 以前は自立させてブッシュ状にしていましたが、棘がほとんどないことから、今は小さなアーチに仕立てています。〔鹿児島／中村敬子／13〕 枝が背丈以上に伸びていくので、横に誘引して咲かせています。〔東京／小竹幸子／17〕 花後に強い剪定をすると次の花が上がりやすい。上の写真は、12月の花。花色が冴え、いちだんと美しい。〔埼玉／本田章子／4〕

写真大／本田章子、写真小／徳山さゆり

咲き始めはカップ咲きで、規則的に並んだ花弁が美しい。咲き進むと、全体がソフトピンクになり、カップ＆ソーサーの形になります。〔東京／寺田直子／7〕

東側に壁があるため午後の2～3時間しか日があたりません。悪条件の中、10年以上も枯れることなく咲いています。〔長崎／松本隆司／14〕

上を向いて咲く姿も色も香りも、誰からも好かれるバラ。「美人さん」と呼ぶにふさわしい条件を備えています。〔福島／中村良美／4〕

セント・セシリア、イングリッシュ・ガーデンなどと花壇に寄せ植えしています。一番樹勢が強く、病気知らずの多花性です。〔愛媛／近藤美鈴／9〕

オーガニック栽培3年目から、ヒラタアブがたくさんやって来るようになりました。甘く濃厚な香りに、人も虫も魅了されます。〔東京／寺田直子／7〕

大鉢でオベリスク仕立てにしていますが、房咲きでよく咲きます。育てやすいバラです。ステムがまっすぐ長いので、切り花にしても楽しめます。〔神奈川／徳山さゆり／7〕

おすすめ人数	9人
咲き方	
年に1回	0人
年に2回	4人
年に3回以上	5人
香り	
強い	7人
ほどよい	2人
弱い	0人
日当たり	
1日中	2人
主に午前半日	2人
主に午後半日	4人
明るい日陰	0人
その他	1人
育て方	
鉢植え	2人
地植え	7人
仕立て方	
自立	4人
背丈以上のフェンス・トレリス	1人
背丈以下のフェンス・トレリス	2人
アーチ	1人
オベリスク	1人
うどんこ病	
全く出ない	5人
あまり出ない	4人
やや出る	0人
よく出る	0人
黒点病	
全く出ない	0人
あまり出ない	6人
やや出る	3人
よく出る	0人

＊コメント
おすすめ人数第6位グループ。フルーツ系の強香。房咲きになり次々開花する。花もちは短い。四季咲き性がよく晩秋まで咲く。背丈が高くなるので、アーチにしたり小さめのつるバラとして横に倒して誘引してもよい。棘が少ないので扱いやすい。日照は半日あれば生育。うどんこ病には強いが、黒点病はやや出る人も。「アイスバーグ」の孫。

ウィリアム・モリス

＊William Morris ＊ER ＊四季咲き

ちょっとくすんだオレンジピンクの蕾が開くとアプリコット色のクラシカルなロゼット咲きの中輪の可愛い花。とてもチャーミングで棘も少なく枝もしなやかなので、小さいアーチに誘引しています。フルーティーなティーの香りがします。〔長崎／松本隆司／10〕しなやかな枝が横に伸びるので、オベリスクにからませるのにはうってつけです。〔鹿児島／中村敬子／8〕病虫害が少なく丈夫で、樹高は2m以上になり、フェンスに誘引しています。〔東京／寺田直子／7〕四方に伸びた枝の先端に、分枝してたくさんの花をつけてくれます。春の花が終わったら少し短めに枝を切り詰め、暑い夏は咲かせずに、秋の花を楽しめるようにしています。〔京都／柿原久美／8〕

写真／松本隆司

房咲きに蕾をつけて次々と連続して咲きます。気温が低い年は花の色がきれいでした。〔神奈川／濱田世津子／6〕

花弁が整ったロゼット咲きで、クラシカルな印象。多弁ですが、枯れる寸前まで鱗状の花弁が崩れず、散りぎわまで絵になるバラです。〔東京／寺田直子／7〕

咲き始めはカップ咲きで、咲き進むとロゼット咲きになります。甘い香りに誘われて、ヒラタアブがたくさんやって来ます。〔東京／寺田直子／7〕

花弁が多くころんとしているので、まるでキャベツのよう。秋の花はいっそう球形になる。〔埼玉／本田章子／4〕

アストランチアなどの宿根草とバランスのよい色合い。比較的小さな蕾からは意外なほど大きく開きます。〔神奈川／荒井希味子／9〕

ひと枝に3〜8個くらいの花をつけます。枝が伸びた先に花をつけるので、オベリスクなどの支えが必要です。〔京都／柿原久美／8〕

おすすめ人数	**7**人
咲き方	
年に1回	0人
年に2回	1人
年に3回以上	6人
香り	
強い	5人
ほどよい	2人
弱い	0人
日当たり	
1日中	2人
主に午前半日	2人
主に午後半日	2人
明るい日陰	0人
その他	1人
育て方	
鉢植え	0人
地植え	7人
仕立て方	
背丈以上のフェンス・トレリス	2人
背丈以下のフェンス・トレリス	1人
アーチ	2人
オベリスク	2人
うどんこ病	
全く出ない	6人
あまり出ない	1人
やや出る	0人
よく出る	0人
黒点病	
全く出ない	0人
あまり出ない	7人
やや出る	0人
よく出る	0人

＊コメント
おすすめ人数第8位グループ。フルーティーなティーの強香。房咲きになり、晩秋まで繰り返しよく咲く。シュートの伸びがよく、棘の間隔が長い。ステムが長く伸びきったところに花をつける。小さめのつるバラとしてアーチやオベリスクに。うつむいて咲くので下から見上げられる位置に咲かせるとよい。耐病性に優れる。片親は「アブラハム・ダービー」。

エグランタイン（マサコ）

＊Eglantyne ＊ER ＊返り咲き

咲きだしの鮮やかなピンクから、だんだんやさしいピンクになっていくのが素敵です。〔秋田／滝口明子／6〕 上品なピンクの大輪の花が枝いっぱいに咲く。丈夫でのびのび育っています。〔東京／岸野美代子／10〕 そばにある柿の木に自然な感じになるように誘引しています。花数が多い魅力的なバラで、はらりと花びらを落とす姿も美しいです。ほとんど虫の被害にはあっていません。〔神奈川／市川繁美／6〕 香りのよいふわっとした花弁が少しずつ反っていきます。つるバラ感覚でアーチに誘引しています。〔神奈川／籔 雅子／10〕 雨にあたると花びらがくちゃっとなりやすいのが残念。〔群馬／後藤千織／6〕

写真大／滝口明子、写真小／後藤千織

築地書館ニュース|ノンフィクション 趣味

TSUKIJI-SHOKAN News Letter

〒104-0045 東京都中央区築地 7-4-4-201　TEL 03-3542-3731　FAX 03-3541-5799
ホームページ http://www.tsukiji-shokan.co.jp/
◎ご注文は、お近くの書店または直接上記宛先まで（発送料200円）

古紙100％再生紙、大豆インキ使用

《趣味の本》

野の花さんぽ図鑑
長谷川哲雄［著］　◎2刷　2000円＋税

待望の第2弾！前作では描ききれなかった樹木を中心に、秋から初春までの植物の姿を、繊細で美しい水彩画で紹介。新たな発見がいっぱいの一冊。

野の花さんぽ図鑑 木の実と紅葉
長谷川哲雄［著］　◎6刷　2400円＋税

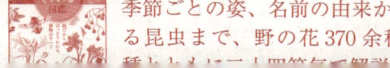

植物画の第一人者が、花、葉、タネ、根、季節ごとの姿、名前の由来から花に訪れる昆虫まで、野の花370余種を昆虫88種もともに一冊で紹介。

《ガーデニングの本》

雑草と楽しむ庭づくり
オーガニック・ガーデン・ハンドブック
◎5刷　2200円＋税

ひきちガーデンサービス［著］

雑草86種を豊富なカラー写真で紹介しながら、庭での上手なつきあい方教えます！

虫といっしょに庭づくり
オーガニック・ガーデン・ハンドブック
◎6刷　2200円＋税

ひきちガーデンサービス［著］

農薬を使わない"虫退治"のコツを庭つくく

《ノンフィクション》

「防災大国」キューバに世界が注目するわけ

中村八郎+吉田太郎 [著] 2400円+税

人間と暮らしを重視し、分散型自然再生エネルギー社会へとシフトするキューバの「防災力のある社会」づくりの秘密を解き明かす。

砂 文明と自然

ウェランド [著] 林裕美子 [訳] 3000円+税

ジョン・バロウズ賞受賞作。波、潮流、ハリケーン、医薬品から金星の重力パチンコまで、不思議な砂のすべてを詳細に描く。

土の文明史

モントゴメリー [著] 片岡夏実 [訳]
◎6刷 2800円+税

ローマ帝国、マヤ文明を滅ぼし、米国、中国を衰退させる土の話土が文明の寿命を決定する！ 古代文明から20世紀の米国まで、社会に大変動を引き起こす土と人類の関係を解き明かす。

世界がキューバ医療を手本にするわけ

吉田太郎 [著] ◎7刷 2000円+税

マイケル・ムーア監督作品「シッコ」で取り上げられたキューバ医療を、市井の人びとと、保健医療担当官僚への、医師、研究者、インタビューを通じて克明に描く。

文明は農業で動く

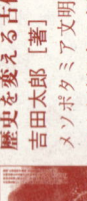

吉田太郎 [著] 2000円+税

歴史を変える古代農法の謎メソポタミア文明は塩害で衰退、古代ギリシアは土壌浸食で衰退。近代農法により汚染され、生産性の低かった古代農法の謎を解き明かす。

園と世界の森林再生

小川真 [著] 2600円+税

炭と菌根を使って世界各地の森林再生プロジェクトをリードしてきた著者が、ロシアなどでの先進的な実践事例を紹介。

《犬と上手につきあおう！》

犬の科学 ほんとうの性格・行動・歴史を知る

犬を飼う知恵

平岩米吉［著］ ◎3刷 1800円＋税

生態学的・心理学的裏づけをもとに、犬を飼ううえでの大切な基本をすべて解説。家庭でできる大切で基礎的な飼い方の知恵を網羅した名著。

犬の行動と心理

平岩米吉［著］ ◎8刷 2000円＋税

飼育に必要なすべての基礎知識を提供する犬の心理学の集大成であり、愛犬家必読の書。犬の行動や表情とその裏側にある心理をわかりやすく解説する。

内臓のはたらきと子どものこころ

三木成夫［著］ ◎8刷 1400円＋税

人間の体の中の植物であり、宇宙リズムと呼応する内臓と心の関係を解説する

《ロングセラー》

のありかたを探る一冊。解説：井出洋一郎

哲人たちはいかにして色欲と闘ってきたのか

ブラックバーン［著］ 屋代通子［訳］ 1500円＋税

人はなぜ「性愛」にひかれるのか。先人達も頭を悩ませ続けた「色欲」の世界へ、いざ出発！ 解説：岩本志麻子

チベット仏教が教える怒りの手放し方

サーマン［著］ 屋代通子［訳］ 1500円＋税

怒りを克服し、他人の幸せを願うには？ 怒りのからくりを理解すれば簡単に幸福を探せるのだ。解説：中沢新一

暴食の世界史

ブローズ［著］ 屋代通子［訳］ 1500円＋税

「暴食」の歴史が明かす人と食欲との知られざる攻防記。暴食が罪になった理由と背景を探る。解説：森達也

黒髪の文化史

大原梨惠子［著］ ◎7刷 4700円＋税

奈良から明治まで、時代精神を映しだす鏡面としての髪形を描いた結髪図鑑。

価格は本体価格に別途、消費税がかかります。価格・刷数は2011年12月現在のものです

ホームページ http://www.tsukiji-shokan.co.jp／（メールマガジンのご登録もできます）

作ろう草玩具

佐藤邦昭 [著] ◎11刷 1200円+税

身近な草や木でできる、昔ながらの玩具の作り方を、図を使って丁寧に紹介。ササブネ、カタツムリ、馬、カエルなど、大人も子どもも作って遊べる。紙でもできます。

公園・神社の樹木を通して、樹木の魅力を再発見すると、人と樹木がどう関わってきたのかを知ると、もっと樹木がよくわかる！

《鉱物・石の本》

宝石・鉱物 おもしろガイド

辰尾良二 [著] ◎6刷 1600円+税

お金がなくても楽しめるジュエリー収集からとっておきの宝石採集ガイドまで。鉱物の知識でホンモノを味わう本。

鉱物コレクション入門

伊藤剛+高橋秀介 [著] 2600円+税

これまでの入門書では触れられなかった鑑賞の手引きを、厳選された鉱物写真とともにベテランコレクターが解説。

無農薬でバラ庭を

米ぬかオーガニック 12ヵ月

小竹幸子 [著] ◎5刷 2200円+税

米ぬかによる簡単・安全・豊かなバラ庭づくりの方法を各月ごとに紹介。著者の庭のオーガニック・ローズ78品種をカラーで掲載。

バラはだんぜん無農薬

梶浦道成+小竹幸子 [編] ◎2刷 1800円+税

東北から九州、ベランダ栽培から農家の庭まで。無農薬でバラ庭づくりを楽しむ9人の愛好家が、その方法を具体的に紹介。

はじめてのバラこそ無農薬

ひと鉢からの米ぬかオーガニック

小竹幸子 [著] 1800円+税

はじめよう！オーガニックで簡単バラづくり。

価格は本体価格に別途、消費税がかかります。価格、印刷数は2011年12月現在のものです
総合図書目録謹呈します。ご請求は小社営業部（tel:03-3542-3731 fax:03-3541-5799）まで

形の整ったインパクトのある花で、深くきれいに巻いたひらひらの花弁がなんとも言えず美しい。〔奈良／佐藤妙子／10〕

丈夫でのびのびと育つので、アーチやフェンスに最適。写真上部右側が早朝のマサコ。〔東京／岸野美代子／10〕

イングリッシュローズが日本の気候では大きくなることを知らないで地植えしました。今は背丈よりも高く咲いてくれています。〔愛媛／近藤美鈴／7〕

上品なピンクの大輪の花が枝いっぱいに咲きます。年に3回以上も咲いてくれます。〔東京／岸野美代子／10〕

毎年、冬の間に大鉢を植え替えていますが、根がびっしりと張っています。適度に水切りして、地上部もすっきり剪定。年々花つきがよくなります。〔神奈川／籔 雅子／10〕

これは7月の二番花。朝早くから夕方まで日がよくあたる場所なので、とにかく元気でよく咲きます。〔群馬／後藤千織／6〕

おすすめ人数	7人
咲き方	
年に1回	0人
年に2回	4人
年に3回以上	3人
香り	
強い	6人
ほどよい	1人
弱い	0人
日当たり	
1日中	5人
主に午前半日	1人
主に午後半日	0人
明るい日陰	1人
育て方	
鉢植え	1人
地植え	6人
仕立て方	
自立	1人
背丈以上のフェンス・トレリス	3人
アーチ	2人
その他	1人
うどんこ病	
全く出ない	5人
あまり出ない	1人
やや出る	1人
よく出る	0人
黒点病	
全く出ない	0人
あまり出ない	4人
やや出る	3人
よく出る	0人

＊コメント

おすすめ人数第8位グループ。房咲きになり花数が多い。甘く強い香り。花ははらりと潔く散る。雨で花弁が傷みやすい。棘は大きい。生育旺盛で、直立して伸び、フェンスやトレリス、アーチによい。明るい日陰でも育てている人がいる。うどんこ病には強いが、黒点病はやや出ることがある。片親は「メアリー・ローズ」。

グラハム・トーマス

＊Graham Thomas ＊ER ＊返り咲き

7～8cmほどの大きすぎないカップ咲きの花が、黄緑色の細身の葉とあいまって爽やかな雰囲気。咲き進むと黄色の透明度が増し、はかなく華奢な風情に。枝がよく伸び、細い枝にも花を咲かせるので、つるバラとして扱うのがベストです。〔広島／松本記司子／10〕鉢植えで、樹高1.5mくらいになるように毎年剪定していますが、よく咲いてくれます。心地よいティーの香りも二重丸。花後すぐに結実するので、花がらはまめに取ります。〔神奈川／小野田輝美／12〕花つきはとてもよいのですが、花もちはあまり長くありません。〔山口／小川依純／6〕13号鉢で育てています。特に苦労もなく、ただひたすら咲いてくれる優等生のバラです。〔島根／小笠原奈穂子／7〕

写真大／後藤千織、写真小／松本記司子

生育旺盛であっという間に大株に生長します。グラハム・トーマスの黄色は嫌みがなく、深い色調が魅力的です。〔東京／久保田正子／3〕

45cm鉢に植えていた最初の株は、このあたり一面が花で埋まりました。二代目はまだ3年目で36cm鉢、花つきはこんなものでしょうか。〔東京／佐藤まゆみ／3〕

10cmほどになる花は、アーチや壁面でも見事だと思います。写真は7月の花。〔千葉／藤本由紀子／11〕

咲き始めは少し濃いめの山吹色、だんだん退色しますがその色も美しい。春に続き夏もわりと咲きます。〔群馬／後藤千織／8〕

秋の花です。大きな赤いローズ・ヒップと一緒に花が咲く風景は不思議な感じ。花がら摘みをしなくても返り咲く。〔東京／神吉晃子／10〕

地に植えておよそ2年で家の壁面いっぱいに育つほど旺盛です。つるバラのように伸びて、たくさん咲きます。〔神奈川／濱田世津子／6〕

おすすめ人数	**11**人
咲き方	
年に1回	0人
年に2回	5人
年に3回以上	6人
香り	
強い	7人
ほどよい	4人
弱い	0人
日当たり	
1日中	6人
主に午前半日	3人
主に午後半日	2人
明るい日陰	0人
育て方	
鉢植え	3人
地植え	8人
仕立て方	
自立	5人
壁面	2人
背丈以上のフェンス・トレリス	1人
背丈以下のフェンス・トレリス	1人
オベリスク	2人
うどんこ病	
全く出ない	10人
あまり出ない	1人
やや出る	0人
よく出る	0人
黒点病	
全く出ない	1人
あまり出ない	7人
やや出る	3人
よく出る	0人

＊コメント
おすすめ人数第4位グループ。ティー系の強香。生育旺盛だが、強剪定でコンパクトにもできる。返り咲きは少ない。細い枝にも花を咲かせる。結実しやすい。西日や半日以上の日照で生育。うどんこ病に強い。「アイスバーグ」の血を引き、後のイングリッシュローズの交配親としても重要。2009年の世界バラ会連合第15回大会で「バラの栄誉殿堂」入り。

スノー・グース

＊Snow Goose ＊ER ＊四季咲き

うっすらとピンクがかった蕾から、500円玉くらいの大きさのポンポン咲きが次々と開花します。その姿は洗練されていて、大輪のつるバラと引き立てあう名脇役と言えましょう。細く別れた枝に奔放に花をつけるので、自然な感じで枝垂れて咲かせたほうが絵になります。〔東京／梶浦道成／13〕咲き始めは黄色がかっている花が、開くにつれて白くなっていきます。棘は多くありませんが鋭いので誘引時には注意して。〔埼玉／中村敦子／4〕白いデイジーのような小花が房咲きになります。四季咲き性がよく、秋には赤い実がなります。〔東京／小竹幸子／10〕あっという間に花は散ってしまいますが、全体的にはいつも咲いているイメージです。〔東京／神谷佳江／3〕

写真大／梶浦道成、写真小／中村敦子

窓を囲むように咲いてくれている様子。強い香りではないが、満開近くになると部屋の中までいい香り。〔兵庫／島村宏美／10〕

大輪のバラとの組み合わせにぴったりの可憐なサイズで、細長の蕾と花びらがエレガント。お相手はソンブルーイ。〔東京／梶浦道成／13〕

どのバラとも相性がいいオールマイティーのバラとすすめられて買いました。大きさや色合いがすばらしい。〔千葉／柏木恭子／3〕

ほかの植物との組み合わせを考えるなら、小ぶりの白花・繰り返し咲き・強い…と文句ないバラですね。ポンポン咲きでとっても可愛い花。〔福島／中村良美／4〕

1月の花はほんのりとピンクがかって咲く。冬のバラの花は、アブラムシたちの冬越しのベッドでもある。〔東京／梶浦道成／13〕

この花は12月のもの。ひらひらした房咲きの花を、春から冬まで咲かせてくれます。上から垂れて咲く様も気に入っています。〔鹿児島／中村敬子／10〕

おすすめ人数 8人

咲き方
年に1回 ……… 0人
年に2回 ……… 2人
年に3回以上 … 6人

香り
強い ……………… 0人
ほどよい ……… 2人
弱い ……………… 6人

日当たり
1日中 …………… 2人
主に午前半日 … 2人
主に午後半日 … 3人
明るい日陰 …… 1人

育て方
鉢植え ………… 2人
地植え ………… 6人

仕立て方
自立 ……………… 1人
壁面 ……………… 2人
背丈以上の
フェンス・トレリス… 1人
アーチ ………… 1人
オベリスク …… 3人

うどんこ病
全く出ない …… 7人
あまり出ない … 1人
やや出る ……… 0人
よく出る ……… 0人

黒点病
全く出ない …… 1人
あまり出ない … 6人
やや出る ……… 1人
よく出る ……… 0人

＊コメント
おすすめ人数第7位グループ。春から晩秋まで繰り返しよく咲く。秋には小さな実をつける。枝がしなやかで棘が少なく扱いやすい。大輪のつるバラやクレマチスと合わせると効果的な名脇役。シュートの上がりがよい。耐陰性、耐病性に優れる。

アンブリッジ・ローズ

＊Ambridge Rose ＊ER ＊四季咲き

アプリコットの整ったカップ咲き。ほかの草花と調和する上品で可愛いバラ。〔東京／岸野美代子／9〕病気にもならず、次々と咲きます。整ったカップ咲きで形が崩れません。すばらしいミルラ香は、甘くていつまでも嗅いでいたくなる。〔東京／宮野純子／10〕最初の年から大きな花を咲かせました。花が重くて下を向きます。〔愛媛／近藤美鈴／3〕コンパクトな樹形なので、鉢栽培向き。タイミングを見てピンチしないと、ベーサル・シュートに栄養をとられて樹形のバランスが悪くなることも。〔東京／佐藤まゆみ／6〕

おすすめ人数	4人
咲き方	
年に2回	2人
年に3回以上	2人
香り	
強い	4人
日当たり	
1日中	2人
主に午後半日	2人

育て方	
鉢植え	3人
地植え	1人
仕立て方	
自立	4人
うどんこ病	
全く出ない	2人
あまり出ない	2人
やや出る	0人
よく出る	0人

黒点病	
全く出ない	0人
あまり出ない	2人
やや出る	2人
よく出る	0人

＊コメント
ミルラの香り。コンパクトに育つので鉢植えに向く。午後半日の日照でも生育。病気に強い。シュートが出やすいのでピンチして育てる。ほかのバラや草花とも合わせやすいやさしい花色。

写真大／岸野美代子、写真小／宮野純子

おすすめ人数	5人
咲き方	
年に2回………	1人
年に3回以上…	4人
香り	
強い…………	5人
日当たり	
1日中………	2人
主に午前半日…	2人
主に午後半日…	1人
育て方	
地植え…………	5人
仕立て方	
自立…………	2人
背丈以下の フェンス・トレリス…	1人
オベリスク……	2人
うどんこ病	
全く出ない……	4人
あまり出ない…	1人
やや出る………	0人
よく出る………	0人
黒点病	
全く出ない……	0人
あまり出ない…	2人
やや出る………	3人
よく出る………	0人

＊コメント
おすすめ人数第10位グループ。フルーツの強香。大輪。日照条件がよい場所では繰り返しよく咲く。黒点病はやや出るという人も。樹勢は強くよく伸びる。片親は「グラハム・トーマス」。

エヴリン

＊Evelyn ＊ER ＊返り咲き

端麗なロゼット咲き、黄色みの強いアプリコットの花はまばゆいオーラを感じるくらい。〔山口／小川依純／8〕 あまりに豊満すぎてデブリンという愛称も。香りもパワフルで切り花に最適です。〔神奈川／市川繁美／8〕 暑さに弱く、鹿児島では育たないという人もいますが、午前のみの日差しの場所が気に入ったようです。〔鹿児島／中村敬子／3〕 幾重にも重なるオーガンジーのドレスを連想させる花。枝はまっすぐ伸び、樹勢は強い。〔茨城／片寄敬子／11〕

写真大／片寄敬子、写真小／小川依純

おすすめ人数	3人
咲き方	
年に2回	1人
年に3回以上	2人
香り	
強い	2人
ほどよい	1人
日当たり	
1日中	1人
主に午前半日	2人
育て方	
地植え	3人
仕立て方	
自立	2人
壁面	1人
うどんこ病	
全く出ない	3人
あまり出ない	0人
やや出る	0人
よく出る	0人
黒点病	
全く出ない	2人
あまり出ない	1人
やや出る	0人
よく出る	0人

✻ コメント

繰り返し咲く。伸ばして壁面などに誘引して咲かせることもできる。枝は棘が少なくしなやか。病気にたいへん強く、うどんこ病、黒点病ともに出にくい。ミルラの香り。

クレア・オースチン

✻ Claire Austin ✻ ER ✻ 四季咲き

レモン色の蕾から、繊細なクリーミーホワイトの多弁で形のよいカップ状に咲いてくれます。散る間ぎわ頃には、清楚な白色へと変化します。四季咲き性もよく、丈夫で育てやすく、雨で花弁が少々傷んでも最後まで開いてくれます。〔山口／小川依純／3〕中輪よりやや大きく、ミルラの香りがします。シュートの数が多いので花の数も多い。〔東京／金 明姫／4〕伸びた枝を壁面へ斜めに誘引したら、たくさんの花に恵まれました。棘も少なくしなやかで扱いやすいバラです。〔神奈川／荒井希味子／3〕

写真大／小川依純、写真小／荒井希味子

グレイス

＊Grace＊ER＊四季咲き

このバラが咲きだすとランプが灯ったような明るさがある。花弁の先がとがっていて、花弁が反り返っていく様子はダリアのよう。〔埼玉／本田章子／4〕 咲き進むにつれ、花の色合いも花びらの形も変化していく様子が魅力的で見飽きない。〔兵庫／島村宏美／8〕 ティー系の香りが強く、中輪のアプリコットの色合いが可憐。〔愛媛／近藤美鈴／4〕 とにかく手間いらずでよく咲きます。花びらの形もユニーク。葉の色と花色と形のバランスがほんとうにきれい。〔神奈川／濱田世津子／4〕

おすすめ人数	4人				
咲き方		主に午前半日	2人	やや出る	0人
年に2回	1人	明るい日陰	1人	よく出る	0人
年に3回以上	3人	育て方		黒点病	
香り		鉢植え	3人	全く出ない	0人
強い	2人	地植え	1人	あまり出ない	4人
ほどよい	1人	仕立て方		やや出る	0人
弱い	1人	自立	3人	よく出る	0人
日当たり		壁面	1人		
1日中	1人	うどんこ病			
		全く出ない	2人		
		あまり出ない	2人		

写真大／本田章子、写真小／島村宏美

＊コメント

ダリアのような花形と明るい花色が特徴。明るい日陰や半日の日照でも生育。秋までよく繰り返し咲く。フルーツとティーの香り。剪定でコンパクトにできるので、鉢栽培にも向く。片親は「スイート・ジュリエット」。

おすすめ人数	**2人**

咲き方
年に3回以上 … 2人

香り
強い………… 1人
ほどよい ……… 1人

日当たり
1日中………… 2人

育て方
鉢植え………… 1人
地植え………… 1人

仕立て方
自立…………… 1人
オベリスク …… 1人

うどんこ病
全く出ない …… 1人
あまり出ない … 0人
やや出る……… 0人
よく出る ……… 1人

黒点病
全く出ない …… 0人
あまり出ない … 0人
やや出る……… 1人
よく出る ……… 1人

＊コメント
病気が出ることがあるが、樹勢が強く回復する。つるバラのように誘引しても、木立状に剪定してもよい。ティーの香り。「ゴールデン・セレブレーション」の子。

クロッカス・ローズ

＊Crocus Rose ＊ER ＊四季咲き

咲き始めは花びらが外に丸まって、ハイブリッド・ティーの雰囲気ですが、咲き進むと中心がグリーンのボタン・アイに。爽やかな香り。す〜っと伸びた枝の先々に蕾をつけてくれます。冬に短く剪定しても、春になると新しい枝がぐんぐんと伸び、シュラブ仕立てにするか半つる仕立てにするか迷うところです。〔東京／佐藤まゆみ／8〕 一番花のあと、うどんこ病や黒点病でかなり葉を落とすこともありましたが、秋には復活。少し手は焼けるけれど、それを上回る魅力がこの花にはあります。〔北海道／佐藤恵里子／10〕

写真大／佐藤恵里子、写真小／佐藤まゆみ

ゴールデン・セレブレーション

＊Golden Celebration ＊ER ＊返り咲き

ぎゅっと結んだ蕾、ころんとしたカップ咲き、花びらが反り返る優美な姿、どの場面でも気品のある華やかなバラ。半つる性だが、鉢でコンパクトに育ててもたくさん花がつく。〔埼玉／本田章子／3〕 インパクトのある色と大きさは、通る人の目を引きます。グラハム・トーマスより色が濃く横張り性。秋にもひと回り小さな花が咲く。〔奈良／佐藤妙子／14〕 イングリッシュローズの魅力を最初に知ったバラです。〔愛媛／近藤美鈴／10〕 フルーティーな香り。棘も少なく扱いやすい。フェンスやアーチに向く。〔長崎／松本隆司／7〕

おすすめ人数	4人	育て方			やや出る	0人
咲き方		鉢植え	1人		よく出る	0人
年に2回	3人	地植え	3人		黒点病	
年に3回以上	1人	仕立て方			全く出ない	0人
香り		自立	3人		あまり出ない	1人
強い	4人	背丈以下の			やや出る	3人
日当たり		フェンス・トレリス	1人		よく出る	0人
1日中	1人	うどんこ病				
主に午前半日	3人	全く出ない	3人			
		あまり出ない	1人			

＊コメント
インパクトのある花色の大輪つるバラ。ティーの強香。フェンスやアーチに向くが、鉢でコンパクトに仕立ててもよく花が咲く。午前半日の日照でも生育。秋にも返り咲く。「アブラハム・ダービー」の血を引く。

写真大／佐藤妙子、写真小／本田章子

おすすめ人数	5人
咲き方	
年に1回	5人
香り	
強い	3人
ほどよい	2人
日当たり	
1日中	2人
主に午前半日	3人
育て方	
鉢植え	1人
地植え	4人
仕立て方	
壁面	1人
背丈以上のフェンス・トレリス	2人
背丈以下のフェンス・トレリス	2人
うどんこ病	
全く出ない	4人
あまり出ない	1人
やや出る	0人
よく出る	0人
黒点病	
全く出ない	1人
あまり出ない	2人
やや出る	2人
よく出る	0人

＊コメント
おすすめ人数第10位グループ。ミルラの強香。一季咲きだが数多く花をつける。枝がしなやかによく伸び、誘引しやすい。イングリッシュローズの第1号品種。

コンスタンス・スプライ

＊Constance Spry ＊ER ＊一季咲き

ボタンのような花。見事なカップ咲きで金色の蕊が上品。花もちは悪いが香りはすばらしい。細かい棘が全体にあるが、枝がしなやかなので誘引はしやすい。〔東京／神谷佳江／10〕 クラシカルな雰囲気で咲く大好きなバラ。〔千葉／柏木恭子／9〕 一季咲きですが、たくさんの花を楽しませてくれるので満足しています。〔奈良／佐藤妙子／8〕 大きく育ちますが、花も大きいので私は低めに誘引。〔長野／長島敬子／12〕 たまに馬糞や油かすをやる程度。病気にも強く、健気に育っています。〔鹿児島／中村敬子／8〕

写真大／神谷佳江、写真小／柏木恭子

コントゥ・ドゥ・シャンパーニュ

✻ Comtes de Champagne ✻ ER ✻ 四季咲き

華奢な茎にころんと軽やかな花をつけた姿には、思わず笑みが。柔らかい杏色から少しずつ退色してピンクを帯びてきます。たおやかな花に似合わず病気は少ない。〔福島／中村良美／5〕バターボールを連想してしまうカップ咲きの可愛いバラ。〔東京／佐藤まゆみ／5〕蜂蜜のようなムスクの香り。深めのプランターで育てていますが、根の張りは抜群です。〔神奈川／徳山さゆり／5〕最近は冬剪定で3分の1まで切り戻し、ブッシュ状に。愛らしさが引き立ちます。〔鹿児島／中村敬子／3〕

おすすめ人数	4人

咲き方
年に3回以上…… 4人
香り
強い………… 3人
ほどよい……… 1人
日当たり
1日中………… 3人
主に午後半日… 1人

育て方
鉢植え………… 3人
地植え………… 1人
仕立て方
自立…………… 3人
背丈以下の
フェンス・トレリス／1人
うどんこ病
全く出ない…… 4人
あまり出ない … 0人

やや出る……… 0人
よく出る……… 0人
黒点病
全く出ない…… 1人
あまり出ない … 2人
やや出る……… 1人
よく出る……… 0人

✻コメント
枝が長く伸びるので、フェンスやトレリスに誘引してもよいが、短めに剪定してブッシュ状に仕立てることも可能。四季咲き性がよく、病気にも強い。花は咲き進むと淡いピンクに退色。

写真大／中村良美、写真小／佐藤まゆみ

サー・エドワード・エルガー

＊Sir Edward Elgar＊ER＊四季咲き

咲きだしはクリムゾンレッド、しだいにローズピンクになっていきます。暗い緑色のごわごわとした皮のような葉に、派手めの花がしっくりとなじみます。横張り性なので自然にいい樹形に広がっていき、花つきも花もちも抜群です。輸入苗だったせいか、最初の3年くらいは花つきも悪く不調でしたが、しっかりと活着したあとはぐんぐんと育ち樹勢も強くなりました。それにともない花の数もふえ、香りも強くなってきています。病気にも強く、ほとんど手がかかりません。〔埼玉／本田章子／6〕

おすすめ人数	**1**人		
咲き方	＊年3回以上	仕立て方	＊自立
香り	＊強い	うどんこ病	＊全く出ない
日当たり	＊1日中	黒点病	＊全く出ない
育て方	＊地植え		

＊コメント
枝は弓なりに伸び、自然に樹形が整う。オーガニックで育てると、うどんこ病が出にくく、黒点病にも強い。ダマスクの強香。花色は赤からローズピンクに変化し、花もちがよい。片親は「メアリー・ローズ」。

写真／本田章子

ザ・ジェネラス・ガーデナー

＊The Generous Gardener ＊ER ＊返り咲き

ペールピンクの細い花びらが睡蓮に似て、はらはらと散る様子がはかなげです。〔新潟／石和田英理子／6〕 ブーケみたいにたくさんの花をつけ、晩秋までよく咲きます。〔神奈川／徳山さゆり／5〕 透けるような花びらがふんわりとして、上品な印象。〔北海道／佐藤恵里子／7〕 日陰に移植した年はうどんこ病が発生しました。〔神奈川／籔 雅子／5〕 棘は少なめ、強剪定にも強く、すぐにシュートを出して花を咲かせます。高さ・幅とも2.5mほどになります。〔山梨／矢崎恵子／6〕

おすすめ人数	5人

咲き方
年に3回以上…… 5人

香り
強い…………… 3人
ほどよい……… 2人

日当たり
1日中…………… 2人
主に午後半日… 2人
明るい日陰…… 1人

育て方
鉢植え………… 1人
地植え………… 4人

仕立て方
自立…………… 2人
背丈以上の
フェンス・トレリス… 1人
背丈以下の
フェンス・トレリス… 1人
アーチ………… 1人

うどんこ病
全く出ない…… 3人
あまり出ない… 0人
やや出る……… 2人
よく出る……… 0人

黒点病
全く出ない…… 0人
あまり出ない… 4人
やや出る……… 1人
よく出る……… 0人

＊コメント
おすすめ人数第10位グループ。ミルラの強香。シュートの出がよく生育旺盛。アーチ、フェンスなどに。棘は少なく、強剪定にも耐える。午後半日の日差しや日陰でも生育、よく花を咲かせる。片親は「シャリファ・アスマ」。

写真大／徳山さゆり、写真小／佐藤恵里子

おすすめ人数	4人
咲き方	
年に2回	1人
年に3回以上	3人
香り	
強い	4人
日当たり	
1日中	1人
主に午前半日	1人
主に午後半日	2人
育て方	
鉢植え	1人
地植え	3人
仕立て方	
自立	3人
アーチ	1人
うどんこ病	
全く出ない	2人
あまり出ない	2人
やや出る	0人
よく出る	0人
黒点病	
全く出ない	0人
あまり出ない	2人
やや出る	2人
よく出る	0人

＊コメント

フルーツ系の強香。四季咲き性に優れる。半日の日差しでも生育。病気にも強い。コンパクトに育つので鉢植えにも向く。葉脈に沿って深く波うつ深緑の葉に特徴がある。片親は「メアリー・ローズ」。

シャリファ・アスマ

＊Sharifa Asma ＊ER ＊四季咲き

シャローカップ咲き。コンパクトで育てやすく、花もちもよい。〔東京／宮野純子／9〕これ以上はないと思われる上品なバラで、香りもやさしく癒されます。〔鹿児島／中村敬子／10〕色、形、香り、葉の雰囲気も含めすべてに魅了されます。無農薬栽培にしてから病気はほとんど出なくなりました。棘は細かで密集。〔山口／小川依純／8〕繰り返したくさん花が咲き、シーズンを通して香りを楽しんでいます。〔新潟／石和田英理子／7〕

写真大／小川依純、写真小／宮野純子

セント・セシリア

＊St. Cecilia ＊ER ＊四季咲き

少し赤みを帯びた蕾から、ライトピンクの花が上を向いて咲きます。ころんとした形が崩れないまま朽ちていきます。〔神奈川／荒井希味子／4〕ティーカップのように咲くアプリコットピンクの品のあるバラ。単独でこのバラだけが咲いていても絵になります。少し遅咲きで、梅雨入りと重なることも。雨にあたると花びらにシミが出ます。〔東京／大野紀子／3〕育て始めは黒点病に弱く、丸坊主になった。年々耐病性が上がって、最近は病気にかかりにくくなっている。〔埼玉／本田章子／5〕

おすすめ人数	4人	育て方		黒点病	
咲き方		鉢植え	1人	全く出ない	0人
年に2回	2人	地植え	3人	あまり出ない	2人
年に3回以上	2人	仕立て方		やや出る	1人
香り		自立	4人	よく出る	1人
強い	4人	うどんこ病			
日当たり		全く出ない	3人		
1日中	1人	あまり出ない	1人		
主に午前半日	3人	やや出る	0人		
		よく出る	0人		

＊コメント
うどんこ病に強い。黒点病は株が育つと出にくくなる。直立して木立状に伸びる。ミルラの強香。咲き終わりまでカップの形が崩れない。午前半日の日照でも生育。

写真大／本田章子、写真小／荒井希味子

おすすめ人数	6人
咲き方	
年に2回	1人
年に3回以上	5人
香り	
強い	3人
ほどよい	2人
弱い	1人
日当たり	
1日中	4人
主に午前半日	1人
主に午後半日	1人
育て方	
鉢植え	1人
地植え	5人
仕立て方	
自立	5人
オベリスク	1人
うどんこ病	
全く出ない	5人
あまり出ない	1人
やや出る	0人
よく出る	0人
黒点病	
全く出ない	1人
あまり出ない	3人
やや出る	1人
よく出る	1人

*コメント
おすすめ人数第9位グループ。よく咲くが、花もちは短い。日照が十分であれば病気は出にくい。交配親は「グラハム・トーマス」と「アブラハム・ダービー」。

パット・オースチン

*Pat Austin * ER * 四季咲き

ゴールドを混ぜたような輝きのあるオレンジ色のバラ。〔広島／松本記司子／10〕春の花は華やかで、秋は落ちついた色合いに。四季を通してよく咲きます。〔茨城／片寄敬子／10〕このバラは懐が広く、どんな色の花ともなじんでくれる。〔長野／長島敬子／4〕花弁が少なく、あっという間に散ることも。〔奈良／佐藤妙子／5〕5月の強い日差しにしおれやすいので、日よけのパラソルを立てることもあります。〔神奈川／濱田世津子／6〕樹勢は旺盛で、支柱が必要。バラゾウムシがよく来る。〔千葉／藤本由紀子／12〕

写真大／長島敬子、写真小／松本記司子

ボウ・ベルズ

＊Bow Bells ＊ER ＊返り咲き

最初はバレリーナやブラザー・カドフィールと一緒に植えて、さまざまな大きさの花で飾るつもりだったトレリスが、いつの間にかこのバラだけでびっしり。ほかは淘汰されてしまいました。枝は太くなく、棘も気になるほどでなく、カップ咲きのミディアムピンクの花が風にそよいではらはらと散る様はなんとも風情があります。〔長崎／松本隆司／12〕しっかりとしたカップ咲きの中輪花。花びらの外側はチェリーピンクの可愛い色。繰り返しよく花をつける。枝もよく伸び、つる扱いもできる。〔長野／長島敬子／6〕

おすすめ人数	2人

咲き方
- 年に2回 ……… 1人
- 年に3回以上 … 1人

香り
- ほどよい ……… 1人
- 弱い ……………… 1人

日当たり
- 主に午後半日 … 2人

育て方
- 地植え ………… 2人

仕立て方
- 背丈以下の
- フェンス・トレリス … 1人
- オベリスク …… 1人

うどんこ病
- 全く出ない …… 2人
- あまり出ない … 0人
- やや出る ……… 0人
- よく出る ……… 0人

黒点病
- 全く出ない …… 1人
- あまり出ない … 1人
- やや出る ……… 0人
- よく出る ……… 0人

＊コメント
午後半日の日照でも生育。棘は少なく、しなやかな枝がよく伸びるので、フェンスやオベリスクに誘引する。病気に強く、繰り返し咲く。淡いティーの香り。片親は「グラハム・トーマス」。

写真大／松本隆司、写真小／長島敬子

おすすめ人数 **1**人

咲き方＊年3回以上
香り＊ほどよい
日当たり＊1日中
育て方＊地植え
仕立て方＊自立
うどんこ病＊
全く出ない
黒点病＊
あまり出ない

＊コメント
ダマスク系の淡い香り。たいへん丈夫で、繰り返しよく咲く。棘のある枝や葉にルゴーサ特有の特徴があり、ナチュラルな雰囲気の庭によくなじむ。花は散らずに残るがほとんど実がつかない。晩秋に紅葉する。

ミセス・ドリーン・パイク

＊Mrs. Doreen Pike ＊ER ＊四季咲き

ユーモラスな感じの可愛らしい蕾から、咲き進むと中心がボタン・アイになり、外側へいくにつれてピンクが薄くグラデーションになります。花の重みで自然に枝垂れ、草むしりをしているといい香りにふと手を止めてしまいます。ハイブリッド・ルゴーサ由来のイングリッシュローズということで、返り咲き性もよく、なおかつ丈夫です。葉、棘、蕾にルゴーサの面影があり、明るい緑色の葉とピンク色の花が庭の中で自然になじみます。地植えと鉢植えの両方で育てています。〔埼玉／中村敦子／4〕

写真／中村敦子

メアリー・ローズ

＊Mary Rose ＊ER ＊返り咲き

イングリッシュローズらしい整った形。大きな花が豊かに開花。〔千葉／薄井真智子／5〕ローズピンクのカップ咲きで香りもよい。房咲きで、赤い蕾と花のバランスが素敵です。〔神奈川／徳山さゆり／5〕毎年大きくしないで強めに剪定して管理しています。〔神奈川／濱田世津子／8〕繊細なイメージとは違い、丈夫でよく返り咲いてくれます。〔奈良／佐藤妙子／8〕地植えにしたら、春は最初に咲くようになりました。〔長野／小松幸子／13〕大きく仕立てても、コンパクトにしても美しい。〔東京／岸野美代子／10〕

おすすめ人数	6人
咲き方	
年に2回	4人
年に3回以上	2人
香り	
強い	5人
ほどよい	1人
日当たり	
1日中	2人
主に午前半日	3人
主に午後半日	1人
育て方	
地植え	6人
仕立て方	
自立	5人
オベリスク	1人
うどんこ病	
全く出ない	5人
あまり出ない	1人
やや出る	0人
よく出る	0人
黒点病	
全く出ない	0人
あまり出ない	2人
やや出る	4人
よく出る	0人

＊コメント

おすすめ人数第9位グループ。ミルラの香り。丈夫で返り咲く。日当たりが悪いと発育が悪くなり、半日以上の日照が必要なようだ。つる扱いでもよし、剪定してコンパクトにもできる。黒点病にやや注意。

写真大／薄井真智子、写真小／徳山さゆり

アラン・ティッチマーシュ

＊Alan Titchmarsh
＊ER＊返り咲き

赤みを帯びたしなやかな茎と、うつむきがちに咲くクリアピンクの花との対比がきれい。強いオールドローズ香。〔埼玉／本田章子／4／写真〕日当たりが悪くても、丈夫です。〔東京／小竹幸子／5〕

おすすめ人数2人
咲き方＊年3回以上2／香り◎2／日当たり＊1日中1、主に午後半日1／鉢植え1、地植え1／自立1、オベリスク1／うどんこ病◎2、○0、△0、▲0／黒点病◎0、○2、△0、▲0

＊コメント　しなやかな枝が長く伸びる。ショート・クライマーとしても、ドーム状に剪定してもよい。強健。ダマスクの香り。

イングリッシュ・ガーデン

＊English Garden
＊ER＊四季咲き

艶のない淡い黄色が、菊のような小さな花びらを密集させて咲きます。鉢で育てていましたが、日陰に地植えしてから好きになりました。あたりをぱっと明るくしてくれます。カタログなどにはコンパクトと書いてありますが、私の庭では背丈を超えて咲いています。

咲き方＊年3回以上／香り○／日当たり＊主に午前半日／地植え／自立／うどんこ病○／黒点病○〔北海道／佐藤恵里子／10〕

＊コメント　直立して伸びる。花首が強く、上を向いて咲く。ティー系の淡い香り。四季咲き性が強い。鉢植えも可。「アイスバーグ」の血を引く。

ウィズリー

＊Wisley
＊ER＊四季咲き

ディープカップ咲きで外側の花びらは透明感のあるピンク色。〔埼玉／本田章子／4／写真〕一番花は、下を向いて咲きます。フルーツ香。〔神奈川／荒井希味子／3〕うどんこ病はほとんど出ていません。1年を通じてよく咲きます。〔神奈川／濱田世津子／4〕

おすすめ人数3人
咲き方＊年3回以上3　香り◎3　日当たり＊1日中1、主に午前半日2　鉢植え2、地植え1　自立1　背丈以上のフェンス・トレリス1、その他1　うどんこ病◎0、○3、△0、▲0　黒点病◎0、○3、△0、▲0

＊コメント　小型で鉢植えに向く。四季咲き性がとてもよい。香りが強い。「ゴールデン・セレブレーション」が片親。

ウィリアム・シェイクスピア2000

＊William Shakespeare 2000
＊ER＊四季咲き

花びらの多さと香りのよさが魅力。開ききると花径10cm以上にも。〔神奈川／濱田世津子／6〕浅めの大輪ロゼット咲きで、クリムゾンレッドから豊かな紫色へと変化します。香りは濃厚。〔山口／小川依純／5／写真〕花つきがよい。〔神奈川／籔 雅子／3〕

おすすめ人数3人
咲き方＊年2回3　香り◎3　日当たり＊1日中2、主に午前半日1　鉢植え1、地植え2　自立2、背丈以下のフェンス・トレリス1　うどんこ病◎0、○2、△0、▲0　黒点病◎0、○3、△0、▲0

＊コメント　ダマスク系の香り。病気に強い。鉢植えにも向く。花もちがよい。

L.D.ブレスウェイト

＊L. D. Braithwaite
＊ER＊四季咲き

友人に「おすすめの赤色のイングリッシュローズは?」と聞かれたら、真っ先にこのバラをあげます。朱色系や黒赤色系や紫色系ではなく、はっきりとした「赤色」。浅めのカップ咲きからロゼット咲きになり、花弁が端麗に整っています。日当たりのいい場所が好きなバラです。

咲き方＊年2回／香り△／日当たり＊1日中／地植え／自立／うどんこ病◎／黒点病○〔山口／小川依純／8〕

＊コメント 鮮やかな赤の大輪。ダマスクの香り。強健。しっかりとした強い枝。片親は「メアリー・ローズ」。

キャスリン・モーリー

＊Kathryn Morley
＊ER＊返り咲き

完璧に形の整ったカップ咲き。誰もが美しいと感心しますが、花はすぐに散ってしまいます。〔北海道／佐藤恵里子／15〕枝はたくましく棘も多めです。45cmの角鉢でかなり大きく育っています。〔東京／佐藤まゆみ／10／写真〕

おすすめ人数2人
咲き方＊年2回1、3回以上1／香り◎2／日当たり＊1日中2／鉢植え1、地植え1／背丈以上のフェンス・トレリス1、アーチ1／うどんこ病◎1、○0、△0、▲1／黒点病◎0、○1、△0、▲1

＊コメント 樹勢が強く直立性に伸びる。つる扱いでも、小さく剪定してもよい。ティー香。片親は「メアリー・ローズ」。

キャンティ

＊Chianti
＊ER＊一季咲き

ころんとした蕾からゆっくりと開く赤紫の花。濃い色でも花弁は厚くなく、ふんわりと咲きます。徐々に退色していく古びた紫色がシックで好き。初期のイングリッシュローズでオールドの雰囲気があります。弓のようによく伸びるのでつるバラ扱いにも。

咲き方＊年1回　香り◎　日当たり＊1日中　地植え　自立　うどんこ病◎　黒点病△〔長野　長島敬子　12〕

＊コメント　1967年発表。イングリッシュローズ初の赤系のバラ。ダマスクの強香。交配親として重要。

クイーン・オブ・スウェーデン

＊Queen of Sweden
＊ER＊四季咲き

比較的新しいイングリッシュローズ。アプリコットの蕾から、淡いピンクに開花します。乱れることのない端正な浅めのカップ咲きで、茎も花首もしっかりと上を向いて開花します。葉脈のよくわかるでこぼことした葉。棘が少ないスムーズな茎。

咲き方＊年3回以上　香り○　日当たり＊1日中　地植え　自立　うどんこ病◎　黒点病◎〔長野　長島敬子　4〕

＊コメント　淡いミルラの香り。病気に強い。棘が少ない枝は直立して伸び、よく茂る。冬剪定では細い枝を残す。

クラウン・プリンセス・マルガリータ

＊Crown Princess Margareta
＊ER＊返り咲き

花のひとつひとつが豪華で大きく、花つきも花もちも良好。秋もよく咲きます。つるりとしたシュートに大きな棘があります。地植えにすると堅くて太いシュートがつるバラのように伸びます。

咲き方＊年2回／香り◎／日当たり＊主に午前半日／地植え／背丈以上のフェンス・トレリス／うどんこ病○／黒点病◎〔東京／神谷佳江／8〕

＊コメント　つるバラとしてフェンスなどに誘引。強健。フルーツ香。片親は「アブラハム・ダービー」。

グラミス・キャッスル

＊Glamis Castle
＊ER＊四季咲き

ほんのりイエローがかった白。蕾はアプリコット色。甘い香りがします。枝が小さくまとまるので鉢栽培におすすめです。〔東京／佐藤まゆみ／10／写真〕雨で傷むこともありますが、それでも咲いてくれます。秋の花は格別きれいです。〔愛媛／近藤美鈴／3〕

おすすめ人数3人
咲き方＊年2回1、3回以上2／香り◎1、○2／日当たり＊1日中3／鉢植え3／自立3／うどんこ病◎1、○2、△0、▲0／黒点病◎0、○1、△0、▲2

＊コメント　黒点病に注意。細枝にも咲くので弱剪定で。ミルラの香り。交配親は「グラハム・トーマス」と「メアリー・ローズ」。

コーヴデイル

＊Corvedale
＊ER＊返り咲き

咲いているうちに色褪せていき、あとから咲いた花とのグラデーションが素敵です。しっかりとした花びらは、雨にも強く花もちも良好。ローズピンクと蕊のイエローのコントラストや、切れ込みの深いハート形の花びらも魅力的です。

咲き方＊年3回以上／香り◎／日当たり＊1日中／鉢植え／自立／うどんこ病◎／黒点病◎〔東京／佐藤まゆみ／3〕

＊コメント　横張りで、比較的大きくなる品種。つるバラとしても利用できる。ミルラの香り。病気に強い。片親は「チャールズ・レニー・マッキントッシュ」。

ザ・シェパーデス

＊The Shepherdess
＊ER＊返り咲き

4年間鉢植えで育てていましたが、1年前に地植えにしたところ、枝数がふえて花がたくさん咲くようになりました。花首がしっかりとしていて上を向いて咲きます。大きくなりますが枝は暴れずまとまります。形といい、色といい、香りといい、もっと人気が出てもいいバラだと思います。

咲き方＊年2回／香り◎／日当たり＊1日中／地植え／自立／うどんこ病◎／黒点病◎〔神奈川／濱田世津子／5〕

＊コメント　フルーツの強香。病気に強い。直立性で木立状に育つので、花壇や鉢植えにも向く。晩秋に紅葉する。

ザ・ナン

＊The Nun
＊ER＊四季咲き

暖かみのある白で、ぷっくりとした丸い花は清楚な雰囲気。香りもそう強くないのに、咲き始めるとわくわくしてしまいます。カップが開いた時の金色の蕊も魅力的。蕾はアイボリーピンクでスリムな形です。可愛いカップ咲きなのに、落ちついた印象です。

咲き方＊年3回以上／香り◯／日当たり＊1日中／鉢植え／自立／うどんこ病◎／黒点病◎〔福島／中村良美／5〕

＊コメント　四季咲き性がよい。鉢植えにも向く。シトラスフルーツの淡い香り。実がつきやすい。小型のつるバラとしても利用できる。

ザ・ピルグリム

＊The Pilgrim
＊ER＊返り咲き

イエローではなく淡いレモン色のグラデーションが、ほかの黄色いバラとは違い個性的です。育て始めて3年目に、大鉢にクレマチスのロマンチカと一緒に植えたところ、樹勢が衰えてきました。ロマンチカのほうが強かったようです。

咲き方＊年1回／香り◯／日当たり＊1日中／鉢植え／背丈以下のフェンス・トレリス／うどんこ病◯／黒点病▲〔新潟／石和田英理子／3〕

＊コメント　枝がよく伸びるのでアーチやフェンスなどに誘引する。ほかのバラとも合わせやすい爽やかな黄色。黒点病に注意。ミルラとティーの香り。「グラハム・トーマス」が片親。

ザ・プリンス

＊The Prince
＊ER＊四季咲き

深いクリムゾンレッドで絵画の中から飛び出したような花びらと、これぞバラという香りが大好きです。直立ぎみに伸びるので場所もとらず、花の時期は鉢ごと玄関先に移動して、花色と香りを楽しんでいます。行儀よく上を向いて咲き、その花色でわくわくとさせてくれます。

咲き方＊年3回以上／香り◎／日当たり＊主に午後半日／鉢植え／自立／うどんこ病○／黒点病△〔新潟　石和田英理子／6〕

＊コメント　ダマスク系の強香。鉢植えにも向く。四季咲き性がよい。直立性。

ジ・アニック・ローズ

＊The Alnwick Rose
＊ER＊四季咲き

パールピンクの花弁の中には、輝くようなサーモンピンクの花びらが守られるようにあります。甘いラズベリーのような芳香。生育旺盛なバラです。〔埼玉／本田章子／5／写真〕気温が高くなるにつれて花もちが悪くなりますが、四季咲き性は抜群。直立性でコンパクトにまとまります。〔山口／小川依純／6〕

おすすめ人数2人
咲き方＊年3回以上2／香り◎1、○1／日当たり＊1日中2／地植え2／自立2　うどんこ病◎1、○1、△0、▲0／黒点病◎1、○1、△0、▲0

＊コメント　強香。鉢植えにもよい。片親は「ゴールデン・セレブレーション」。

ジ・アレキサンドラ・ローズ

＊The Alexandra Rose
＊ER＊返り咲き

バラ園ではじめて見て一目惚れしたバラ。後日イングリッシュローズと知って、一重もあるんだとびっくりした思い出があります。花もちはよくありませんが、細長い蕾がたくさんつき、にぎやかに庭を飾ります。ピンクと黄色のグラデーションがとてもきれい。

咲き方＊年3回以上／香り△／日当たり＊1日中／地植え／自立／うどんこ病◎／黒点病△〔秋田／滝口明子／5〕

＊コメント　一重だが実はつきにくい。淡い香り。小さめのつるバラとして利用。棘は少ない。よく返り咲く。

ジェイムズ・ゴールウェイ

＊James Galway
＊ER＊四季咲き

花びらのフリルと色のグラデーションが絶妙。〔新潟／石和田英理子／5／写真〕香りの強い豪華な花をたくさんつける。〔鹿児島／中村敬子／5〕横張り性で大きくなるが、棘が少なく、壁面やパーゴラにも利用できる。〔長崎／松本隆司／5〕

おすすめ人数4人
咲き方＊年2回3、3回以上1／香り◎1、○3／日当たり＊1日中2、主に午後半日2／地植え4／自立1、背丈以上のフェンス・トレリス1、アーチ1、その他1／うどんこ病◎3、○1、△0、▲0／黒点病◎0、○1、△3、▲0

＊コメント　枝は太くて堅く、旺盛に伸びる。病気に強い。午後半日の日照でも生育。片親は「イングリッシュ・ヘリテージ」。

ジェーン・オースチン

＊Jayne Austin
＊ER＊返り咲き

地植えしましたが、南側に建物ができ、特に冬の日照時間がかなり短くなりました。そのせいか、枝は凍傷で赤く斑点ができ、秋バラはまったく咲かなくなりました。葉色が明るくて花も目立ちます。

咲き方＊年2回　香り◎　日当たり＊主に午後半日　地植え　自立　うどんこ病△　黒点病○〔長野　小松幸子　12〕

＊コメント　ティー系の強香。条件がよければ夏・秋にも返り咲く。丈夫でよく枝が伸びるのでつるバラのように誘引しても。片親は「グラハム・トーマス」。

ジェフ・ハミルトン

＊Geoff Hamilton
＊ER＊返り咲き

たくさんの花びらと、ころんとした形。このカップ咲きが好きなので、ずっと見ていても飽きません。花びらが多いバラは重さでうつむいて咲くことが多いのですが、このバラは花首が強いのか、上向きまたは横向きで咲き続けます。

咲き方＊年2回　香り○　日当たり＊主に午後半日　地植え　自立　うどんこ病◎　黒点病△〔秋田　滝口明子　5〕

＊コメント　直立性で、強健に太い枝を伸ばし、つるバラとしてアーチやフェンスにも利用できる。剪定で木立状に咲かせることもできる。半日の日照でも生育。片親は「イングリッシュ・ヘリテージ」。

ジェントル・ハーマイオニー

＊Gentle Hermione
＊ER／四季咲き

カップ咲きの愛らしい花。とても丈夫でよく伸びます。鉢でオベリスクに添えています。晩秋の花色は格別です。〔東京／小竹幸子／3／写真〕イングリッシュ・ヘリテージの花に似ていますが、こちらのほうが花もちは格段に上です。〔新潟／石和田英理子／5〕

おすすめ人数2人
咲き方＊年2回1、3回以上1／香り◎2／日当たり＊1日中1、主に午前半日1／鉢植え2／自立1／うどんこ病◎1、○0、△1、▲0／黒点病◎0、○1、△1、▲0

＊コメント　繰り返し咲き、フェンスやオベリスクにもよい。花もちがよく、強香。

シスター・エリザベス

＊Sister Elizabeth
＊ER／四季咲き

ラヴェンダーピンクの整ったロゼットの中心にはボタン・アイ。甘くフルーティーな香りは、まるで沈丁花のよう。枝が少し伸びるとすぐに蕾をつける横張りでコンパクトな樹形。写真は12月の花。冬までたくさんの花をつけます。

咲き方＊年3回以上／香り◎／日当たり＊1日中／鉢植え／自立／うどんこ病◎／黒点病○〔埼玉／本田章子／3〕

＊コメント　コンパクトに育つので、鉢栽培に向く。細枝にも咲くので弱剪定で。四季咲き性が強い。耐病性がある。

ジュード・ジ・オブスキュア

＊Jude the Obscure
＊ER＊四季咲き

卵のような愛らしい花形。グアバのような独特な香り。花びらが多いので、雨にあたると傷んだり開かなかったり。秋の紅葉もきれい。〔神奈川／濱田世津子／4〕ミディアムイエローが強く出る時もあり、四季折々に楽しめます。〔山口／小川依純／6／写真〕

おすすめ人数2人
咲き方＊年2回2　香り◎2　日当たり＊1日中2　鉢植え1、地植え1　自立2　うどんこ病◎2、○0、△0、▲0　黒点病◎0、○2、△0、▲0

＊コメント　フルーツ系の強香。鉢植えにして、花が咲く頃雨を避けて軒下に移動する工夫もあり。片親は「アブラハム・ダービー」。

ジュビリー・セレブレーション

＊Jubilee Celebration
＊ER＊四季咲き

サーモンピンクにマンゴーオレンジをのせたようなおいしそうな色合い。直立で仕立てやすい。〔埼玉／本田章子／4〕微妙な色彩のグラデーションが美しく庭が華やぎます。花つきがよく、レモンの香り。〔山口／小川依純／5／写真〕花の重みでうつむいて咲くことも。〔新潟／石和田英理子／5〕

おすすめ人数3人
咲き方＊年2回1、3回以上2　香り◎3　日当たり＊1日中2、明るい日陰1　地植え3　自立3　うどんこ病◎2、○0、△1、▲0　黒点病◎0、○2、△1、▲0

＊コメント　花壇や鉢に。木陰でも生育。片親は「ゴールデン・セレブレーション」。

シンベリン

＊Cymbaline
＊ER＊返り咲き

香りはすばらしく、寒冷地でも丈夫で、病気に強く、日陰でも元気。私のNo.1のバラはこれ。〔北海道／佐藤恵里子／10〕グレーピンクのシックな花色が、このバラの最大の魅力です。〔茨城／片寄敬子／6／写真〕

おすすめ人数2人
咲き方＊年2回1、3回以上1／香り◎2／日当たり＊1日中1、明るい日陰1／地植え2／自立2／うどんこ病◎1、○1、△0、▲0／黒点病◎0、○1、△1、▲0

＊コメント　ミルラの強香。繰り返し咲く。長く伸びた枝を誘引し、つるバラとしても利用できる。

スイート・ジュリエット

＊Sweet Juliet
＊ER＊返り咲き

咲くたびに違うニュアンスの色彩で目が離せません。甘く、ロマンチックな香りです。家の南側に植えているのですが、葉がすごく茂って巨大な木になっています。虫がつきやすく、バラゾウムシもよくやって来ます。

咲き方＊年3回以上／香り◎／日当たり＊1日中／鉢植え／背丈以上のフェンス・トレリス／うどんこ病◎／黒点病△〔島根／小松原奈穂子／8〕

＊コメント　棘は少ない。垂直によく伸びる枝を倒し、小さめのつるバラとして誘引。ティーの強香。片親は「グラハム・トーマス」。

スカボロー・フェア

＊Scarborough Fair
＊ER＊四季咲き

まあるくふんわり、ほどよい形の半八重のバラ。〔東京／宮野純子／6／写真〕小枝の先まで花をつけるので、剪定は軽めに。〔東京／小竹幸子／3〕「麦わら帽子をかぶった元気な女の子」といったイメージの素朴なバラ。〔鹿児島／中村敬子／3〕

おすすめ人数3人
咲き方＊年2回1、3回以上2　香り◎1、△2　日当たり＊主に午後半日3　鉢植え2、地植え1　自立3　うどんこ病◎3、○0、△0、▲0　黒点病◎0、○2、△1、▲0

＊コメント　四季咲き性に優れ、強健。鉢栽培にも向く。秋は実も楽しめる。

ストロベリー・ヒル

＊Strawberry Hill
＊ER＊返り咲き

咲き始めはピュアなローズピンクでカップがかったロゼット。時間がたつとソフトピンクの柔らかな印象に変化します。名前に似合った花だと思います。地植えして3年目、やっと本格的に花をつけ始めました。

咲き方＊年3回以上　香り◎／日当たり＊1日中　地植え　自立　うどんこ病○　黒点病○〔北海道／佐藤恵里子／3〕

＊コメント　ミルラの強香。強健でよく伸びる。つるバラのように扱うか、剪定でコンパクトに咲かせてもよい。暖地では夏・秋の花は少ない。

スピリット・オブ・フリーダム

＊Spirit of Freedom
＊ER＊返り咲き

うなだれて咲くので見上げる場所に。〔長崎／松本隆司／4／写真〕薄紙のような花びらがぎゅうぎゅうに詰まっていて、開ききらずにカップ型のまま終わります。〔東京／宮野純子／7〕雪が降るまで返り咲きます。〔新潟／石和田英理子／6〕

おすすめ人数3人
咲き方＊年2回2、3回以上1／香り◎3／日当たり＊1日中1、主に午後半日2／鉢植え2、地植え1／自立2、背丈以下のフェンス・トレリス1／うどんこ病◎3、○0、△0、▲0／黒点病◎0、○2、△1、▲0

＊コメント　生育旺盛。花は雨に弱い。オベリスクやフェンスにもよい。片親は「アブラハム・ダービー」。

セプタード・アイル

＊Scepter'd Isle
＊ER＊四季咲き

クリアなピンク色のカップ咲きで、黄色い蕊が見えるのも素敵。〔東京／佐藤まゆみ／9／写真〕花後剪定すると、すぐに二番花が上がる。〔埼玉／本田章子／3〕庭の目立つ場所に1年中咲いている。〔島根／小松原奈穂子／8〕

おすすめ人数3人
咲き方＊年3回以上3／香り◎3／日当たり＊1日中2、主に午後半日1／鉢植え1、地植え2／自立3／うどんこ病◎3、○0、△0、▲0／黒点病◎1、○1、△1、▲0

＊コメント　ミルラの強香。強健。しなやかな枝がよく伸び、フェンスなどに。花つきがよい。片親は「イングリッシュ・ヘリテージ」。

ダーシー・バッセル

＊Darcey Bussell
＊ER＊四季咲き

蕾から咲き進み、花が終わるまで魅力的なバラ。なにより丈夫で申し分ありません。花壇に白い小花と一緒に植えると魅力的。

咲き方＊年3回以上 香り◎ 日当たり＊主に午後半日 地植え 自立 うどんこ病◎ 黒点病○〔東京 岸野美代子 3〕

＊コメント 香りがよく、病気に強い。四季咲き性が強く繰り返し咲く。半日の日照でも生育。横張り性だが、剪定でコンパクトにでき鉢植えにも向く。フルーツ系の淡い香り。棘が少ない。

ダヴ

＊Dove
＊ER＊四季咲き

白い鳩のような美しい色や、ゆるい咲き方が大好きです。横顔も美しい。ただ、性質が弱いのか、以前に一度枯らしてしまい、現在は2株育てて再チャレンジ中。5月下旬に一輪だけ咲きましたが、それだけでも満足です。

咲き方＊年2回 香り○ 日当たり＊主に午前半日 鉢植え 自立 うどんこ病○ 黒点病△〔東京 関口朋子 4〕

＊コメント 日照が十分な場所で育てたい。ティーの香り。暑さにやや弱い。横張り性でコンパクトに育ち、鉢植えに向く。「アイスバーグ」の血を引く。

チャールズ・ダーウィン

＊Charles Darwin
＊ER＊返り咲き

蕾の時は黄色が強く、咲くと渋みのある色になり、散りぎわは白っぽいミルクティーのような色に変化する表情豊かなバラ。アーチでたくさん咲かせても、くすんだ色のおかげでしつこくありません。花つきがよく、大きく育ち、病気にも強い手間のかからないバラです。

咲き方＊年2回／香り○／日当たり○＊主に午前半日／地植え／アーチ／うどんこ病◎／黒点病◎〔東京／大野紀子／5〕

＊コメント　大輪でティー系の強香。強健でよく枝が伸びる。横張り性。オベリスクやフェンスなどに。

チャールズ・レニー・マッキントッシュ

＊Charles Rennie Mackintosh
＊ER＊四季咲き

ハート型の花弁が幾重にも重なって。〔神奈川／小野田輝美／10〕花後、すぐに次の蕾が。〔群馬／後藤千織／12〕明るい日陰でも花つきは抜群。〔東京／大野紀子／3〕大きくならないので、鉢栽培におすすめ。〔東京／佐藤まゆみ／11／写真〕

おすすめ人数5人
咲き方＊年2回1、年3回以上4／香り◎2、○1、△2／日当たり＊1日中4、明るい日陰1／鉢植え4、地植え1／自立5／うどんこ病◎3、○1、△1、▲0／黒点病◎0、○2、△3、▲0

＊コメント　おすすめ人数第10位グループ。細い枝先にも花が咲くので弱剪定で。片親は「メアリー・ローズ」。

チャリティ

＊Charity
＊ER＊返り咲き

外側の花弁の色が淡く、夕暮れ時には、ぽっかりと浮かび上がって輝きます。〔北海道／佐藤恵里子／12／写真〕多肥すぎると秋の花つきが悪くなるようです。〔東京／佐藤まゆみ／11〕

おすすめ人数2人

咲き方＊年2回1、3回以上1　香り◎1、〇1　日当たり＊1日中2　鉢植え1、地植え1　自立1、背丈以下のフェンス・トレリス1　うどんこ病◎1、〇0、△1、▲0　黒点病◎0、〇1、△1、▲0

＊コメント　ミルラの香り。棘がない枝はしなやかによく伸びよく茂る。フェンスなどによい。秋にも返り咲く。片親は「グラハム・トーマス」。

ティージング・ジョージア

＊Teasing Georgia
＊ER＊返り咲き

中心が濃い山吹色の深いカップ咲き。開ききると淡いクリーム色になります。太い枝で棘も多い。〔長野／長島敬子／5／写真〕樹勢が強く、1年で外壁を幅4mほど覆いました。花つきもよく、香りのよいバラです。〔鹿児島／中村敬子／3〕

おすすめ人数2人

咲き方＊年2回1、3回以上1　香り◎1、△1　日当たり＊1日中1、主に午前半日1　地植え2　自立1、壁面1　うどんこ病◎2、〇0、△0、▲0　黒点病◎0、〇1、△0、▲1

＊コメント　旺盛に生育し、つるバラとして利用する。ティーの強香。結実しやすい。大輪の房咲きで、春は見事。

バーバラ・オースチン

＊Barbara Austin
＊ER＊一季咲き

ほんのり淡いピンク色のオールドローズのような花が、やさしい雰囲気で咲きます。咲き始めはやや濃いピンクで、時とともに薄らいでいきます。春だけの一季咲きですが、香りもよく、細い枝にもたくさん花をつけて十分に楽しませてくれます。

咲き方＊年1回／香り◎／日当たり＊主に午前半日／鉢植え／自立／うどんこ病◎／黒点病○〔埼玉／中村敦子／5〕

＊コメント　ダマスク系の強香。病気には強いが、暑さにやや弱い。小さめのつるバラのようにするか、剪定で小さくすることもできる。直立性で細枝にも花を咲かせる。片親は「フェア・ビアンカ」。

ハーロウ・カー

＊Harlow Carr
＊ER＊四季咲き

なんてよいバラなんだろうと思ったのは、秋遅くにもたくさんの花を咲かせたことに驚いたから。非常に四季咲き性に優れ、寒さにも強い。鮮やかなローズピンクが特徴的な中輪多花性。6〜7cmの浅い花をひと枝ごとに数輪つける様子は、オールドローズの趣が。

咲き方＊年3回以上／香り◎／日当たり＊1日中／鉢植え／自立／うどんこ病○／黒点病○〔北海道／佐藤恵里子／4〕

＊コメント　コンパクトに小枝が茂り、多花性。ダマスク系の強香。鉢植えにも向く。

バターカップ

＊Buttercup
＊ER＊四季咲き

オレンジ色を帯びた細長い蕾から鮮やかな黄色のセミダブルで開花し、咲き終わりはやさしい黄色に変化します。長い花首の先に、しっかりとした艶のある花びらの中輪花。棘は少なめで、スムーズな緑の葉も茎も絵になります。

咲き方＊年2回　香り△　日当たり＊主に午後半日　地植え　自立　うどんこ病◎　黒点病△〔長野　長島敬子　4〕

＊コメント　細めの枝がしなやかに伸び、爽やかな風情。オベリスクやトレリスに。片親は「グラハム・トーマス」。

フェア・ビアンカ

＊Fair Bianca
＊ER＊四季咲き

白の端正なロゼット咲き。写真映えのするバラです。もともとコンパクトな樹形なのに、何度も雪害で枝が折れ、さらにコンパクトになっています。咲き始めは気温によって、アプリコットの入ったアイボリーで咲くこともあります。

咲き方＊年2回　香り◯　日当たり＊1日中　地植え　自立　うどんこ病◯　黒点病◯〔北海道　佐藤恵里子　8〕

＊コメント　日当たりのよい場所で育てる。ミルラの強香。直立性。やや寒さに弱い。上向きに咲く。

ブライス・スピリット

＊Blythe Spirit
＊ER＊四季咲き

6～7cmのレモンイエローの花をたくさん咲かせます。細くしなやかな枝にシャープな蕾、透きそうなほど薄い花弁が風になびく様子は放っておけない気持ちになります。印象は繊細ですが、じつに強く、病気知らずの健康優良児。

咲き方＊年3回以上／香り○／日当たり＊1日中／地植え／自立／うどんこ病○／黒点病○〔広島／松本記司子／10〕

＊コメント　コンパクトに育ち、繰り返しよく咲く。鉢植えにもよい。フルーツ系の香り。病気に強い。

ブラザー・カドフィール

＊Brother Cadfael
＊ER＊返り咲き

クリアピンクの花色は、庭の中で目立つ存在。大輪の球形になるその容姿は芍薬のよう。私のバラ歴の中では古い部類のバラですが、今また木に力がついてよい花を咲かせるようになりました。

咲き方＊年3回以上／香り◎／日当たり＊1日中／地植え／自立／うどんこ病△／黒点病△〔北海道／佐藤恵里子／12〕

＊コメント　樹勢が強く丈夫。大きく育つので、フェンスやオベリスクにもよい。冷涼地では夏にも繰り返し咲く。ダマスク系の強香。棘は少ない。

フランシーヌ・オースチン

＊Francine Austin
＊ER＊返り咲き

白いポンポンの花が房になって咲く。〔神奈川／小野田輝美／3〕ひらひらと散る様子が、桜を連想させます。〔東京／佐藤まゆみ／6／写真〕太いシュートが5mほど伸びるので植える場所を考えて。〔広島／松本記司子／8〕

おすすめ人数3人
咲き方＊年3回以上3／香り◎1、○1、△1／日当たり＊1日中3 鉢植え1、地植え2／自立2、オベリスク1／うどんこ病◎2、○1、△0、▲0 黒点病◎1、○1、△1、▲0

＊コメント　秋まで繰り返し咲く。淡いムスクの香り。オベリスクやフェンスに。大小の棘。交配親は「アリスター・ステラ・グレー」と「バレリーナ」。

プリンセス・アレキサンドラ・オブ・ケント

＊Princess Alexandra of Kent
＊ER＊四季咲き

花色はモーブとピンクの中間くらいでやや重厚な面もちですが、やがて明るいピンク色を呈し始めます。開花するとぎっしりと花弁を詰めこんだ見事な咲き方に。フルーティーな香り。扱いやすく丈夫です。

咲き方＊年2回／香り○／日当たり＊1日中／地植え／自立／うどんこ病◎／黒点病○〔山口／小川依純／3〕

＊コメント　病気に強く、大輪、強香。繰り返し咲く。しなやかに弓なりに枝が伸びる。冬に強剪定できる。オベリスクに添えてもよい。

ブレドン

＊Bredon
＊ER＊四季咲き

咲き始めはアプリコット色が強く出て、その後アイボリーに変化する品のよい中輪の花。枝先に房咲きになります。樹形は、コンパクトに行儀よくまっすぐに立つタイプ。軽い剪定で毎年よく咲いてくれ、花期も長い。

咲き方＊年3回以上／香り◯／日当たり＊1日中／地植え／自立／うどんこ病△／黒点病△〔北海道／佐藤恵里子／8〕

＊コメント　フルーツ系の強香。日当たりのよい場所で、病気に注意して育てる。コンパクトに育ち、鉢植えに向く。四季咲き性に優れる。

ペガサス

＊Pegasus
＊ER＊返り咲き

樹勢が強く、太い枝を5mほども伸ばします。アプリコットの大輪の花をたくさんつけ、初夏の瑞々しい草花の背景としてよく映えます。落ちついた葉色とオールドローズのような花形は、アンティークな雰囲気に。花首が長くまっすぐなので、切り花にも最適です。

咲き方＊年2回／香り◯／日当たり＊1日中／地植え／背丈以上のフェンス・トレリス／うどんこ病◎／黒点病▲〔広島／松本記司子／9〕

＊コメント　ティーの香り。黒点病には、やや注意だが、旺盛に伸びる。片親は「グラハム・トーマス」。

ヘザー・オースチン

＊Heather Austin
＊ER＊返り咲き

ぽってりと妖艶な雰囲気の花。香りも馥郁としたオールドローズ香。曇り空が似合うバラです。花びらが薄くて柔らかいので、ジャムにするには最適。食感もよく、色もきれいにできあがります。花弁が強い日差しに弱いのでご用心。

咲き方＊年3回以上　香り◎　日当たり＊1日中　鉢植え／オベリスク　うどんこ病◎　黒点病◯〔東京・佐藤まゆみ・12〕

＊コメント　病気に強く、よく伸びる。つるバラとして利用も。棘は少ない。片親は「グラハム・トーマス」。

ベル・ストーリー

＊Belle Story
＊ER＊返り咲き

カップ咲きからロゼット咲きになり、おしみなく蕊をのぞかせる姿が愛らしい。花弁はピンクに薄く黄色が混ざります。冬に樹高1mほどに剪定して育てていますが、春の花後によく伸びる枝があるので8月にも剪定を。花後に実がつきやすいので、花がら摘みはお早めに。

咲き方＊年1回　香り◯　日当たり＊主に午後半日　鉢植え／自立　うどんこ病◎　黒点病◯〔神奈川・小野田輝美・5〕

＊コメント　大輪で、秋にも咲く。病気にも強い。伸ばして、オベリスクやアーチ、フェンスにも利用できる。

ムンステッド・ウッド

＊Munstead Wood
＊ER＊四季咲き

ベルベットのようななめらかな質感。深いクリムゾンレッドと艶やかな葉の対比が非常にきれいです。花の大きさに反比例して枝はしなやかで細く、花の重みでゆるやかなアーチをつくります。強健で、我が家でいちばん育てやすいバラ。

咲き方＊年2回／香り◎／日当たり＊主に午後半日／鉢植え／自立／うどんこ病◎／黒点病◎〔神奈川／浅沼恵子／4〕

＊コメント　ダマスク系の強香。花つきがよく、繰り返しよく咲く。半横張りに育ち、細かい棘がある。花壇や鉢栽培に。

メアリー・マグダリン

＊Mary Magdalene
＊ER＊四季咲き

淡いアプリコット色にほのかなイエローがかかり、グラデーションがきれいです。ボタン・アイも特徴的。〔東京／佐藤まゆみ／9〕樹高は80cmほどとコンパクト。四季咲き性が強く、花後に切り戻すとすぐに蕾が上がる。〔埼玉／本田章子／4／写真〕

おすすめ人数2人
咲き方＊年3回以上2／香り◎2／日当たり＊1日中2／鉢植え2／自立2／うどんこ病◎2、○0、△0、▲0／黒点病◎0、○2、△0、▲0

＊コメント　鉢植えに向く。日当たりのよい場所で育てる。ティーとミルラの香り。花後のシュートはピンチして育て、冬に小枝を残し、浅めに剪定する。

メイヤー・オブ・キャスターブリッジ

＊Mayor of Casterbridge
＊ER＊返り咲き

このバラは中庭のシンボル的存在。棘が多く、竹のように伸びるシュートはさておき、グリーン・アイをのぞかせる淡いピンクのシャローカップ咲きの花はまさに秀麗。広い庭をお持ちの方におすすめです。

咲き方＊年1回／香り◎／日当たり＊1日中／地植え／仕立て方＊その他／うどんこ病◎／黒点病○〔長崎／松本隆司／12〕

＊コメント　丈夫で、生育旺盛。太い枝が上に向かって強く長く伸びる。つるバラのように枝を横に倒して誘引して咲かせてもよい。香りが強い。春一面に咲いたあとはあまり咲かないことが多い。

モーティマー・サックラー

＊Mortimer Sackler
＊ER＊四季咲き

まろやかなピンクの花がアーチにいっせいに咲くと、甘い香りに包まれます。〔埼玉／中村敦子／5／写真〕丈夫さ、上品な花色、花形、香り、花もち、すべてが満点。〔東京／岸野美代子／4〕株元からもたくさん花をつけます。〔鹿児島／中村敬子／3〕

おすすめ人数3人
咲き方＊年3回以上3／香り◎2、○1／日当たり＊1日中2、主に午後半日1／地植え3／背丈以上のフェンス・トレリス1、アーチ1、その他1／うどんこ病◎3、○0、△0、▲0／黒点病◎1、○2、△0、▲0

＊コメント　伸長力があり、つるバラとして利用。ダマスク系の香り。繰り返しよく咲く。

ラジオ・タイムズ

＊Radio Times
＊ER＊四季咲き

ボタン・アイを見せたりクォーター・ロゼットになったりと、表情豊かな花。アプリコットを含んだ輝くようなピンクで咲きだし、徐々に退色する。トレリスに誘引するといっせいに咲きそろう。早咲きで、爽やかな香り。

咲き方＊年3回以上／香り◎／日当たり＊1日中／地植え／背丈以上のフェンス・トレリス／うどんこ病○／黒点病○〔埼玉／本田章子／7〕

＊コメント　強香。花つきがよい。比較的コンパクトに生育する。よく分枝する枝を残して剪定。花壇や鉢植えによい。

リッチフィールド・エンジェル

＊Lichfield Angel
＊ER＊四季咲き

クリームアプリコットの花は、しだいに白くなっていく。房咲きなので、咲き始めの色から変わっていく様子を楽しめる。〔埼玉／本田章子／4／写真〕
横張りぎみに育ち、自然に形よくまとまります。クローブのようなすっきりとした香り。多花性です。〔神奈川／小野田輝美／3〕

おすすめ人数2人
咲き方＊年2回1、3回以上1／香り◎1、○1／日当たり＊1日中1、主に午後半日1／鉢植え1、地植え1／自立2／うどんこ病◎1、○1、△0、▲0／黒点病◎1、○1、△0、▲0

＊コメント　病気にとても強い。横張り性で、枝はしなやか。花壇や鉢植えに。

ルドゥーテ

＊Redouté
＊ER＊返り咲き

シルバーがかった淡いピンクは、華やかさはありませんが素敵な色です。見事に整った花形。つる扱いもできます。〔長野／長島敬子／8／写真〕中ぐらいのカップ咲きで房咲きになる。よく返り咲きます。〔東京／神谷佳江／7〕

おすすめ人数2人
咲き方＊年3回以上2　香り◎2　日当たり＊1日中1、主に午前半日1　地植え2　背丈以下のフェンス・トレリス1、その他1　うどんこ病◎1、○1、△0、▲0　黒点病◎0、○1、△1、▲0

＊コメント　長く枝を伸ばす。細かい棘が多い。つるバラにしてもよし、冬剪定でブッシュ仕立てにも。「メアリー・ローズ」の枝変わり。

レディ・エマ・ハミルトン

＊Lady Emma Hamilton
＊ER＊四季咲き

南国のフルーツをイメージさせる花色と香り。ブロンズ色の葉（左下）との対比が魅力的です。ちなみに右下の葉はスモークツリー。丈夫な四季咲き品種。〔山口／小川依純／3／写真〕曇りの日のほうが映える色合いです。〔北海道／松本徹・恭子／3〕

おすすめ人数2人
咲き方＊年3回以上2　香り◎1、○1、日当たり＊1日中1、主に午前半日1　地植え2／自立2　うどんこ病◎2、○0、△0、▲0　黒点病◎1、○0、△0、▲1

＊コメント　コンパクトに育ち、鉢植えにも向く。繰り返しよく咲く。日照が十分なほうが病気に強い。夏の暑さで生育が一時止まることがある。フルーツの強香。

ロードリー・オベロン

＊Lordly Oberon
＊ER＊返り咲き

遠くからも目立つシルキーピンクは開花が進んでもあまり退色せず、長く楽しめるバラです。オベリスクにからめて5年になりますが、2m半もシュートが伸びることがあり、つるバラとしても利用できると思います。写真は、開花した花と蕾とのバランスが最高のひと枝。

咲き方＊年2回／香り◯／日当たり＊主に午後半日／鉢植え／オベリスク／うどんこ病◎／黒点病◎〔神奈川／浅沼恵子／7〕

＊コメント　直立性でよく枝が伸びる。つるバラとしてもよいし、冬に剪定してもよい。強健。フルーツの強香。

ワイフ・オブ・バス

＊Wife of Bath
＊ER＊四季咲き

華やかな印象のバラで、ミルラの香りもすばらしく、玄関近くに植えています。午後しか日があたりませんが、耐病性は抜群です。じつはこのバラ、イングリッシュローズがまだ日本に出始めの頃、私が生産者の講演会に参加した折、全員に配られました。その自信のほどがうかがえます。

咲き方＊年3回以上／香り◎／日当たり＊主に午後半日／地植え／自立／うどんこ病◎／黒点病△〔鹿児島／中村敬子／13〕

＊コメント　1969年発表。初期のイングリッシュローズ。四季咲き性が強く、鉢植えにも向く。交配親として重要。

ワイルド・エドリック

＊Wild Edric
＊ER＊四季咲き

ハイブリッド・ルゴーサ系のイングリッシュローズ。枝、葉、棘、花、どれをとってもルゴーサの雰囲気で、丈夫です。花弁は少ないけれど存在感のある花は、シックで優雅。若い枝の棘はさわっても痛くありません。地植えにすると巨大化しそうなので鉢植えで育てています。

咲き方＊年2回　香り◎　日当たり＊主に午後半日　鉢植え　自立　うどんこ病◎　黒点病○〔埼玉　中村敦子　5〕

＊コメント　半日の日照でも生育。スパイシーな強香。枝に細かい棘。花壇や鉢植えに。

同じバラでも欧州と日本では育ち方が違う

　バラは、一般に暖地では大きく育ち、寒地では育つのに時間がかかり、暖地よりも小さめになります。

　たとえば、日本ではつるバラとして扱われることが多い「ロココ」はシュラブに分類されています。「ロココ」を北海道で育てている人のアンケートを見ると、確かにつるバラに使えるほどには大きくならないようです。「ロココ」が育種されたドイツの気候は北海道と同じく寒冷な土地なのでうなずけます。「アンジェラ」も日本ではつるバラとして扱われますが、分類はフロリバンダ。これもドイツで育種されました。

　イングリッシュローズも、日本の暖地では本国のイギリスより大きめに育ちます。アンケートを見ると、日本の寒冷地ではイギリスと同じような育ち方や咲き方をするようです。

　同じバラでも気候により育ち方が違うこともあるのですね。　（小竹）

ロココ

＊Rokoko ＊S ＊返り咲き

ひらひらとした花びらと、アプリコットのグラデーションが気に入っています。蕾がくるっとほどけていく様子も美しい。〔群馬／後藤千織／8〕 非常に軽やかな印象の花で、咲きそろうと庭がぱっと明るくなります。耐病性も抜群で、無農薬で育てやすいバラのひとつ。〔東京／梶浦道成／18〕 やさしいアプリコットの花びらと赤い蕊が素敵です。棘が大きく、ベーサル・シュートが太いのが難と言えば難。〔秋田／滝口明子／6〕 1年前の秋に地ぎわで切ってみたところ、勢いのあるシュートが2本2mほど伸びました。〔神奈川／濱田世津子／6〕 桜の木に巻きつけるように誘引しています。木陰なので直射日光がほとんどない環境ですが、元気にシュートを出してくれます。〔東京／寺田直子／7〕
写真大／滝口明子、写真小／梶浦道成

花びらの枚数は少ないのですが、見ごたえがあります。大きなフリルが魅力的。〔神奈川／濱田世津子／6〕

オレンジがかった薄いピンク色の花びらが印象的。波うつ花弁と大きな蕊が美しい。〔東京／寺田直子／7〕

笑顔のように明るいアプリコットピンクのグラデーション。花びらの数は少なく、軽やかな印象。ササグモが獲物を待ちぶせしています。〔東京／梶浦道成／18〕

しばらく鉢で育てて、地植えにしたのは2年前。通路のボーダー花壇に植えているので樹形は低めに抑えてあります。〔福島／越川洋子／6〕

はじめてたくさん咲いてくれました。お天気にも恵まれ、ヒラヒラのフワフワ。〔北海道／松本徹・恭子／3〕

北海道では枝の凍害があるので本州ほど伸びないようですが、3年目は樹勢も旺盛になりました。写真は7月上旬の一番花（最初の開花）です。〔北海道／松本徹・恭子／3〕

おすすめ人数	7人
咲き方	
年に1回	0人
年に2回	4人
年に3回以上	3人
香り	
強い	2人
ほどよい	3人
弱い	2人
日当たり	
1日中	3人
主に午前半日	2人
主に午後半日	1人
その他	1人
育て方	
鉢植え	0人
地植え	7人
仕立て方	
壁面	1人
背丈以上のフェンス・トレリス	2人
背丈以下のフェンス・トレリス	2人
その他	2人
うどんこ病	
全く出ない	6人
あまり出ない	1人
やや出る	0人
よく出る	0人
黒点病	
全く出ない	1人
あまり出ない	4人
やや出る	2人
よく出る	0人

*コメント

おすすめ人数第8位グループ。大きな房になって咲き、花期が長い。返り咲き性もよい。甘い香り。ベーサル・シュートが太く枝も堅い。大きな棘がある。寒い地方では大きく伸びずシュラブ樹形になる。樹勢が強く、強剪定に耐え、明るい日陰でも生育する。耐寒、耐暑性にも優れる。ドイツのタンタウのバラ。

淡雪

＊Awayuki
＊S＊四季咲き

一重の白い小さい花が房状に咲きます。肌色がかった蕾も可愛らしい。秋には小さく丸いローズ・ヒップも楽しめます。〔長崎／松本隆司／8〕低く横に伸びて広がります。ほのかに色づく蕾と清楚な白い花色。〔長野／小松幸子／12／写真〕

おすすめ人数2人
咲き方＊年1回1、2回1／香り◎1、△1／日当たり＊主に午前半日1、主に午後半日1／地植え2／壁前1、背丈以下のフェンス・トレリス1／うどんこ病◎2、○0、△0、▲0／黒点病◎1、○1、△0、▲0

＊コメント　病気にたいへん強い。半日の日照で生育。フェンスやオベリスクに。冬に短く切っても咲く。

バラは自由に仕立てよう

　この本では、バラの樹高や広がりが一般的に何メートルぐらいになるかについては、あえて記載しませんでした。それは、バラは自由に仕立てられると考えたからです。

　もともと小さなバラは大きく伸ばせませんが、大きく伸びるバラを剪定で小さく仕立てることは可能です。

　バラは剪定と誘引で仕立てます。冬に短く切り詰めると花数は少なくなる代わりに立派な花が咲きます。冬に枝を横に倒すとそれぞれの葉のつけ根にある花芽が動いて、花数をふやすことができます。また枝数をふやすように切り戻しながら育てても、花数をふやすことができます。

　半つる性に伸びるバラの中で四季咲き性のよいものは、特に自由に仕立てることができます。写真やアンケートにある仕立て方の情報が、バラ庭づくりの参考になるといいなと思います。

（小竹）

ゴールデン・ウィングス

＊Golden Wings
＊S＊四季咲き

柔らかな黄色の一重の中に金色と赤色の蕊が美しい。「黄金の翼」の名のように、ふわっと輝くような美しさがあります。蕾はタイトで開けばふんわり、それは天使の翼のようにも思えてきます。葉は照り葉ではなくスモーキーなグリーンで、このバラをより軽やかに見せています。

咲き方＊年3回以上／香り△／日当たり＊1日中／鉢植え／自立／うどんこ病◎／黒点病○〔福島　中村良美　7〕

＊コメント　大輪。枝は横に張るように長く伸びる。小さめのつるバラとして利用できる。病気に強い。

サハラ '98

＊Sahara'98
＊S＊返り咲き

濃い黄色とオレンジとピンクが混ざる表情豊かな花に一目惚れ。丸弁の平咲きで8cmほどの花はボリュームがあります。樹勢が旺盛で、花つきもよく、玄関わきで楽しませてくれています。樹高は3mほどになるので、のびのびと育てたいものです。

咲き方＊年2回／香り△／日当たり＊主に午後半日／地植え／壁面／うどんこ病○／黒点病△〔千葉　藤本由紀子　4〕

＊コメント　つるバラとして利用。花弁は黄色からオレンジ、ピンクに変化。花もちがよい。強健。

シー・フォーム

*Sea Foam
*S*四季咲き

無数の白い花がふわっと咲く。枝は長く伸びますが、剪定でコンパクトにも。〔東京／関口朋子／9〕小さな花のわりに、枝はしっかり。〔東京／大野紀子／4／写真〕石壁の上から枝垂れさせています。〔長野／長島敬子／4〕

おすすめ人数3人
咲き方*年1回1、2回1、3回以上1／香り◯1、△2／日当たり*1日中1、主に午前半日2／地植え3／自立2、背丈以下のフェンス・トレリス1／うどんこ病◎3、◯0、△0、▲0／黒点病◎1、◯1、△1、▲0

*コメント 病気に強い。弱香。日当たりがよいと繰り返し咲く。枝は這うように伸び、小さめのつるバラとしてフェンスやオベリスクにもよい。

ダム・ドゥ・シュノンソー

*Dames de Chenonceau
*S*四季咲き

小さめの蕾が開くと、驚くほどの大輪の花が。たくさん並んだ花弁は、サーモンピンクから徐々に淡くなっていく。ブッシュ状に育つが、シュートの伸びがいいのでアーチやフェンスにも向く。柑橘系の強い香りにムスクのような香りが少し混じる。

咲き方*年2回／香り◎／日当たり*1日中／地植え／アーチ／うどんこ病◯／黒点病◯〔埼玉／本田章子／3〕

*コメント 病気に強く旺盛に伸び、強香。花名は、フランス、ロワール河畔「シュノンソー城の貴婦人」の意味。

チャイコフスキー

＊Tchaikovski
＊S＊四季咲き

チャイコフスキーのピアノ曲が好きなので、どんなバラだかわからないまま購入。ぐんぐん大きくなり困りましたが、2年目の冬に思いきって短く剪定したら形よくまとまりました。咲き始めは端整な剣弁咲きで、咲くとロゼット咲き。花つきはよく、豪華な雰囲気。香りもよい。

咲き方＊年2回　香り◎　日当たり＊主に午前半日　地植え　自立　うどんこ病◎　黒点病△〔神奈川　野村美穂子　6〕

＊コメント　大輪で房咲きになる。旺盛に伸びるが、冬に強剪定すると木立状にできる。樹形などからシュラブとしたが、『Modern Roses 12』ではハイブリッド・ティーから派生した系統であるグランディ・フローラ（Gr）に分類されている。

ディスタント・ドラムス

＊Distant Drums
＊S＊四季咲き

萌黄色のまわりをたそがれたピンクの花弁が取り巻きます。よく香り、花期も長く、夏も次々咲いてくれます。〔愛媛／近藤美鈴／3／写真〕枝は直立に伸びて場所をとりません。大きな棘が枝にびっしりとあります。〔神奈川／濱田世津子／3〕

おすすめ人数2人
咲き方＊年3回以上2　香り○2　日当たり＊1日中1、主に午後半日1　鉢植え2　自立2　うどんこ病◎1、○1、△0、▲0　黒点病◎0、○1、△1、▲0

＊コメント　繰り返しよく咲く。鉢植えにも向く。生育旺盛。耐寒性、耐病性がある。冬剪定で木立状にできる。ミルラの香り。

ノック・アウト

＊Knock Out
＊S＊四季咲き

半八重咲きの横張り性です。ほんとうに病気知らずで元気そのものです。シンプルな花弁が新鮮です。次々蕾を抱いて絶え間なく咲き続けます。

咲き方＊年3回以上／香り○／日当たり＊1日中／鉢植え／自立／うどんこ病◎／黒点病◎〔愛媛／近藤美鈴　4〕

＊コメント　耐病性に力を入れた「ノック・アウト」シリーズの中のひとつ。「ピンク・ノック・アウト」や「ブラッシング・ノック・アウト」が出されている。

ピンク・パレード

＊Pink Parade
＊S＊四季咲き

咲き始めは花弁の外側がサーモンピンクで、咲き進むにつれてだんだんと薄く変化します。つるバラ、カクテルの枝変わりだそうですが、鉢植えで、短く剪定してコンパクトに育てています。病気もせず、とても元気です。

咲き方＊年3回以上／香り○／日当たり＊1日中／鉢植え／背丈以上のフェンス・トレリス／うどんこ病◎／黒点病◎〔福島／越川洋子　6〕

＊コメント　病気に強く、よく咲く。フェンスやトレリス、アーチによい。棘はほとんどなく、誘引しやすい。

ブラッシング・ノック・アウト

＊Blushing Knock Out
＊S＊四季咲き

薄い花びらで軽やかに咲きます。一重に近い印象の半八重中輪花。繰り返しよく咲きます。葉は濃い緑で滑らか。〔長野／長島敬子／4／写真〕可愛い色合いで花つきがとてもよく、庭を華やかに飾ってくれます。〔千葉／柏木恭子／4〕

おすすめ人数2人
咲き方＊年2回1、3回以上1／香り◎1、△1／日当たり＊1日中1、主に午前半日1
地植え2／自立1、壁面1／うどんこ病◎2、○0、△0、▲0／黒点病◎1、○1、△0、▲0

＊コメント　たいへん強健で、枝数が多く、よく広がって伸びる。「ノック・アウト」の枝変わり。

フランス・アンフォ

＊France Info
＊S＊四季咲き

鮮やかなレモンイエローの花びら。フルーツの香りが庭に満ちます。西日にも負けません。金運がつくかしらと期待してしまいます。

咲き方＊年2回／香り◎／日当たり＊1日中／地植え／自立／うどんこ病○／黒点病△〔愛媛／近藤美鈴／4〕

＊コメント　コンパクトで強香。鉢植えにも向く。黒点病には、やや注意。花名は、「フランスの情報」という意味。フランス初の24時間ラジオ番組の15周年記念に命名。

ブルー・ボーイ

＊Blue Boy
＊S＊四季咲き

ラヴェンダーピンクの花は多花性で、シーズン中はほんのりと甘い香りに包まれます。最初の1～2年は生長もゆっくりで、「いつか引っこ抜くかも」と思っていましたが、3年目からは順調に咲くようになり、今ではすっかりお気に入りのバラのひとつです。

咲き方＊年3回以上／香り◯／日当たり＊明るい日陰／地植え／自立／うどんこ病◯／黒点病◯〔埼玉／本田章子／6〕

＊コメント　中輪多花性。たいへん丈夫で繰り返し咲く。細めの枝がよく茂る。冬に大きめの木立状に剪定できる。

マイ・グラニー

＊My Granny
＊S＊四季咲き

ザ・フェアリーの交配種で、ピュアピンクの7cmほどの花がたくさん咲きます。完全に開ききる前の、くるくるっとした感じがとても可愛く、ひとつひとつの花は見ごたえがあります。枝が横に伸びるので、内芽で剪定して支柱を添えています。

咲き方＊年3回以上／香り△／日当たり＊1日中／鉢植え／自立／うどんこ病◎／黒点病◯〔東京／佐藤まゆみ／3〕

＊コメント　中輪多花性。繰り返しよく咲く。丈夫で、病気にも強い。弱香。鉢植えや花壇に向く。

ラヴェンダー・ドリーム

＊Lavender Dream
＊S＊四季咲き

濃いピンクの小さな蕾が咲き進むとラヴェンダー色に変化。小花ながら庭の挿し色に。〔東京／岸野美代子／10／写真〕 まだ小さな蕾だと思っていると、次の日には咲いてびっくり。次々と秋まで咲き続けます。〔新潟／石和田英理子／6〕

おすすめ人数2人
咲き方＊年3回以上2／香り△2／日当たり＊1日中1、明るい日陰1／地植え2／背丈以上のフェンス・トレリス1、オベリスク1／うどんこ病◎0、○2、△0、▲0／黒点病◎0、○0、△2、▲0

＊コメント　明るい日陰でも生育。フェンスやトレリスなどに誘引。冬に強めに剪定しても咲く。

ラプソディ・イン・ブルー

＊Rhapsody in Blue
＊S＊四季咲き

独特の色のバラは、半八重の平咲きで、房咲きです。夏の暑さで枝が黄色く枯れ込んでしまいましたが、10月頃に勢いのあるシュートが2本伸び、春にはたくさんの花を咲かせて復活。暑さに弱いのかもしれません。蕊が黄色で、紫色をひときわ引き立てています。

咲き方＊年2回／香り○／日当たり＊主に午前半日／地植え／自立／うどんこ病○／黒点病○〔神奈川／濱田世津子／3〕

＊コメント　枝を伸ばせば、小型のつるバラとしても利用できるが、強く剪定してコンパクトにもできる。鉢にも向く。花は日陰に置くと美しい。

ロージー・カーペット

＊Rosy Carpet
＊S＊四季咲き

愛らしい一重の花が房になって咲きます。咲き始めは5月の末と遅めですが、夏の間も咲き続け、そのまま秋の開花へと続きます。肥料もいらず、自分の枝で自分を支えて大きくなります。

咲き方＊年3回以上／香り○／日当たり＊主に午後半日／鉢植え／自立／うどんこ病◎／黒点病○〔愛媛／近藤美鈴／10〕

＊コメント　花つき、花もちがよい。横に広がるように枝が伸びる。強健。小さめのつるバラとしても利用できる。晩秋まで咲く。

無農薬。植えて3年は、辛抱する

アンケートを見ると、植えて3年くらいして、バラの調子がよくなった、病気にかかりにくくなった、という意見が少なからずありました。バラの根がしっかりと張り、成木になるまで、それくらいはかかるということなのでしょう。

また、無農薬の環境に株が慣れて、菌のバランスが整い、耐病性がついてくるのかもしれません。

経験的に、手に入れたばかりの大苗は、うどんこ病にかかりやすいものです。

手に入れた苗がうどんこ病にかかってしまったからといってあきらめずに、3年くらいはじっくりと育ててみてください。丈夫な品種なら、きっと年々よく咲くようになり、病気の心配も少なくなっていくと思います。

（小竹）

おすすめ人数	2人
咲き方	
年に2回	1人
年に3回以上	1人
香り	
強い	2人
日当たり	
1日中	1人
主に午後半日	1人
育て方	
地植え	2人
仕立て方	
自立	1人
オベリスク	1人
うどんこ病	
全く出ない	2人
あまり出ない	0人
やや出る	0人
よく出る	0人
黒点病	
全く出ない	0人
あまり出ない	1人
やや出る	1人
よく出る	0人

＊コメント
フルーツの強香。繰り返しよく咲く。病気に強い。しなやかな枝がよく伸びる。オベリスクやアーチなどに利用。強剪定で樹高をコントロールもできる。

ソニア・リキエル

＊Sonia Rykiel ＊S（ギョー） ＊四季咲き

色づく蕾は、おいしそうなサーモンピンク色。咲き始めると、内側がほんのりとアプリコットがかったピンク色に。形もディープカップからロゼット咲きへと変化します。開いていく瞬間を、巻きがゆるんでいく過程を、ずっと見ていたくなるバラです。横張りのしなやかな枝先に咲くので、できれば自由にさせておいてあげたいのですが、折れてはかわいそうなので支柱にひもで固定しています。〔山口／小川依純／6〕 オベリスクにゆるく巻いて仕立てるのに向いています。〔長崎／松本隆司／4〕

写真大／小川依純、写真小／松本隆司

ヴェルシーニ

*Versigny
*S（ギヨー）　*四季咲き

蕾の時から発光しているような明度の高いオレンジ色で、遠くからでもよく目立ちます。花の内側の濃いオレンジ色が鮮やかです。蕾が開花するまで、そして開花してから散るまでも、非常に時間をかけて長もちのするバラで、色も美しさも衰えません。高品質なバラ。

咲き方*年3回以上　香り◯　日当たり*1日中／地植え／アーチ　うどんこ病／黒点病◯〔北海道　佐藤恵里子／3〕

*コメント　繰り返し咲き、樹勢も強い。フルーツの強香。アーチやトレリスに添えて。強剪定で樹高をコントロールもできる。

ビサンテネール・ドゥ・ギヨー

*Bicentenaire de Guillot
*S（ギヨー）　*返り咲き

紫が強めなクリムゾンレッドの花は、咲き進むときれいなロゼット咲きになり、存在感は抜群です。日があたりすぎると色が浅くなるので、半日陰で咲かせたほうが花色は美しく保てます。しっかりとした花型で咲いてからの花もちも良好。育てやすい強健な品種です。

咲き方*年2回　香り◎　日当たり*1日中／鉢植え／自立　うどんこ病◎　黒点病◎〔福島　中村良美／3〕

*コメント　よく伸びるので、小さめのつるバラとしても。大輪の花が房咲きになる。

フローランス・ドゥラートル

＊Florence Delattre
＊S（ギヨー）　＊返り咲き

ライラック色のロゼット咲きで花つきもよく、咲き進んだ時のくすんだ色合いが絶妙。〔長崎／松本隆司／3〕内側がクリームイエローの上品なグラデーション。次々と蕾がつくので、摘蕾しないと花が小さくなります。〔山口／小川依純／4／写真〕

おすすめ人数2人
咲き方＊年2回2、香り◎1、△1　日当たり＊1日中2、地植え2、自立1、背丈以下のフェンス・トレリス1　うどんこ病◎2、○0、△0、▲0　黒点病◎0、○2、△0、▲0

＊コメント　丈夫で、房咲きになり、花つきがよい。伸ばしてトレリスなどに誘引しても。

ポール・ボキューズ

＊Paul Bocuse
＊S（ギヨー）　＊四季咲き

サーモンピンクの花は、中心にアプリコットを含み華やか。房になって咲くので、おおらかに仕立てて遠くから見えるようにすると見映えがします。葉も花弁も強い。シュートがよく出るので、思いきった株の更新ができます。

咲き方＊年3回以上　香り◎　日当たり＊1日中　地植え　アーチ　うどんこ病◎　黒点病○〔埼玉／本田章子／3〕

＊コメント　強健。枝がよく伸び、アーチやフェンスに誘引できる。香りが強く、繰り返し咲く。花名は、フランスの有名なシェフの名から。

ラウプリッター

＊Raubritter ＊S（コルデス） ＊一季咲き

深いカップ咲きのころころっとした花は、1枚1枚がハート型をしています。一季咲きですが、花もちは抜群。植えて数年はうどんこ病がよく出ましたが、気になりませんでした。〔神奈川／荒井希味子／7〕やや遅咲きのバラ。ころりと丸く愛らしい形は雨にも強く、最後まで房咲きで咲く。門の塀にもたれさせるように誘引している。〔東京／岸野美代子／9〕ひとつの花が1週間は楽しめるほど花もちがよい。細くよく伸びる茎は、つるのようにも扱える。小さく鋭い棘が多い。〔長野／長島敬子／6〕

おすすめ人数	4人
咲き方	
年に1回	4人
香り	
ほどよい	2人
弱い	2人
日当たり	
1日中	2人
主に午前半日	1人
主に午後半日	1人

育て方	
鉢植え	2人
地植え	2人
仕立て方	
自立	1人
オベリスク	3人
うどんこ病	
全く出ない	2人
あまり出ない	1人
やや出る	1人
よく出る	0人

黒点病	
全く出ない	0人
あまり出ない	0人
やや出る	3人
よく出る	1人

＊コメント
花もちがよい。うどんこ病が出ることがあるが、年数がたつと出にくくなる。黒点病はやや出る。枝は細く長く伸び、低めのフェンスやオベリスクなどに誘引して咲かせる。半日の日差しでも生育。

写真大／長島敬子、写真小／岸野美代子

アルヒミスト

＊Alchymist
＊S（コルデス） ＊一季咲き

ドイツ語で「錬金術師」の意味。黄色がかった淡いオレンジが咲き進むとサーモンピンクを帯び、微妙な変化を楽しめる。〔長崎／松本隆司／8／写真〕毎年よく伸びてよく咲きます。枝の節ごとに蕾が上がります。〔東京／佐藤まゆみ／9〕

おすすめ人数2人
咲き方＊年1回2／香り◎1、△1／日当たり＊1日中1、主に午前半日1／鉢植え1、地植え1／背丈以上のフェンス・トレリス2／うどんこ病◎2、○0、△0、▲0／黒点病◎0、○1、△1、▲0

＊コメント　旺盛で、つるバラとして、壁面やフェンスに利用できる。強健で、半日の日照でも生育。

グラウス

＊Grouse
＊S（コルデス） ＊一季咲き

蕾の濃いピンクから咲き終わりの白へのグラデーションが魅力的。葉が隠れるほどいっせいに咲きます。横によくつるを伸ばし、地についたところで根を出すほどの強健で、今では10株くらいにふえています。まれに返り咲くことも。小さなオレンジ色のヒップ。

咲き方＊年1回／香り△／日当たり＊1日中／地植え／壁面／うどんこ病◎／黒点病◎〔長野／長島敬子／10〕

＊コメント　病虫害にとても強い。弱香。旺盛に這うように伸び広がる。壁面など広い場所を覆うのに適する。

セリーズ・ブーケ

＊Cerise Bouquet
＊S（コルデス） ＊一季咲き

細い枝先に、ローズピンクの花が自由奔放に枝垂れて咲く様子が魅力的。花びらのつき方も複雑で独特です。シュートも奔放に伸びて誘引には手を焼きますが、それ以上に愛すべき個性をもっています。小さな丸い蕾と葉も、愛らしいバラです。

咲き方＊年1回／香り△／日当たり＊明るい日陰／地植え／背丈以上のフェンス・トレリス／うどんこ病◎／黒点病◎〔東京／久保田正子／3〕

＊コメント　病気に強く、明るい日陰でも生育。奔放に枝を伸ばす。フェンスやトレリスに誘引。香りは淡い。

ローゼンドルフ・シュパリースホープ

＊Rosendorf Sparrieshoop
＊S（コルデス） ＊四季咲き

花もちがよく雨に強いので、開花時期が遅くても庭ではありがたい存在です。透明感のあるピンク色のゆるく波うつ花弁が、しなやかなステムに自重でうつむき、風に揺れると優雅さが漂います。枝はごつごつしていますが、この花のよさは損ないません。

咲き方＊年1回／香り△／日当たり＊明るい日陰／地植え／背丈以上のフェンス・トレリス／うどんこ病◎／黒点病◎〔東京／丸山育子／12〕

＊コメント　強健で、明るい日陰にも耐える。枝がよく伸び、つるバラとしてフェンスなどに誘引。病気に強い。耐暑性に優れる。

オリヴィエ・ローランジェ

＊Olivier Roellinger
＊S（デルバール） ＊四季咲き

ピンク色に縁どられ、中心は黄色に。華やかな花です。丈夫で生育旺盛なので、つるバラとして仕立てたこともありますが、今は冬に低く剪定して咲かせています。絞り模様の花は雨にも強く、香りもよい。

咲き方＊年3回以上　香り◎　日当たり＊主に午前半日　地植え　自立　うどんこ病◎　黒点病○〔埼玉　中村敦子　4〕

＊コメント　病気に強く旺盛に育つ。セミダブルだが、大輪で豪華な花。繰り返しよく咲く。花名は、フランスの有名なシェフの名から。

ジャルダン・ドゥ・レソンヌ

＊Jardins de l'Essonne
＊S（デルバール） ＊四季咲き

アイボリークリームの花色が大変お気に入りです。写真のように少しだけ開いた瞬間がたまらなく魅力的。香りもよく、花つきもよいほうです。光沢のある緑葉で虫害に強く、育てるのが楽しみなバラです。やさしくて強いバラだと思います。

咲き方＊年3回以上　香り◎　日当たり＊明るい日陰　地植え　アーチ　うどんこ病◎　黒点病○〔神奈川　市川繁美　3〕

＊コメント　大輪で房咲きになる。小さめのつるバラとしても。明るい日陰でも生育。花名は、パリ近郊の名庭園から。

ポール・セザンヌ

＊Paul Cézanne
＊S（デルバール） ＊四季咲き

開ききるまでのぷっくりとした形が印象的。株がしっかりしてくると、蕾の数が違います。花も12cmほどに大きく咲くようになりました。〔神奈川／濱田世津子／3〕 病気知らずで、切り花にしても長くもちます。〔愛媛／近藤美鈴／3／写真〕

おすすめ人数2人
咲き方＊年2回1、年3回以上1／香り◎1、○1／日当たり＊1日中1、主に午前半日1／鉢植え1、地植え1／自立2／うどんこ病◎1、○1、△0、▲0／黒点病◎0、○1、△1、▲0

＊コメント 病気に強く、多花性。大輪で香りが強い。コンパクトにしたい場合、冬に剪定で樹形を整える。

マダム・フィガロ

＊Mme. Figaro
＊S（デルバール） ＊四季咲き

花びらはしっかりしていて花もちがよい。木立の樹形で、伸びた枝の先にいくつもの蕾がついて房咲きになります。〔東京／佐藤まゆみ／4／写真〕 棘が少なく、コンパクトに咲かせることができる。〔東京／神谷佳江／3〕

おすすめ人数2人
咲き方＊年2回1、年3回以上1／香り○2／日当たり＊1日中2／鉢植え1、地植え1／自立2／うどんこ病◎1、○0、△1、▲0／黒点病◎0、○2、△0、▲0

＊コメント 枝はよく伸びるが、木立状に冬に強めに剪定し、樹高をコントロールすることもできる。

ローズ・デ・キャトル・ヴァン

＊Rose des 4 vents
＊S（デルバール） ＊四季咲き

深い赤の華やかな大輪のバラです。香りもすばらしいので、開花したら一番目立つ場所に鉢を移動して楽しんでいます。花つきがあまりよくないという話も聞きますが、鹿児島の暑さに負けず元気に育ってくれています。

咲き方＊年2回 香り◎ 日当たり＊1日中 鉢植え 自立 うどんこ病◎ 黒点病△ 〔鹿児島 中村敬子 3〕
＊コメント 大輪だが比較的コンパクトに育つ。強香。暑さにも強い。

オーガニック・ローズは、より香り高く

　バラの魅力は、その香りにあるといっても過言ではないでしょう。香りの強さをバラを選ぶ目安にされる方も多いと思います。アンケートの回答を見ても、香りが「強い」「ほどよい」と答えているのは全体の77.1％と高い値でした。

　さらにアンケートのコメントを読みこんでいくうちに、一輪一輪の香りは淡いけれど、多花性で集合体として強く香るバラもあることを知らされました。また、オーガニック栽培だと、バラの生命力が高まるのか、香りが強くなるようです。

　バラが強く香るのは、夜が明けたばかりの早朝。また晩秋の誰もいない静かな庭のバラも強く香ります。そんな折に庭に立つと、全身にバラの香りが満ちてこの上なく幸せな気持ちになります。自宅のオーガニック・ローズ・ガーデンだからこそ、味わえる楽しみですね。　（小竹）

ジャクリーヌ・デュ・プレ

✼Jacqueline du Pré ✼S（ハークネス） ✼四季咲き

純白のセミダブルの花に赤い蕊がほかにはない美しさ。内側の花弁が少し乱れてチャーミングです。幹は意外と太く、生育は旺盛。忘れた頃に蕾がつき、秋までよく咲きます。〔神奈川／小野田輝美／6〕庭に訪れる人たちに一番人気のバラ。満開時にはあふれんばかりの花を株いっぱいに咲かせます。〔北海道／佐藤恵里子／10〕天才チェリストの名にちなんだバラ。視力が衰えた彼女が選んだ香りは、とても濃厚です。コガネムシの被害にあいやすいので注意しています。〔神奈川／徳山さゆり／3〕

おすすめ人数	3人	主に午後半日	1人	よく出る	0人
咲き方		育て方		黒点病	
年に2回	1人	鉢植え	2人	全く出ない	0人
年に3回以上	2人	地植え	1人	あまり出ない	1人
香り		仕立て方		やや出る	2人
強い	1人	自立	2人	よく出る	0人
ほどよい	2人	アーチ	1人		
日当たり		うどんこ病			
1日中	1人	全く出ない	1人		
主に午前半日	1人	あまり出ない	0人		
		やや出る	2人		

✼コメント

うどんこ病や黒点病がやや出ることがあるが、旺盛に育つ。半日の日照で生育。秋まで繰り返しよく咲く。小さめのつるバラとして、アーチやフェンス、オベリスクなどにからめてもよい。

写真大／徳山さゆり、写真小／佐藤恵里子

カーディナル・ヒューム

＊Cardinal Hume
＊S（ハークネス） ＊返り咲き

しっかりとした花弁、少なめの八重、内側が少し濃い黒赤の中輪房咲き。開くと赤い花びらの中心に、黄色の蕊が目立ちます。横に長く枝を伸ばすので、誘引してつるのように仕立てることもできます。庭にあって非常に目を引く、中輪の赤花としておすすめです。

咲き方＊年2回　香り△　日当たり＊主に午後半日　鉢植え　自立　うどんこ病◎　黒点病△〔長野　長島敬子／4〕

＊コメント　弱香。半日の日照でも生育。黒点病には注意。しなやかに下垂しながら横に伸びるつるは誘引しやすい。

アルバ・メイディランド

＊Alba Meidiland
＊S（メイアン） ＊四季咲き

白い小さな花がブドウの房のように咲きます。花が終わったあともナチュラルな枝と葉がきれい。〔神奈川／槐佳世子／3／写真〕遅咲きですが、晩秋までよく咲きます。とても丈夫です。〔神奈川／徳山さゆり／3〕

おすすめ人数2人
咲き方＊年3回以上2　香り△2　日当たり＊主に午後半日1、明るい日陰1　鉢植え1、地植え1　壁面1、その他1　うどんこ病◎1、○1、△0、▲0　黒点病◎0、○2、△0、▲0

＊コメント　明るい日陰でも生育。這うようによく伸びる枝は細く、誘引しやすい。つるバラとして、フェンスや壁面などによい。たいへん病気に強く、繰り返し咲く。弱香。

パール・メイディランド

＊Pearl Meidiland
＊S（メイアン）＊返り咲き

すんなりと伸びたステムに小さい花がいくつも咲き、その咲き方に魅せられて植えたバラ。〔長崎／松本隆司／7〕木製アーチからバラのシャワーを浴びるようなシーンをつくりたかったので選びました。〔北海道／佐藤恵里子／9／写真〕

おすすめ人数2人
咲き方＊年2回2／香り△2／日当たり＊1日中2／地植え2／背丈以下のフェンス・トレリス1、アーチ1／うどんこ病◎1、○0、△1、▲0／黒点病◎0、○1、△1、▲0

＊コメント　丈夫でよく伸び、返り咲きもする。アーチやフェンスに。弱香。

ピンク・サクリーナ

＊Pink Sakurina
＊S（メイアン）＊四季咲き

桜のような一重の花びらが、幾重にも重なるように房で咲きます。春はたくさんの花を咲かせてくれます。ビワの木のわきに植えてあるので日陰になりがちですが、枝を伸ばしてたくましく育っています。病虫害にはほとんどあいません。

咲き方＊年2回／香り○／日当たり＊1日中／地植え／オベリスク／うどんこ病◎／黒点病◎〔神奈川／市川繁美／4〕

＊コメント　黒点病に強い。伸ばして小さめのつるバラのようにしてもよいが、剪定でコンパクトにし、鉢植えにも。房咲きになり、桜のように花弁がはらりと散る。繰り返し咲く。

ホワイト・メイディランド

*White Meidiland
*S（メイアン）*四季咲き

濃い緑の照り葉に真っ白な花が映えて清潔な印象。厚めの花びらでしっかりとした花が、房咲きになります。晩秋の花は少しだけピンクが入って、それはそれでなかなか素敵。強い枝を横に伸ばします。

咲き方＊年3回以上　香り△　日当たり＊1日中　地植え　自立　うどんこ病◎　黒点病△〔長野　長島敬子　5〕

＊コメント　強健で、這うようによく枝が伸びる。小さめのつるバラとして利用。繰り返し咲く。弱香。耐暑性がある。

育種の方向性は、「耐病性有り」があたりまえになりつつある

　最近のバラの育種の傾向として、姿・色・香りとともに、耐病性が条件のひとつとなってきているようです。

　たとえば、この本でも紹介しているイングリッシュローズ、デルバール、メイアン、コルデスなどのバラには、近年作出されたものも多く含まれていますが、どれも耐病性が高く、旺盛に育ち、無農薬でも育てやすいものばかりです。ヨーロッパでは、特に環境に対する意識が高いのかもしれません。

　バラは農薬散布があたりまえというより、無農薬でも十分楽しめるという時代が、すぐそこまで来ているように感じています。

　美しく、香りがあり、しかも育てやすいとくれば、バラはきっとさらに多くの人たちに愛され、栽培も広まっていくことでしょう。

（小竹）

コーネリア

＊Cornelia ＊HMsk ＊四季咲き

香りもよく、四季咲き性も高く、申し分のないバラ。半日陰にも耐えて、秋の花色も格別です。ただ、花がらが自然に落ちないので、こまめに花がら摘みを。〔東京／小竹幸子／16〕無農薬でも育てられる強健種と聞いて育てはじめました。ポンポン咲きから黄金色の蕊がのぞき、虫たちにも人気です。〔神奈川／小野田輝美／12〕可愛らしい小花をたくさんつけます。太陽をいっぱい浴びせて地植えで育てたいバラです。〔神奈川／鞍 雅子／3〕生け垣の内側に地植えしています。4年目の今年（2011年）は花数がずいぶんとふえました。〔神奈川／野村美穂子／4〕アーチに高くからめています。年々丈夫になっていくように思います。〔神奈川／市川繁美／4〕

写真大／大石 忍、写真小／本田章子

濃い色の蕾が可愛らしいバラ。秋の色はさらにこっくりと濃い色になり見惚れてしまいます。枝も柔らかく棘もあまりありません。〔神奈川／大石 忍／10〕

アプリコットの蕾からだんだんピンクになり最後は薄ピンクになって房咲きになる、しなやかで丈夫なバラ。やさしい香りが庭一面に漂う。〔東京／岸野美代子／10〕

蕾、蕾、蕾。ここ数年、不思議とバラゾウムシがつきにくくなってきた。〔東京／小竹幸子／16〕

鉢植えでショート・クライマーに仕立てておき、ウッドフェンスなどに添わせて好みのシーンをつくって楽しんでいます。〔北海道／佐藤恵里子／3〕

アーチに誘引しています。幹は太くなっていきますが、枝はしなやかなので仕立てやすい品種です。たいへんよく咲いてくれます。〔奈良／佐藤妙子／9〕

270×130cmの大きな出窓を囲むように誘引。いつもハートの形を意識して花のイメージを壊さないよう可愛らしく仕立てている。〔東京／岸野美代子／10〕

おすすめ人数	10人
咲き方	
年に1回	0人
年に2回	3人
年に3回以上	7人
香り	
強い	5人
ほどよい	4人
弱い	1人
日当たり	
1日中	4人
主に午前半日	2人
主に午後半日	3人
明るい日陰	1人
育て方	
鉢植え	3人
地植え	7人
仕立て方	
自立	3人
背丈以上のフェンス・トレリス	2人
背丈以下のフェンス・トレリス	1人
アーチ	2人
その他	2人
うどんこ病	
全く出ない	7人
あまり出ない	3人
やや出る	0人
よく出る	0人
黒点病	
全く出ない	1人
あまり出ない	6人
やや出る	2人
よく出る	1人

＊コメント
おすすめ人数第5位グループ。香りが強い。繰り返しよく咲く。花色にグラデーションがあり、秋の花色は格別美しい。花は自然に落ちないのでこまめに花がら摘みが必要。花粉を目当てにヒラタアブが花にたくさん寄って来る。半日の日照や明るい日陰でも生育。樹が太くなるので、テッポウムシが入りやすい。うどんこ病に強く、黒点病もあまり出ない人が多い。

バフ・ビューティ

*Buff Beauty *HMsk *四季咲き

バフイエローとアプリコットが混じったやさしいバラ。鉢植えながら10年も丈夫に育っています。春の色はイエローが強いようです。〔神奈川／浅沼恵子／10〕落ちついたトーンの黄色とゆるやかに波うつ花びらが優雅なバラ。香りもよく、育てる満足感を感じます。枝が堅めで、ステムも長めに伸びるので、その点を考慮して植える場所の選定を。〔神奈川／大石 忍／10〕花もよく咲き、花もちもよく、香りもあり、育てやすい。日陰に植えたのに、自ら太陽を求めてどんどんと伸びました。〔東京／神谷佳江／3〕明るい日陰から午前中のみ日があたる場所に移植しました。その翌年から花数もふえ、太陽の大切さを実感したバラです。〔東京／久保田正子／5〕

写真／浅沼恵子

文字通りバフ色（黄色がかったくすんだ褐色）が美しい。咲き進むとまわりからますます淡くなっていきます。〔長野県／長島敬子／5〕

濃い黄色の蕾から、咲き進むにつれて白っぽく。色と形のグラデーションがこのバラの魅力のひとつ。〔神奈川／大石 忍／10〕

うつむいて咲くやさしい表情。花弁の重なり具合が魅力的です。〔福島／越川洋子／5〕

まったくの木陰から這い出すように枝を伸ばして蕾をつけました。花色の微妙な変化がとてもきれい。〔神奈川／市川繁美／6〕

横張り性の枝です。日当たりのよい所に移植したので、これからどんどん花数がふえることを期待しています。〔東京／久保田正子／5〕

アプリコットイエローの花は、房でたわわに咲く。甘い香りがあたりに漂う。退色していく様子も美しい。〔埼玉／本田章子／4〕

おすすめ人数 9人

咲き方
年に1回 ……… 2人
年に2回 ……… 6人
年に3回以上 … 1人

香り
強い ………… 4人
ほどよい ……… 5人
弱い ………… 0人

日当たり
1日中 ………… 3人
主に午前半日 … 1人
主に午後半日 … 2人
明るい日陰 …… 3人

育て方
鉢植え ………… 2人
地植え ………… 7人

仕立て方
自立 ………… 2人
壁面 ………… 1人
背丈以上の
フェンス・トレリス … 3人
オベリスク …… 1人
その他 ………… 2人

うどんこ病
全く出ない …… 6人
あまり出ない … 3人
やや出る ……… 0人
よく出る ……… 0人

黒点病
全く出ない …… 3人
あまり出ない … 5人
やや出る ……… 1人
よく出る ……… 0人

*コメント
おすすめ人数第6位グループ。ニュアンスカラーの花と深い緑の葉が美しい。半日陰では花色の黄色が強くなる。春と秋の2回咲くという人が多い。明るい日陰でも生育するが、日当たりのよい場所だとたいへん旺盛に育つ。耐病性が高く、うどんこ病は出ず、黒点病もまったく出ないかあまり出ないという人が多い。

プロスペリティ

＊Prosperity ＊HMsk ＊返り咲き

淡いアイボリーから開くとクリーム色がかった白色の花が房になってたくさん咲きます。花後は赤い新芽が次の花に向けて伸び始める強健種。〔神奈川／小野田輝美／7〕出窓を囲むようにして仕立てている。純白の花が房状になって咲く。〔東京／岸野美代子／9〕霜が降りる頃の花はピンクが強く出て、これもまた素敵。最初の一株におすすめしたいバラ。〔長野／長島敬子／6〕日陰でも枝を伸ばして咲いてくれるようになりました。〔神奈川／市川繁美／3〕横に広がり自由に枝が伸びるので好きなようにさせています。〔新潟／石和田英理子／4〕棘が鋭く枝も堅いので、誘引するというよりは倒れない程度に支える感じです。〔東京／小竹幸子／13〕

写真大　岸野美代子、写真小／市川繁美

アイスバーグを小ぶりにしたような花。白い少なめの花びらが清楚な印象。〔長野／長島敬子／6〕

10月の初旬、花弁の短いポンポン咲きのような花をつけました。中心がかすかにアイボリーピンク。〔長野／長島敬子／6〕

木の株元に地植えしているので、木を支えにして上に伸びている。樹木の葉陰になる枝にも遜色なく、たくさんの花が咲いた。〔神奈川／野村美穂子／4〕

引っ越した山の庭ではじめての開花です。日当たりがよくなったせいか一番花は花弁数が多く、咲き始めは剣弁咲きのようになりました。〔神奈川／小野田輝美／7〕

きりっと美しい白。濃い緑の葉との対比がこのバラの魅力。〔東京／小竹幸子／13〕

剪定せずに、自然樹形のままに咲かせてみました。あまり日当たりがよくない場所なのに、秋遅くまで咲き続けました。〔東京／小竹幸子／13〕

おすすめ人数	**7**人
咲き方	
年に1回	1人
年に2回	2人
年に3回以上	4人
香り	
強い	0人
ほどよい	5人
弱い	2人
日当たり	
1日中	1人
主に午前半日	0人
主に午後半日	3人
明るい日陰	3人
育て方	
鉢植え	0人
地植え	7人
仕立て方	
自立	2人
背丈以上のフェンス・トレリス	2人
背丈以下のフェンス・トレリス	1人
アーチ	1人
その他	1人
うどんこ病	
全く出ない	5人
あまり出ない	1人
やや出る	1人
よく出る	0人
黒点病	
全く出ない	1人
あまり出ない	3人
やや出る	3人
よく出る	0人

＊コメント

おすすめ人数第8位グループ。霜が降りる頃まで繰り返し咲く。棘がきつく、枝も堅い。耐陰性に優れ、明るい日陰でも育つが、咲く回数は少なくなる。うどんこ病には強いが、日照が十分でない場合に黒点病がやや出ることがある。花もちがよい。

ペネロペ

＊Penelope ＊HMsk ＊返り咲き

濃いめのオレンジからだんだん淡くなり、全体がえも言われぬ美しいグラデーションになります。秋もよく咲きます。〔東京／神谷佳江／9〕 庭に華やかな上品さを添えてくれるバラ。黄色い蕊が愛らしく、虫たちもよくやって来ます。やさしい清々しい香り。〔東京／神吉晃子／11〕 生長はゆっくり。半八重のやさしげな印象。木の幹にからめて自然な雰囲気を楽しんでいます。〔東京／関口朋子／11〕 春にはブーケのようにひと房にたくさんの花をつけます。横張りに大きくなっていくので、黒点病予防もかねて、ゆったりとした場所に植えるようにします。〔神奈川／徳山さゆり／4〕 秋の蕾はアプリコット色を帯びてひときわ美しい。〔東京／岸野美代子／3〕

写真大／神谷佳江、写真小／岸野美代子

咲き始めはアプリコット色が強くエレガントな雰囲気、少しずつ退色して白花になります。黄色の蕊が美しい。〔神奈川／徳山さゆり／4〕

ちょうど見ごろの花です。この先、いろいろな表情を見せてくれるので散りゆくまで目が離せません。〔神奈川／市川繁美／6〕

晩秋の美しさは12月に入ってもまだまだ続きます。〔東京／岸野美代子／3〕

淡いサーモンピンクから白く退色していき、ひと房でグラデーションになります。花もちはよくありませんが、次々と咲くので長く楽しめます。〔東京／神吉晃子／11〕

木も太くなり、古く大きくなってから「よさ」を感じています。下から見上げるように仕立てるのが、このバラのよさを引き出すコツではないでしょうか。〔北海道／佐藤恵里子／9〕

近くのライラックやハナミズキの幹を添え木がわりにして、アーチのような形で咲かせている。〔北海道／佐藤恵里子／9〕

おすすめ人数　7人

咲き方
年に1回 ……… 2人
年に2回 ……… 2人
年に3回以上 … 3人

香り
強い ………… 4人
ほどよい ……… 3人
弱い ………… 0人

日当たり
1日中 ………… 2人
主に午前半日 … 2人
主に午後半日 … 2人
明るい日陰 …… 1人

育て方
鉢植え ………… 1人
地植え ………… 6人

仕立て方
自立 …………… 2人
背丈以上の
フェンス・トレリス… 1人
背丈以下の
フェンス・トレリス… 2人
オベリスク …… 1人
その他 ………… 1人

うどんこ病
全く出ない …… 2人
あまり出ない … 5人
やや出る ……… 0人
よく出る ……… 0人

黒点病
全く出ない …… 1人
あまり出ない … 2人
やや出る ……… 3人
よく出る ……… 1人

＊コメント
おすすめ人数第8位グループ。半日の日差しや明るい日陰でもよく生育するが、黒点病が出ることがある。日照が十分であれば、黒点病は出にくくなるようだ。棘が少なく誘引しやすい。秋には実をつける。香りは強い。

おすすめ人数	4人
咲き方	
年に2回	2人
年に3回以上	2人
香り	
弱い	4人
日当たり	
主に午前半日	2人
主に午後半日	2人
育て方	
地植え	4人
仕立て方	
自立	1人
背丈以下のフェンス・トレリス	2人
アーチ	1人
うどんこ病	
全く出ない	2人
あまり出ない	1人
やや出る	1人
よく出る	0人
黒点病	
全く出ない	1人
あまり出ない	0人
やや出る	3人
よく出る	0人

＊コメント

秋まで繰り返し咲く。多花性。しなやかな枝で棘も少なめ。壁面やフェンスに誘引し、一面に咲かせると見事。アーチにもよい。ミツバチがよくやって来る。うどんこ病には強い。黒点病がやや出るという人もいるが、丈夫なバラ。

バレリーナ

＊Ballerina ＊HMsk ＊四季咲き

直径2〜3cmのチャーミング＆野性的なバラ。黄色の蕊とのコントラストが可憐です。丈夫な半つる性で、四季を通じて繰り返し咲きます。しなやかな枝で棘も比較的少なく、壁面やフェンスを花で覆いつくします。〔広島／松本記司子／10〕長楕円でぎざぎざとした照り葉。たくさんのミツバチがやって来ます。〔神奈川／徳山さゆり／8〕やや遅咲き。アーチにクレマチスと一緒に植えています。〔東京／岸野美代子／9〕日当たりと風通しのよいところなら、鉢植えでもよく咲きます。〔新潟／石和田英理子／5〕

写真大／岸野美代子、写真小／松本記司子

ポールズ・ヒマラヤン・ムスク

* Paul's Himalayan Musk * HMsk * 一季咲き

ひと房で表情豊かなかわいいバラ。〔兵庫／島村宏美／8〕ピンクからパールピンクの淡い色へと変化します。強健で枝を大きく伸ばします。〔茨城／片寄敬子／6〕森の中で出会ったようなバラ。虫はつきやすいけれど強健です。〔神奈川／市川繁美／6〕棘はフック状でひっかかりやすく、2階まで這い上がっている。〔長野／長島敬子／12〕日当たりを求めて木を登り、たくさん咲いています。〔埼玉／中村敦子／5〕北風で枝先が枯れやすく、あまり剪定していません。〔新潟／石和田英理子／5〕

おすすめ人数	6人	主に午前半日	2人	あまり出ない	1人
咲き方		主に午後半日	1人	やや出る	1人
年に1回	5人	明るい日陰	1人	よく出る	0人
年に3回以上	1人	育て方		黒点病	
香り		地植え	6人	全く出ない	1人
強い	3人	仕立て方		あまり出ない	1人
ほどよい	1人	背丈以上の		やや出る	4人
弱い	2人	フェンス・トレリス	3人	よく出る	0人
日当たり		その他	3人		
1日中	2人	うどんこ病			
		全く出ない	4人		

写真大／島村宏美、写真小／中村敦子

*コメント

おすすめ人数第9位グループ。大きな房になって咲く。樹勢が強く、花後に古い枝を株元から切り、冬には適度な大きさまで切り詰める。枝の途中からも強い枝が出る。強健だが、黒点病はやや出やすい。

バブル・バス

＊Bubble Bath
＊HMsk＊四季咲き

北側の2～3時間しか日があたらない場所で小さく仕立てて育てていますが、病気ひとつしません。花もちは5日ほど。花びらが暑さに弱いのか、ちぢれることも。気温が低めだと、ふんわりと咲きます。

咲き方＊年2回／香り△／日当たり＊主に午前半日／鉢植え／仕立て方＊その他／うどんこ病◎／黒点病◎〔奈良／内田真規子／5〕

＊コメント　中小輪の花が房咲きになる。つるバラとして伸ばし、フェンスやトレリスに誘引もできる。

フェリシア

＊Felicia
＊HMsk＊返り咲き

5～6cmの花は、咲き進むと花弁が透明度を増しながら反り返り、うつむき加減になります。〔広島／松本記司子／7／写真〕ブーケのように房になって咲く愛らしい品種。花もちはよいほうではありません。〔奈良／佐藤妙子／9〕

おすすめ人数2人
咲き方＊年1回1、年3回以上1／香り◎1、○1／日当たり＊1日中1、主に午前半日1／鉢植え1、地植え1／背丈以下のフェンス・トレリス1、オベリスク1／うどんこ病◎1、○1、△0、▲0／黒点病◎0、○1、△1、▲0

＊コメント　日当たりのよい場所では、繰り返し咲く。棘が少なく枝がよく伸びる。フェンスやトレリス、オベリスクに。「トリアー」が片親。

フランシス・E・レスター

＊Francis E. Lester
＊HMsk＊一季咲き

花の大きさは5～6cm。花弁の外側のピンクが、1枚ごとに濃かったり薄かったりとまちまちなので楽しいです。柵に誘引して咲かせていますが、とにかく上に伸びようとする元気者。4年目から急に大きくなり、蕾もたくさんつけるようになりました。

咲き方＊年1回 香り◯ 日当たり＊1日中 鉢植え 壁面 うどんこ病◎ 黒点病◎〔奈良 内田真規子 6〕

＊コメント 大きな房咲きになる。病気に強く旺盛に生育。枝が太く棘もきついので、壁面に向く。

フランチェスカ

＊Francesca
＊HMsk＊四季咲き

咲き始めは鮮やかな山吹色。咲いて数日後には色が抜けてクリームイエローに変化します。まるで2種類の濃淡のバラを組み合わせているかのよう。淡い色に変わってからもなかなか散らず、花もちはよいほうです。かなりの多花性。

咲き方＊年3回以上 香り◯ 日当たり＊1日中 地植え アーチ うどんこ病△ 黒点病△〔北海道 佐藤恵里子 6〕

＊コメント 繰り返し咲く。枝は細めでよく伸びる。フェンスやアーチに。

ムーンライト

＊Moonlight
＊HMsk＊返り咲き

5月の早い時期に、半八重の花が房状に咲きます。夕暮れ時は、濃い緑の葉に白く浮かび上がる花々の美しさにうっとりします。〔東京／岸野美代子／9〕西日しかあたりませんが、伸びた枝先に晩秋まで花をつけます。〔長野／長島敬子／12／写真〕

おすすめ人数2人
咲き方＊年3回以上2／香り◎1、△1／日当たり＊1日中1、主に午後半日1／地植え2／壁面1、背丈以下のフェンス・トレリス1／うどんこ病◎1、○1、△0、▲0／黒点病◎1、○1、△0、▲0
＊コメント　枝がよく伸びるのでフェンスや壁面などに誘引。繰り返し咲く。「トリアー」が片親。

ラヴェンダー・ラッシー

＊Lavender Lassie
＊HMsk＊返り咲き

房になって咲くボリューム感は見事。春はたわわに咲きますが、その後はほとんど咲きません。〔東京／小竹幸子／12／写真〕青みがかった濃いピンクが退色していきます。バラゾウムシの摘蕾をよく受けます。〔群馬／後藤千織／6〕

おすすめ人数2人
咲き方＊年1回1、年2回1／香り○2／日当たり＊1日中1、主に午後半日1／地植え2／自立1、背丈以上のフェンス・トレリス1／うどんこ病◎2、○0、△0、▲0／黒点病◎0、○0、△2、▲0
＊コメント　黒点病はやや出るものの強健に生育。堅い枝が長く伸びる。四季咲き性は弱く、寒冷地では秋にも少し返り咲く。ドイツのコルデスのバラ。

おすすめ人数　**1**人
咲き方＊年3回以上
香り＊強い
日当たり＊1日中
育て方＊地植え
仕立て方＊自立
うどんこ病＊
全く出ない
黒点病＊
あまり出ない

＊コメント
強い香りをもつ大輪のセミダブルの花。繰り返し咲く。ルゴーサ特有の棘が多い枝。丈夫で病気に強い。大きめのシュラブになる。

マダム・ジョルジュ・ブリュアン

＊Mme. Georges Bruant ＊HRg ＊返り咲き

このバラの白は明るい白、蕾の形はソフトクリームに似ています。花はあちらこちらを向いてひらひらとしています。花もちはあまりよくありませんが、たくさん、年に何度も咲くので文句なし。ハイブリッド・ルゴーサだけあって棘はかなり手強いですが、清楚な花と新芽の美しさ、驚くべき連続開花性をもつすばらしいバラです。そして、野性的でもあります。暑い地方ではそのよさを発揮できないかもしれませんが、涼しい地方では信頼できるバラとなるでしょう。
〔山梨／矢崎恵子／3〕

写真／矢崎恵子

F.J.グルーテンドルスト

* F. J. Grootendorst
* HRg * 四季咲き

バラとは思えない細かい切れ込みの入ったカーネーションのような花びら。ルゴーサ特有のきめの粗い大きめの葉には似つかず、可憐な花を咲かせます。こんもりと自然な株立ちになり、手がかかりません。赤い大小の鋭い棘。秋にも少し返り咲きます。

咲き方*年2回／香り△／日当たり*主に午前半日／地植え／自立／うどんこ病◎／黒点病◎〔長野／長島敬子／5〕

*コメント　病虫害に強い。香りは弱い。自然樹形で楽しめる。鉢植えでも強剪定でコンパクトにできる。

サラ・ヴァン・フリート

* Sarah Van Fleet
* HRg * 返り咲き

マローピンクの可憐なカップ咲きの花を守るように、幹は太く、大小の棘で覆われています。ハマナス系の柔らかい葉の黄緑色と明るい花の色がよく似合います。樹形は直立性ですが、少し広い場所でのびのびと育てるとよいかもしれません。

咲き方*年2回／香り○／日当たり*主に午後半日／地植え／自立／うどんこ病◎／黒点病◎〔愛媛／近藤美鈴／6〕

*コメント　半日の日照でも生育。病気にたいへん強く旺盛に育つ。香りもある。結実しにくい。花壇や鉢に。

スヴニール・ドゥ・フィルモン・コシェ

＊ Souvenir de Philémon Cochet
＊ HRg ＊ 返り咲き

枝も葉もルゴーサの血を引くバラ。蕾にはぎっしりと花弁が詰まり、ほんのりピンクがかった白い花が開くと、よい香りがします。花は花弁数が多く、薄くて雨にあたると傷んでしまいます。病気には強く手間いらず。支柱がなくても自立します。

咲き方＊年2回 香り◎ 日当たり＊1日中 地植え 自立 うどんこ病◎ 黒点病○ 〔埼玉 中村敦子 3〕

＊コメント 強香。多花性。耐寒性に優れ、半日陰にも耐える。花壇や鉢に。「ブラン・ドゥブル・ドゥ・クベール」の枝変わり。

テレーズ・ブニェ

＊ Thérèse Bugnet
＊ HRg ＊ 返り咲き

枝にほとんど棘がありません。葉や枝は、秋に赤く染まります。ひらひらっとした花弁の花は中心へいくほど色が濃くなり、細い枝にしなだれます。ほっそりとした葉が、全体の雰囲気とよく合っています。

咲き方＊年2回 香り◎ 日当たり＊1日中 地植え 自立 うどんこ病◎ 黒点病○ 〔埼玉 中村敦子 6〕

＊コメント 棘が少なく、扱いやすい。病気にも強く、枝垂れるように枝を伸ばす。繰り返し咲く。強香。

ピンク・グルーテンドルスト

*Pink Grootendorst
*HRg／四季咲き

細い葉とカーネーションのような切れ込みの花弁。剪定を最小限にとめて、野趣味と可憐さを楽しみたいバラです。〔東京／丸山育子／6〕蕾がいくつも集まって、中心から咲いていきます。花は、棘のすごさからは想像もつかないほど愛らしい。〔長野／小松幸子／12／写真〕

おすすめ人数2人

咲き方＊年1回1、3回以上1／香り◎1、△1／日当たり＊1日中1、主に午前半日1／地植え2／自立2／うどんこ病◎2、○0、△0、▲0／黒点病◎1、○0、△1、▲0

＊コメント　コンパクト。病気に強い。繰り返し咲く。「F.J.グルーテンドルスト」の枝変わり。

フィンブリアータ

*Fimbriata
*HRg＊返り咲き

白に近いカーネーションのような花。枝はよく伸び、フェンスなどに誘引すると見ごたえがあります。〔茨城／片寄敬子／10／写真〕毎年5月の母の日の頃に咲きだし、長い間楽しめます。〔神奈川／徳山さゆり／7〕

おすすめ人数2人

咲き方＊年1回1、年2回1／香り◎2／日当たり＊主に午前半日1、主に午後半日1／地植え2／自立1、背丈以上のフェンス・トレリス1／うどんこ病◎2、○0、△0、▲0／黒点病◎1、○0、△1、▲0

＊コメント　病気に強く、半日の日照で育つ。樹勢が強い。棘が多い。フェンスやオベリスクに。片親は「マダム・アルフレッドゥ・キャリエール」。

ブラン・ドゥブル・ドゥ・クベール

＊Blanc Double de Coubert
＊HRg＊返り咲き

清楚な中輪の純白花。葉との対比も爽やかな印象です。葉は濃い緑できめが粗く、枝にはハイブリッド・ルゴーサ特有の鋭く細かい棘が密集します。アイボリーがかった蕾。開花前からヒップができやすそうな萼筒。強い芳香も楽しめます。

咲き方＊年3回以上◎　香り◎　日当たり＊主に午前半日　地植え／自立　うどんこ病◎　黒点病◎〔長野／長島敬子／4〕

＊コメント　強香。病気になりにくく、旺盛に育つ。繰り返し咲く。秋に黄葉と赤い実が楽しめる。片親は「ソンブルーイ」。

ホワイト・グルーテンドルスト

＊White Grootendorst
＊HRg＊四季咲き

カーネーションのような花びらとニュアンスのある白色に一目惚れ。丈夫ですくすくと生長し、花数がふえてきました。〔千葉／柏木恭子／5〕桃色花の枝変わりだけあって、ピンクの花が咲くことがあります。〔長野／小松幸子／4／写真〕

おすすめ人数2人
咲き方＊年1回1、3回以上1　香り○2　日当たり＊1日中1、主に午後半日1　鉢植え1、地植え1　自立2　うどんこ病◎2、○0、△0、▲0　黒点病◎1、○1、△0、▲0

＊コメント　強健で、半日の日照でも育つ。繰り返し咲き、香りもある。「ピンク・グルーテンドルスト」の枝変わり。

おすすめ人数	6人
咲き方	
年に1回 ………	6人
香り	
強い…………	1人
ほどよい ………	3人
弱い…………	2人
日当たり	
1日中 …………	4人
主に午前半日 …	1人
主に午後半日 …	1人
育て方	
地植え…………	6人
仕立て方	
壁面…………	2人
背丈以上の フェンス・トレリス…	2人
背丈以下の フェンス・トレリス…	1人
パーゴラ ……	1人
うどんこ病	
全く出ない ……	6人
あまり出ない …	0人
やや出る ………	0人
よく出る ………	0人
黒点病	
全く出ない ……	2人
あまり出ない …	4人
やや出る ………	0人
よく出る ………	0人

＊コメント

おすすめ人数第9位グループ。花つきがよく花期は長い。棘が鋭く、しなやかな枝が這うように非常によく伸びる。強健。

アルベリック・バルビエ

＊Albéric Barbier ＊HWich ＊一季咲き

花はふっくらと開き、少し形が崩れる。〔千葉／薄井真智子／3〕しなやかな枝に艶やかな葉、くしゃっとした花びらも魅力的。〔長崎／松本隆司／11〕ほかのバラより遅めに咲き、長く咲いてくれます。〔東京／神吉晃子／11〕旺盛に枝を伸ばす。棘は少ないが鋭い。〔長野／長島敬子／8〕数年でパーゴラを埋めつくすほど大きくなるので、植える場所に注意。満開の時は圧巻の美しさ。〔東京／岸野美代子／10〕私は3mくらいで先を切り詰め、大きさを止めています。〔茨城／片寄敬子／12〕

写真大／岸野美代子、写真小／長島敬子

アルベルティーヌ

✽ Albertine ✽ HWich ✽ 一季咲き

サーモンピンクの蕾、淡いピンクからアイボリーに変化する花、整然としていない花びらの並び、赤い棘・枝、暗緑色の葉など、魅惑的な雰囲気をもったバラ。〔長崎／松本隆司／3〕しっかりした厚みのある花弁。華やかさのあるバラです。〔長野／長島敬子／10〕奔放に伸びる性質を生かして、樹木にからめて自由に咲かせても素敵です。〔東京／丸山育子／7〕甘く強い香りが魅力。10mくらいの幅のフェンスを覆うことができます。〔東京／小竹幸子／7〕

おすすめ人数	**4人**

咲き方
年に1回 ……… 4人

香り
強い ……………… 2人
ほどよい ……… 2人

日当たり
1日中 …………… 2人
主に午前半日 … 1人
明るい日陰 …… 1人

育て方
地植え ………… 4人

仕立て方
背丈以上の
フェンス・トレリス… 1人
背丈以下の
フェンス・トレリス… 1人
アーチ ………… 1人
その他 ………… 1人

うどんこ病
全く出ない …… 3人

あまり出ない … 1人
やや出る ……… 0人
よく出る ……… 0人

黒点病
全く出ない …… 2人
あまり出ない … 2人
やや出る ……… 0人
よく出る ……… 0人

✽コメント

鋭い棘のある細くしなやかな枝が横に這うように数メートル伸びる。広い場所を覆うのに適する。樹に登らせて咲かせている人も。香りが強く、房咲きになる。病気にも強い。明るい日陰でも生育する。遅咲き。

写真大／小竹幸子、写真小／丸山育子

おすすめ人数	3人
咲き方	
年に1回 ………	3人
香り	
強い……………	2人
ほどよい ………	1人
日当たり	
1日中…………	2人
その他…………	1人
育て方	
地植え…………	3人
仕立て方	
背丈以上の フェンス・トレリス…	1人
アーチ…………	1人
その他…………	1人
うどんこ病	
全く出ない ……	2人
あまり出ない …	0人
やや出る………	1人
よく出る ………	0人
黒点病	
全く出ない ……	2人
あまり出ない …	1人
やや出る………	0人
よく出る ………	0人

＊コメント

樹勢が強く、旺盛に生育。枝はしなやかで棘が少なく扱いやすい。濃い緑の小さめの照り葉は、うどんこ病が出ることもあるが、株が充実すると病気に強くなる。甘くフルーツのような香り。遅咲き。

フランソワ・ジュランヴィル

＊François Juranville ＊HWich ＊一季咲き

透明感のあるピンクの花は花もちもよく、爽やかなフルーツの香りが遠くまで漂います。〔東京／寺田直子／3〕可憐な花がいっせいに咲いた時はそれは見事、言葉もありません。開花は遅咲きの類い。枝を縦横無尽に伸ばす大型の株。テリハノイバラの血を引くだけあって照り葉で丈夫です。秋には実がなり、一季咲きでも申し分のない魅力をもつバラです。〔山梨／矢崎恵子／7〕棘が少なめでしなやかな枝は誘引しやすいが、生育旺盛でアーチには収まりにくい。パーゴラや壁向き。〔長野／長島敬子／4〕

写真大／寺田直子、写真小／矢崎恵子

アレキサンダー・ジロー

＊ Alexandre Girault
＊ HWich ＊一季咲き

アルベリック・バルビエを取り寄せて育てたつもりが、咲いてみると濃赤桃色の花。ほとんど日のあたらない庭で一番条件の悪い場所に植えて12年。クォーター平咲きの小さな花が咲き始めると、一帯に芳しい香りが立ちこめます。今では一季咲きでも許してしまえるバラ。

咲き方＊年1回　香り◎　日当たり＊主に午後半日　地植え　背丈以上のフェンス・トレリス　うどんこ病◎　黒点病○〔長崎／松本隆司／12〕

＊コメント　しなやかで細い枝がよく伸びる。フェンスなどに誘引。日照条件が悪くても生育。強健。

ドロシー・パーキンス

＊ Dorothy Perkins
＊ HWich ＊一季咲き

蛍光がかったピンクと黄色い蕊がどこか懐かしい。〔東京／神吉晃子／10／写真〕梅雨時の開花だが、花びらは傷みにくい。〔群馬／後藤千織／11〕太いシュートが何本も出る強健種。〔長野／長島敬子／10〕

おすすめ人数3人

咲き方＊年1回3　香り△3　日当たり＊1日中1、主に午前半日1、主に午後半日1　地植え3　壁面1　背丈以下のフェンス・トレリス1、パーゴラ1　うどんこ病◎1、○0、△2、▲0　黒点病◎1、○2、△0、▲0

＊コメント　生育旺盛でパーゴラや壁面にも適する。遅咲き。香りは弱い。寒さに強く、耐陰性がある。

メイ・クイーン

＊May Queen
＊HWich ＊一季咲き

ウォームピンクの愛らしい花、グリーン・アイを見せて咲きます。まれにきれいなボタン・アイになることも。バラのシーズンの最初に咲き、花期も長い。しっかりとした強いつるがたくましく伸びるので、パーゴラや壁面向き。フック状の鋭い棘に、誘引の時に手こずるかも。

咲き方＊年1回／香り△／日当たり＊1日中／地植え／壁面／うどんこ病◎／黒点病◎
〔長野／長島敬子／6〕

＊コメント　強健でたいへん旺盛に育つ。壁面など広い面積を覆うのに適する。

オーガニック・ローズは、一季咲きが魅力

　野生種やオールドローズ、つる性のバラの多くの品種は「一季咲き」です。年に一度しか咲かないのに、オーガニックで楽しんでいる人が多く、この本でも全体の約4分の1が一季咲きです。それはなぜでしょうか。

　その理由は、丈夫で管理しやすいものが多いからだと考えられます。一季咲きの品種は、たとえ夏の間に葉を落としたとしても秋の花の心配をする必要がありません。

　また、一季咲きのバラの多くは、花はもちろんのこと、蕾、葉や棘、枝も個性的で魅力があり、楽しめるということがあげられるでしょう。秋にきれいな色の実をつけ紅葉する品種もあります。

　そして、何より、年に一度しか会えない花だからこそ、そのいとおしさを熱く語る人が多いのではないでしょうか。

(小竹)

オーガニック・ローズは、未来につながる

　恵泉女学園大学の澤登早苗教授によれば、オーガニック栽培の基本は、「循環・生物多様性・共生」の3つのキーワードで語ることができるそうです。

　バラのオーガニック栽培の見地から、この3つのことをひもといてみましょう。

　まず、「循環」ですが、これは、オーガニック・ガーデナーみんながやっていることです。たとえば台所から出る生ごみで堆肥をつくって施すこと、庭の落ち葉や残渣を有機物マルチとして使い土に還すことなどでしょう。牛糞や馬糞をまくのも、広い意味で、この「循環」にあたると思います。地域の水田のわらやもみ殻、米ぬかをまいて土に還している人もいます。

　次に、「生物多様性」についてです。これは、多種多様な植栽を心がけて連作障害を防いだり、殺虫剤をまくのをやめてたくさんの生き物たちを庭によびこみ、バラに害を及ぼす虫だけが庭にはびこらないようにしたりしていることなどがあてはまるでしょう。

　そして、「共生」です。オーガニックなバラ庭では、たくさんの生き物たちが互いにかかわり合って生きています。バラの根のまわりには微生物がすみついていて、バラから栄養をもらうかわりにバラの生育を助けています。テントウムシやヒラタアブは、バラにつくアブラムシがいなければ命をつないでいくことはできません。シジュウカラのつがいは、バラにつくイモムシを子育ての糧にします。バラ庭のどの植物も生き物も、何らかの役割をもっているのです。もちろん、私たち人間、オーガニック・ガーデナーだって、そこに庭仕事を通して参加しています。

　「循環・生物多様性・共生」の3つのキーワードは、以前は不可能と思われていたバラのオーガニック栽培を実現させただけでなく、これからの継続可能な人間社会の在り方をも示していると思います。それは、地球上のすべての生命が、この3つのシステムの上に成り立っていると思えるからです。「循環・生物多様性・共生」が生命を維持していく基本原則と考えると、そこからはずれてしまっては、継続して人間の社会を維持していくことは難しいのではないでしょうか。

　オーガニック・ローズを育てたことのある人なら共感できるのでは、と思います。　　　　　（小竹）

用語解説

EMぼかし　EM菌という菌資材を使って有機肥料を発酵させたもの。

ウィーピング仕立て　枝の柔らかいつるバラやシュラブを枝垂れさせて楽しむ方法。

内芽〔うちめ〕　株の内側に向かって伸びる場所についている芽。

オーガニック栽培　化学農薬や化成肥料を使わず、土づくりなどに力を入れて作物などを栽培すること。有機栽培。

大苗〔おおなえ〕　新苗を秋まで畑で育て掘り上げ、晩秋から春先にかけて出まわる苗。

オベリスク　つる性の植物を巻きつけるための鉄棒を筒状または円錐状に組み合わせた構造物。

株立ち〔かぶだち〕　株元から複数の枝が出ている株の姿。

癌腫〔がんしゅ〕　バラのつぎ口や根にこぶ状のものが発生し、バラを弱らせる病気。根頭癌腫病〔がんしゅびょう〕のこと。

キトサン　カニやエビの殻、昆虫の表皮などに含まれるキチンという物質から抽出した物質。植物の活性剤として使われることがある。

嫌気性ぼかし　空気が入らない状態で嫌気性微生物を使い発酵させた有機肥料。

木立性〔こだちせい〕　株元から複数本の枝が発生し、分枝しながらこんもりと自立するように育つ性質。

米ぬかすりすり　うどんこ病初期の葉に米ぬかを手でこすりつけ、うどんこ病菌を消してしまうという、オーガニックな対処法。

米ぬか発酵肥料　配合した有機肥料に発酵米ぬかなどの善玉菌資材を加え水分調整し、発酵・完熟させた肥料。

サイド・シュート　枝の途中から出る勢いのよい太く新しい枝。

サッカー（吸枝〔きゅうし〕**）**　地中に水平に伸びる根から発生する勢いのよい新しい枝。もしくは、つぎ木の下の台木から発生する台木のシュート。

シュート
　→サイド・シュート、ベーサル・シュート

シュラブ樹形　長めに枝が伸び、アーチを描きながら茂る樹形。

ショート・クライマー　短かめのつるバラ。小さめのトレリスやアーチ、オベリスクなどに誘引しやすい大きさのもの。

新苗〔しんなえ〕　冬につぎ木し、春から出まわる若い苗。

鈴木省三〔すずき・せいぞう〕　1913～2000年。大正生まれ。昭和から平成にかけて数々の名花を育種し、国際コンクールで受賞を重ねた。「ミスター・ローズ」とも呼ばれる。

スタンダード仕立て　まっすぐに長く育てた台木の上に品種の芽をついで、上のほうだけに枝が茂るようにした仕立て方。

頂芽優勢〔ちょうがゆうせい〕　枝の一番上にある芽がほかの芽より優先的に伸びる、バラの特性。

摘蕾〔てきらい〕　大きく立派な花が咲くように、余分な蕾を小さい間に摘んでしまうこと。

天恵緑汁〔てんけいりょくじゅう〕　ヨモギなどの新芽に糖分を加え発酵させてつくった手づくりの善玉菌液。

ステム　花茎。枝から花がつくまでの茎の部分をいう。

ニームオイル　インドセンダンの実から抽出したオイル。草食性の虫に作用する植物保護液。

バーク堆肥　樹皮を細かく砕き、発酵させた土壌改良材。

発酵米ぬか　善玉菌を米ぬかに加え、水分調整して発酵させたもの。発酵肥料づくりの元種や、土壌改良などに使える。

ビオトープ　さまざまな生き物が自然に集まってくる場所。

ピンチ　伸びた若い枝の先を指先で摘みとり、株の成長をコントロールすること。

副蕾〔ふくらい〕　主となる蕾のわきについた、やや小さめの蕾。

覆輪〔ふくりん〕　花弁の縁に、花弁とは違う別の色がのること。

ブッシュ状　株元から複数本の枝が発生し、分枝しながら伸び、こんもり自立して茂る株の姿。

ベーサル・シュート　株元から出る勢いのよい太く新しい枝。

ボーダー花壇　帯状に細長く仕切られた、バラや宿根草、一年草を植えた花壇。

ボーリング　雨や湿気の影響でバラの蕾がボール状のまま開かない様。

木酢液・竹酢液〔もくさくえき／ちくさくえき〕　木や竹を炭に焼く時に得られる弱酸性の臭いの強い液体。適切な濃度になるように水で希釈し、虫よけや土壌改良などに用いられる。

もみ殻くん炭〔もみがらくんたん〕　もみ殻を蒸し焼きし、炭状にした土壌改良材。

ミルラ香　没薬（もつやく）の香り。ハーブのアニスの香りに似ているとも言われる。甘さの中に苦みやスパイシーな感じがあると言う人も。

ランブラー　野生バラを1～3代前の親にもつ、伸長力が強いつる性のバラ。おもにハイブリッド・ムルティフローラ系の一部やハイブリッド・ウィクラナ系の多くがランブラーと呼ばれている。

花の形

一重咲き
5〜9弁のもの
ピンク・サクリーナ (S)

半八重咲き
10〜19弁のもの
エドガー・ドガ (S)

高芯咲き
横から見て芯が高い花の形
ベラドンナ (S)

平咲き
横から見て平べったい花の形
ボルデュール・アプリコ (S)

ロゼット咲き
多弁で芯がひとつ
スーザン・ウィリアムズ＝エリス (ER)

クォーター・ロゼット咲き
多弁で芯が4つほどに分かれる
ルイーズ・オディエ (B)

カップ咲き
横から見るとカップ状の花の形
イングリッシュ・ヘリテージ (ER)

シャローカップ咲き
浅めのカップ咲き
シャリファ・アスマ (ER)

ディープカップ咲き
深めのカップ咲き
グラミス・キャッスル (ER)

ポンポン咲き
多弁で横から見ると球に近い花の形
カーディナル・ドゥ・リシュリュー (G)

丸弁
丸い形の花弁
クイーン・エリザベス (Gr：グランディフローラ)

剣弁・半剣弁
縁がとがった状態に外側に丸まって
反り返った花弁
新雪 (LCl)　半剣弁

アンケートについて

本書を作成するにあたり、バラを基本的に無農薬栽培で楽しまれている全国51人の方に、次のようなアンケートを実施しました。バラの各品種の紹介ページのデータ部分はこのアンケートを集計したものです。

アンケートは2011年5～7月に実施しました。

なお、本書では農薬を化学農薬とし、有機栽培で使われる保護液や活性液を使用している人も含まれています。また、オーガニック栽培とは、化学農薬・化成肥料を使わず、土づくりなどに力を入れて作物などを栽培することですが、スポット的に化成肥料を使っている方も少数ですが含まれています。

＊アンケート参加者

氏名／居住地（都道府県市区町村）／バラ栽培年数（うち無農薬栽培年数）
庭面積／庭の環境／栽培バラ数（鉢植え／地植え）
栽培のポイント（200字くらいで）

「この本に登場するオーガニック・ローズ・ガーデナー」294ページにまとめて掲載しています。

＊おすすめバラのアンケート項目

3年以上無農薬で育てているバラから、おすすめのバラを約20品種（5～30品種以上）選び、各バラについて以下の項目に回答していただきました。

各人の庭の環境などによりバラの栽培数に違いがあることを考慮に入れ、選んでいただく数は5品種以上ということにしました。

もっとも少ない人で5品種、もっとも多い人で60品種リストアップしてくださいました。

バラ名／分類／栽培年数

咲き方［選択］	:	年1回咲く／年2回咲く／年3回以上咲く
香り［選択］	:	強い／ほどよい／弱い
日当たり［選択］	:	1日中／主に午前半日／主に午後半日／明るい日陰
育て方［選択］	:	鉢植え／地植え
仕立て方［選択］	:	自立／壁面／背丈以上のフェンス・トレリス／背丈以下のフェンス・トレリス／パーゴラ／アーチ／オベリスク／その他
うどんこ病［選択］	:	全く出ない／あまり出ない／やや出る／よく出る
黒点病［選択］	:	全く出ない／あまり出ない／やや出る／よく出る
一言コメント	:	育てている場所、育て方・仕立て方・剪定のコツ・工夫、この品種を育てはじめた2～3年目の状況や対処したこと、咲き方、開花時期、花もち、花の色、花の魅力、香り、蕾・葉・棘の特徴、注意することとその対処法、そのバラとのエピソードなど。 この一言コメントから、各バラ紹介ページの「推薦者の一言コメント」を構成しました。

＊おすすめバラ1品種につき写真1点以上とその説明

1品種につき1枚から、多い方では1品種14枚の写真を提出してくださいました。

アンケート参加者について

＊参加者の居住地

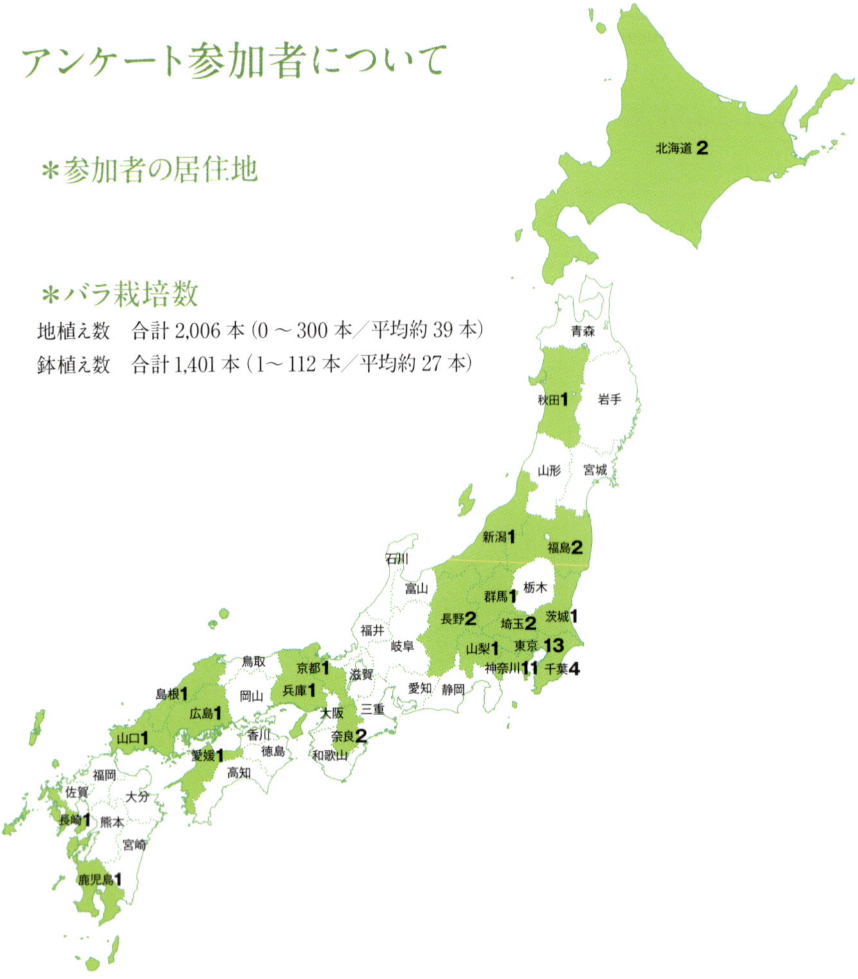

＊バラ栽培数
地植え数　合計 2,006 本（0～300 本／平均約 39 本）
鉢植え数　合計 1,401 本（1～112 本／平均約 27 本）

北海道 2
秋田 1
新潟 1
福島 2
群馬 1
長野 2
埼玉 2
茨城 1
山梨 1
東京 13
神奈川 11
千葉 4
島根 1
広島 1
京都 1
兵庫 1
奈良 2
山口 1
愛媛 1
長崎 1
鹿児島 1

＊バラ歴　平均約 12 年

年	4	5	6	7	8	9	10	11	12	13	14	15	16	17	18	19	20	21	22
人	2		2	1	3	2	13	3	3	6	4	5	2		3		1		1

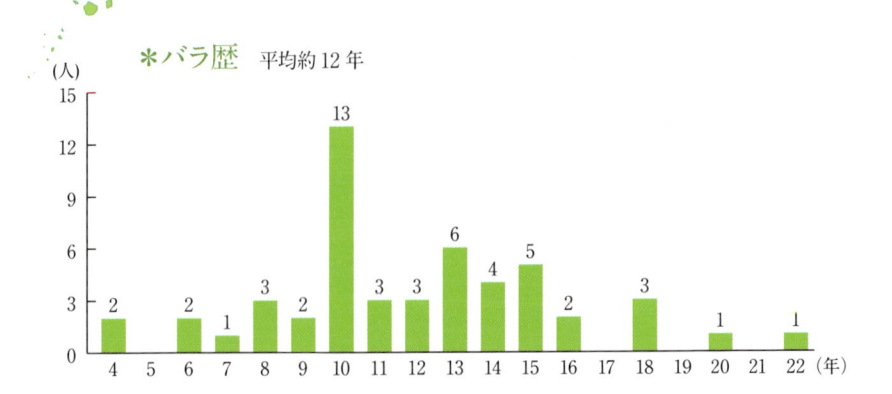

✽無農薬歴　平均約9年

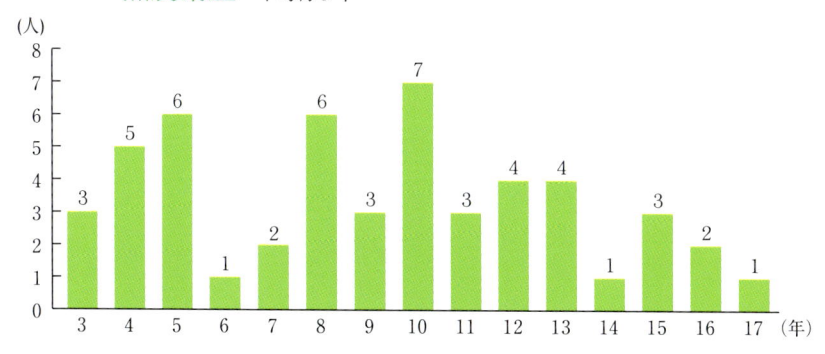

(人数別、年数ごと)
- 3年: 3
- 4年: 5
- 5年: 6
- 6年: 1
- 7年: 2
- 8年: 6
- 9年: 3
- 10年: 7
- 11年: 3
- 12年: 4
- 13年: 4
- 14年: 1
- 15年: 3
- 16年: 2
- 17年: 1

✽無農薬栽培への転換年数　平均約2.7年

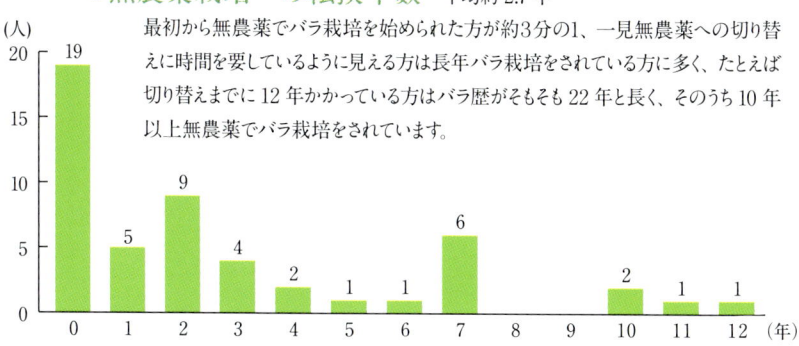

最初から無農薬でバラ栽培を始められた方が約3分の1、一見無農薬への切り替えに時間を要しているように見える方は長年バラ栽培をされている方に多く、たとえば切り替えまでに12年かかっている方はバラ歴がそもそも22年と長く、そのうち10年以上無農薬でバラ栽培をされています。

(人数別、年数ごと)
- 0年: 19
- 1年: 5
- 2年: 9
- 3年: 4
- 4年: 2
- 5年: 1
- 6年: 1
- 7年: 6
- 10年: 2
- 11年: 1
- 12年: 1

✽庭面積

マンションのベランダから、1000m^2 という広大なお庭まで、さまざまでした。
※ベランダ栽培の方は3人（ベランダの広さも集計に入っています）。

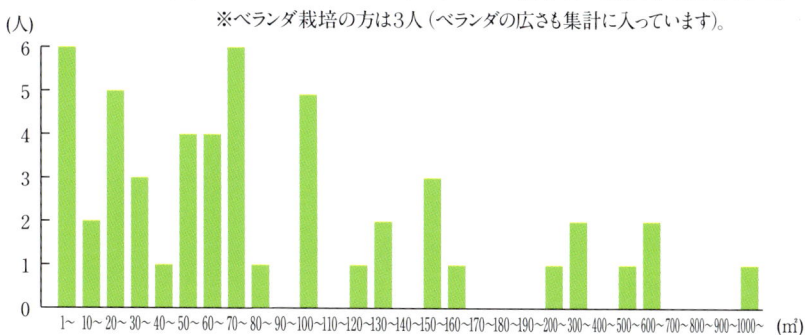

(人数別、庭面積 m^2 ごと)
- 1〜: 6
- 10〜: 2
- 20〜: 5
- 30〜: 3
- 40〜: 1
- 50〜: 4
- 60〜: 4
- 70〜: 6
- 80〜: 1
- 100〜: 5
- 130〜: 1
- 140〜: 2
- 150〜: 3
- 160〜: 1
- 200〜: 1
- 300〜: 2
- 500〜: 1
- 600〜: 2
- 1000〜: 1

この本に登場する
オーガニック・ローズ・ガーデナー

バラ歴などはアンケート回答時点のものです。

浅沼 恵子 あさぬま けいこ　神奈川県相模原市

バラ歴　10年　無農薬歴　7年
庭面積　20m²
庭の環境　マンションのベランダ。
栽培バラ数　鉢植え30本、地植え0本
栽培のポイント　鉢の中だけで育てなければならないので、土づくりに重点をおきますが、かといって神経質にならず、友だちがよいと教えてくれたことはどんどん取り入れています。ここ数年は発酵米ぬかの使用で白根が活発になり、木がとても元気になっています。結果、バラの花もきれいに咲きますし、何といってもうどんこ病が少なくなったことは嬉しいです。私が無農薬にこだわるのはバラだけではありません。畑で栽培している野菜などもすべてです。3匹の猫がベランダで遊び、バラの葉を口にするのを見た時に、無農薬でよかったと思ったことも、無農薬を続けている理由のひとつです。
http://flannelhime.blog27.fc2.com/

荒井 希味子 あらい きみこ　神奈川県相模原市

バラ歴　10年　無農薬歴　10年
庭面積　3m²　庭の環境　敷地前面の駐車スペースの車に踏まれない部分。壁面に横1.5m×奥行40cmと、両隣との境に横30cm×奥行80cm。玄関側は朝日から午前中は日当たりよし。裏地は昼ごろから数時間の日当たり。
栽培バラ数　鉢植え19本、地植え18本
栽培のポイント　1坪にも満たない土地に、欲張りなほどバラを植えています。水はけのよい庭土と、冬に腐葉土と米ぬか、今冬（2011年）は善玉菌液を噴霧しているだけの土づくりですが、たくさんのミミズがいて助けてくれます。定期的に葉面散布しているのは善玉菌液だけで、米ぬかさえやっていないずぼら園芸です。幸い玄関前は午前中の日当たりがよいのでなるべく株元に日があたるように、鉢は高い所に置いて風通しがよくなるように心がけています。出やすいと言われる品種にもほとんどうどんこ病が出なくなったのと、黒点病もさほど気になりません。
http://blog.goo.ne.jp/raretaste-hare

石和田 英理子 いしわだ えりこ　新潟県柏崎市

バラ歴　11年　無農薬歴　10年
庭面積　約100m²　庭の環境　南に位置し、塀の向こう側に脇道があるので日当たりはよいはずですが、海風よけのマテバシイが塀沿いに植えてあり、庭の中央には柿と栗の木が大きな日陰をつくっています。晩秋から春まで強い海風が吹くので、積雪や凍結よりも風害の影響が強い土地です。
栽培バラ数　鉢植え17本、地植え40本
栽培のポイント　雪国ですが海岸沿いのため積雪量は多くありません。冬囲いするほどではありませんが、春先の重い雪で枝が折れることがあるので、細い枝は軽くまとめたりしています。さらに春先の強い海風があたるため、枝先が枯れ込みやすく、生長がゆっくりです。剪定を春のお彼岸ごろにするとダメージが少ないようです。盛り土特有の水はけの悪い土地なので、植えつけには腐葉土などをたっぷり入れますが、春先に米ぬかともみ殻を、秋に馬糞堆肥を一面に敷くようにしたら、病気が格段に少なくなりました。水はけが悪いため、真夏でも地植えへの水やりは様子を見ながら行ないます。

市川 繁美 いちかわ しげみ　神奈川県平塚市

バラ歴　9年　**無農薬歴**　9年
庭面積　約132m²　**庭の環境**　大きな木々がたくさんある庭です。東の庭は南側に巨大な木があるため冬の日差しは昼ごろからです。南の庭は日当たりがよいほうですが、大きなビワの木と柿の木があります。
栽培バラ数　鉢植え10本、地植え60本
栽培のポイント　庭から出る落ち葉や生ごみなどを、有用菌や米ぬかを使って堆肥化を促進させて完熟堆肥にし、冬に庭に戻します。剪定した樹木の幹や枝は薪ストーブにくべ、そこから出た灰を庭にまく、というような循環をしています。アブラムシが発生したら、水で洗い流すかニーム入りの活力液や木酢液を薄めてまいています。虫はこまめに手で取ります。米ぬかを季節の変わりめごとに庭にまいて善玉菌を増やし、米ぬか入りの発酵肥料を楽しんでつくっています。大きな木も多く、多種多様な草木が混在する庭で、手間がかかりますが楽しい庭です。もともとハーブ中心の庭にバラが加わって、明るく華やかな庭になりつつあります。
http://rosmarinus.jimdo.com/

薄井 真智子 うすい まちこ　千葉県佐倉市

バラ歴　10年　**無農薬歴**　10年
庭面積　77m²　**庭の環境**　27年前から家庭菜園として借りている畑を、現在は花畑にしています。まわりのスギやヒノキの背が高くなり、日陰の部分が多い庭です。
栽培バラ数　鉢植え2本、地植え11本
栽培のポイント　冬に、牛糞（2009年は馬糞）と油かすを株まわりに軽く入れ、土と混ぜます。抜いた雑草を積んでできた堆肥を通路に埋めこみます。日陰になる部分にコケが生えないように、よく耕してふかふかにしておきます。春先は株元に完熟有機肥料を一握り入れました。また花壇をつくって、タネから育てた草花をバラと一緒に咲かせています。
http://machirose.exblog.jp/
http://www.mars.dti.ne.jp/~u1611m/

内田 真規子 うちだ まきこ　奈良県奈良市

バラ歴　22年　**無農薬歴**　10年
庭面積　南側に少しのスペースと北西2m²くらい。
庭の環境　北西に車1台分くらいのスペースで、壁に沿って鉢を置いて育てています。日当たりは午前中からお昼までの2〜3時間くらいです。
栽培バラ数　鉢植え15本、地植え0本
栽培のポイント　鉢植えばかりなので、1〜2年に一度植えかえます。肥料は有機配合のものを2〜3カ月に一度と、花後しばらくしてから一度あげるくらいです。メダカを飼育しているので、メダカに使用した水をたくさんあげています。
http://enju1.exblog.jp

槐 佳世子 えんじゅ かよこ　神奈川県横浜市

バラ歴　4年　**無農薬歴**　4年
庭面積　40m²
庭の環境　住宅地の戸建ての庭。北側玄関で南側に庭があります。日当たりはよいのですが、丘なので風当たりが強い環境です。
栽培バラ数　鉢植え14本、地植え18本
栽培のポイント　無農薬でバラを育て始めましたが、病虫害がひどくて挫折しそうでした。2010年より小竹幸子さんのオーガニック・ローズ講座に参加するようになり、発酵肥料がつくれるようになりました。1年間発酵肥料を与えつづけ、季節の変わりめに米ぬかをまいたところ、バラの生長がとてもよくなり、うどんこ病も出なくなりました。おかげで2011年はたくさんのバラの花を見ることができました。今後はふかふかの土づくりに、挑戦していきたいと思っています。

大石 忍 おおいし しのぶ　神奈川県横浜市

バラ歴　13年　**無農薬歴**　13年
庭面積　70m²
庭の環境　樹木が多い日陰の庭。
栽培バラ数　鉢植え40本、地植え18本
栽培のポイント　日陰の庭なので、いつどこから光がくるのか見きわめるのが一番大切。適材適所で植物を配置するのに、一番頭を悩ませています。土づくりは、樹木の落ち葉、剪定枝、花がらなどの有機物マルチで。庭全体のバランスがとれているのか、地植えのものは無施肥で生長し、花が咲くようになっています。
http://rikiaru.exblog.jp/

大野 紀子 おおの のりこ　東京都町田市

バラ歴　11年　**無農薬歴**　3.5年
庭面積　50m²　**庭の環境**　住宅地の戸建ての庭で、東、北、西の3通路に植栽。メインの東とウッドデッキの日当たりは午前中半日程度。北は西日もあたる明るい日陰。西は西日があたり、風通し良好。家がよう壁の上にあるので下のスペースに花壇を設置。大きく太いミミズがたくさんいます。
栽培バラ数　鉢植え約5本、地植え約15本
栽培のポイント　年に4回の発酵肥料と米ぬかまき。2011年から、善玉菌液とニームオイルを蕾が膨らむまでに2回散布。冬の落ち葉や真夏の葉っぱも敷きつめます。バラゾウムシはちょうどよい摘蕾。イモムシや卵は見つけると捕殺。クモ、カマキリ、ダンゴムシなどは大歓迎。農学部出身の娘に、庭に農薬をまくなんて！と怒られて、巨大なイモムシを怖いのに捕殺したのが無農薬の始まりです。いまだに虫をさわるのは怖いのですが見るのは全然平気です。虫や生き物たちをかわいいと思えるようになりました。無農薬の実践で一番得たのはこの心の変化です。http://kadonosiba.exblog.jp/

小川 依純 おがわ いずみ　山口県山口市

バラ歴　8年　無農薬歴　4年
庭面積　150m²　庭の環境　盆地地形の田舎和風一戸建ての庭で、おもにツツジを植栽してある隙間にバラを地植えしています。日当たりは、東側は午前中のみ良好、南側は一日中良好です。
栽培バラ数　鉢植え30本、地植え100本
栽培のポイント　無農薬栽培で特別なことはしていないのですが、土には、有機肥料をはじめ米ぬかやカニ殻、もみ殻くん炭を混ぜたものを、年4回マルチングしています。散布液は、キトサン、ニームオイル、天恵緑汁、ニンニク・トウガラシ漬けの木酢液、ドクダミ汁（4種自家製）の中から、そのつど必要と思われるものを混ぜ、病気や虫から守る「天然液」として使用しています。バラ自体や庭を守ってくれる小さな虫たちができないことだけをお手伝いするつもりで、日々わずかな時間でも楽しみながら様子見することを心がけていると、早期発見することができ、自然に病気にかかりにくい健康な状態になってきています。
http://izuizurosegarden.blog119.fc2.com/

小竹 幸子 おだけ ゆきこ　東京都町田市

バラ歴　18年　無農薬歴　17年
庭面積　30m²
庭の環境　住宅地の戸建ての庭。南側に家が2軒あり、秋から春にかけて日差しは望めない。
栽培バラ数　鉢植え50本、地植え50本
栽培のポイント　土づくりは、庭土を堆肥や庭の残渣などの有機物でマルチするだけ。米ぬかを季節の変わりめごとにまいて、庭の善玉菌を活性化させているので、うどんこ病はほとんど出ません。鉢バラには、完熟堆肥や発酵肥料をつくって与え、健康な根が鉢いっぱいに張るように育てます。半日陰の庭でもよく育つ、丈夫な品種を選んでいることも大切なポイント。また、バラだけでない多様な植栽を心がけ、庭にすむ生き物たちも多彩で、互いにかかわり合いながらバランスがとれている状態です。
http://yukikoo.web.fc2.com/
http://yukiko17roses.blog48.fc2.com/

小野田 輝美 おのだ てるみ　神奈川県相模原市

バラ歴　12年　無農薬歴　12年
庭面積　300m²
庭の環境　仮住まいだったマンション1階の庭（日当たりは日中半日ほど）。1年前より引っ越して、山林一軒家の庭（ゆるやかな北向き斜面、日当たり良好）、建物東側（明るい日陰）。
栽培バラ数　鉢植え80本、地植え3本
栽培のポイント　仮住まいのときは、すべて鉢植えで育てていたので、冬の植え替え時に、市販の元肥（有機肥料）と根張りをよくする有機発酵肥料を施していました。芽出しの時期から善玉菌液を芽の出るところを重点的に1〜2週に1回散布。虫は朝のパトロールで早期発見、とにかく手で取る。移り住んだ山の庭では、自然の地形を生かした庭づくりを始めたばかり。バラだけではなく、ハーブや宿根草などと一緒に植栽し、土中の微生物や虫や鳥などが共存する、生態系豊かな庭づくりを心がけています。バラの先生や仲間との交流も心強く励みになります。
http://blogs.yahoo.co.jp/gigirosary

柿原 久美 かきはら くみ　京都府京都市

バラ歴　10年　無農薬歴　8年
庭面積　1.5m×8m
庭の環境　四方を隣接している家に囲まれ、道路から家の玄関までの通路にバラなどを育てています。通路の片側に煉瓦で花壇をつくり土を入れ、もう片側に鉢を並べています。家が北向きなので、半日くらいしか日があたりません。通路の前方は、隣が駐車場なので、午前中なら日があたります。
栽培バラ数　鉢植え4本、地植え5本
栽培のポイント　姉から伝授された米ぬか発酵肥料にしてからは、バラの花つきや葉の照りも抜群によくなりました。春先からは週に一〜二度、虫害予防のために、ニームオイルを希釈したものを葉面散布しています。

梶浦 道成 かじうら みちなり　東京都渋谷区

バラ歴　18年　無農薬歴　16年
庭面積　3.3m²
庭の環境　東南角地。日当たり良好。
栽培バラ数　鉢植え10本、地植え6本
栽培のポイント　近所の土着菌を元種にした発酵米ぬか＆有機物マルチを季節の変わりめに年4回。あとは、芽出し肥とお礼肥用に冬の間に仕込んでおいた米ぬか発酵肥料を施しています。春先の新芽が展開する頃には、うどんこ病と黒点病の予防のために、米ぬかを葉っぱにうっすらとばらまく「花咲か爺さんまき」を1週間の間隔をあけて2回行なっています。バラの無農薬栽培で特別なことと言ったら、これだけです。
http://blog.livedoor.jp/kajivi/

柏木 恭子 かしわぎ きょうこ　千葉県印旛郡

バラ歴　10年　無農薬歴　4年
庭面積　330m²（前庭100m²、裏庭230m²）
庭の環境　日当たり良好。
栽培バラ数　鉢植え25本、地植え15本
栽培のポイント　こだわりのバラづくりをしているわけではありません。バラに夢中になった頃、もっときれいに咲かせたいと消毒に精を出したことがあります。もともとアレルギー体質で、顔が赤くはれ、フライトアテンダントの仕事をしていたのですが乗務停止に。それ以来いっさい化学薬品はやめて、友人の推奨する木酢液、ニームオイルなどを使っています。仕事をしながらの庭づくり、すばらしい花を咲かせることはできませんが満足しています。フライトで疲れた身体と心を癒してくれて、長く働けたのは庭のバラや宿根草のおかげだと心から感謝しています。庭づくりは一生のライフワーク、無理せずのんびり自分流でいきたいと思います。すばらしい先輩たちに教えを請いながら……。
http://www002.upp.so-net.ne.jp/pico346/
http://pico346.blog.so-net.ne.jp/

片寄 敬子 かたより たかこ　茨城県水戸市
バラ歴　18年　無農薬歴　16年
庭面積　130m² (駐車場を含む)
庭の環境　南向きで日当たりはよいが、南側と北側が垣根という条件があり風通しが悪い。
栽培バラ数　鉢植え100本、地植え100本
栽培のポイント　毎日の生ごみや、バラや木の剪定枝、雑草や草花などを抜いたものを、庭にまいています。残渣を庭にまいたときに、米ぬかをうっすらとまいて、庭の善玉菌をふやすようにしています。循環型の土づくりをすることにより、うどんこ病などの病気はほとんど出なくなっています。バラは、病気に強い品種を選ぶようにすることが、ポイントだと思います。
http://telesarose.blog98.fc2.com/

神谷 佳江 かみや よしえ　東京都新宿区
バラ歴　10年　無農薬歴　8年
庭面積　20m²　庭の環境　東側の午前中日があたり、午後日陰の花壇。午前中から午後までよく日があたる南花壇。1年中ほとんど日があたらないシェードガーデン。日当たり風通し良好の南向きベランダ。
栽培バラ数　鉢植え5本、地植え20本
栽培のポイント　緩効性化成肥料、骨粉は花芽形成期に必ずあげます。米ぬかや馬糞堆肥などをブレンドし、発酵熟成させて、時々土に混ぜています。犬が2匹と、将来子どもを生むであろう娘2人がいるので、農薬は絶対に使いたくありません。病虫害対策は、基本的には自然まかせ。手でつぶせる虫はすべて手でつぶし、カイガラムシもハブラシでこそげ落とします。うどんこ病には砂糖水のスプレー。米のとぎ汁1.5リットルに砂糖を大匙2杯入れて(2%の濃度)、直接、噴霧器で噴霧し洗い流すようにしています。
http://www3.alpha-net.ne.jp/users/kamiya/
http://yoshiek.blog1.fc2.com/

神吉 晃子 かんき あきこ　東京都町田市
バラ歴　15年　無農薬歴　15年
庭面積　約60m²
庭の環境　道路に面した東向きの細長い庭にフェンスと壁面。半日陰の南向きの細長い庭。
栽培バラ数　鉢植え17本、地植え16本
栽培のポイント　自家製の生ごみ堆肥と腐葉土、米ぬかを適時施しています。病虫害対策は、鳥や虫など天敵まかせ。あとは観察によるテデトール(手で取る)。生態系が自然に回転する偏らない庭づくりを心がけています。
http://totobebe.exblog.jp/

岸野 美代子 きしの みよこ　東京都町田市
バラ歴　10年　無農薬歴　8年
庭面積　100m²　庭の環境　南道路に面し日当たり風通しともに良好。草花も大切に考えているため、ほとんどのバラは高さのあるトレリスやアーチ、パーゴラで咲かせている。家の東側は少し日当たりが悪い。
栽培バラ数　鉢植え1本、地植え70本
栽培のポイント　以前は、竹酢液を年3回とニームオイルを1回まいていましたが、最近は何もしない完全無農薬です。夫作の完熟堆肥と有機肥料を混ぜたものを寒肥として土に施し、その後バラのまわりに堆肥をマルチングします。追肥はあまりせずバラの傍に植えてある草花やクレマチスに有機肥料を施すだけ。一番気をつけているのは風通しで、なるべく高い所に誘引し、窓辺も風通しがよいような仕立て方をしています。バラはすごく元気で、うどんこ病はほとんど出ません。バラと自然体で向き合い、気持ちがやさしくなる栽培をしています。また、芝生と草花の植栽を大切に、バラの美しさを引き出すように意識しています。
http://mmiima.exblog.jp/

金 明姫 きむ みょんひ　東京都町田市
バラ歴　10年　無農薬歴　3年
庭面積　32m²
庭の環境　南西角地、日当たりは春から秋も良好。
栽培バラ数　鉢植え10本、地植え30本
栽培のポイント　冬に山でクヌギの腐葉土を採取して有機物マルチをします。このとき山で採れた土着菌は、庭全体をよく発酵させてくれます。これで庭が土ごと発酵して、ふかふかの土づくりができます。12月頃にはこの土着菌で米ぬか発酵肥料づくりをして、2月頃に庭にまきます。これで病気に強いバラが育ち、無農薬でバラづくりを楽しんでいます。
http://myungchan2.exblog.jp/
http://kochunara.exblog.jp/

久保田 正子 くぼた まさこ　東京都町田市
バラ歴　6年　無農薬歴　5年
庭面積　28m²
庭の環境　南西向きの庭で、東側に建物がある関係で、朝日があたる時間が遅れる環境です。
栽培バラ数　鉢植え20本、地植え20本
栽培のポイント　有機質をたっぷり使って根がのびのびと育つ土づくりに気を配っています。無農薬栽培を実施している人の話を参考に、自己流でもいろいろ実験する日々です。最近は生ごみ処理機で処理した資材、米ぬか、善玉菌液、腐葉土、堆肥などを植物たちの根元にマルチングしています。うどんこ病予防に米ぬかふりふりしたり、週に1回病虫害予防にニームオイルを使用。植物と虫など生き物たちが生き生きと共存できるナチュラルガーデンが目標です。
http://hanachan0827.jugem.jp/

越川 洋子 こしかわ ようこ 福島県郡山市
バラ歴 7年　無農薬歴 5年
庭面積 約50m²
庭の環境 南向きで風通しがよい。日当たりはほぼ1日中。秋～冬は西風が強い。
栽培バラ数 鉢植え30本、地植え4本
栽培のポイント バラの栽培は初心者です。いきなり地植えにしないほうがよいと、先輩からアドバイスをいただき、今でもほとんど鉢植えで育てています。鉢植えですので条件のよいところに移動できるのが便利。うどんこ病も初期に風通しのよいところに移動させ、米ぬかをまぶして終了。黒点病予防に、鉢を円形のヤシマットでマルチング。雑草も防げます。鉢の植え替えは年1回を目指しています。元肥は市販の馬糞堆肥やバーク堆肥、追肥は固形の有機肥料。アブラムシは、ヒラタアブの幼虫でたりない所は手で取ります。そのほかの虫も葉を切り取って対処。発酵堆肥などに挑戦してみたいと思います。

後藤 千織 ごとう ちおり 群馬県渋川市
バラ歴 13年　無農薬歴 13年
庭面積 500m²
庭の環境 田舎の農家の庭。一部畑になっており、日当たりは良好。母屋西側のフェンス側は、午後から日があたります。冬から春は風が強い日が多い。
栽培バラ数 鉢植え5本、地植え20本
栽培のポイント 畑がそばにあるため、そこにまいた肥料などが流れてくるので、地植えのものはあまり肥料をやらなくても元気です。かなり放任で育てています。早春に畑用の完熟堆肥を分けてもらい、まいたりします。道沿いの長いフェンスに、バラを数種類あわせているので、枝があまり道に飛び出さないよう、枝をからめておいたり、飛び出した分は切ったりしています。生長力旺盛なものが多いので、ばっさり切ってもダメージなしです。
http://kuma-niwa.cocolog-nifty.com/days/

小松 幸子 こまつ ゆきこ 長野県上田市
バラ歴 13年　無農薬歴 12年
庭面積 約100m²
庭の環境 東南を向いていますが、家の前に3階建てのマンションがあるので、8月の終わりから3月の初めくらいまでは日照時間が短くなります。また夏は風通しが悪く、蒸す庭です。
栽培バラ数 鉢植え3本、地植え67本
栽培のポイント ポイントとしてこだわっていることはありません。ずぼらな性格なので自分が楽しんで育てられる範囲のことをしているだけです。この庭の中で繰り広げられる自然の営みがいとおしく、体験させてもらっていることに喜びを感じます。虫は手で取れる範囲で対応し、少々植物に被害があってもかまわない、と思っています。その時その時で、教えてもらったことや本などを読んでやっているだけなので、バラにはかわいそうなのかもしれませんが、それでもよく咲いてくれて感謝です。
http://pichank.exblog.jp/

小松原 奈穂子 こまつばら なほこ 島根県浜田市
バラ歴 8年　無農薬歴 8年
庭面積 家の東北側に60m²、南西側に40m²くらいあり、南西側は日当たりがよいのですが、東北側は、1日中日陰になる場所もあります。
栽培バラ数 鉢植え15本、地植え12本
栽培のポイント 庭の基本はハーブで、ハーブは食用や、お茶などに使うため無農薬、バラも農薬を使わずに育てたく、無農薬のバラ栽培を行なっています。無農薬というよりも、冬の寒肥とお礼肥以外はほとんど何もしていない、放置に近い育て方です。一時期は100種近くあったバラも、たくさん枯れてしまいましたが、枯れずに残ったのはほとんどがオールドローズとイングリッシュローズでした。冬の施肥は牛糞を、お礼肥はホームセンターの有機肥料を使っています。鉢バラは植え替えをしておらず、お礼肥のみのお手入れです。
http://sallydreamfield.blog84.fc2.com/

近藤 美鈴 こんどう みすず 愛媛県新居浜市
バラ歴 13年　無農薬歴 13年
庭面積 約200m²　庭の環境 住宅地の戸建ての庭。庭の半分が、午前中日当たりあり。もう半分が、10時くらいから西日まで強く照らされます。
栽培バラ数 鉢植え約60本、地植え約60本
栽培のポイント 米ぬか、もみ殻、くん炭、わらにヨモギ、ドクダミ、竹粉、玄米アミノ酸、千年クスノキの土着菌は宝物。10年間思いつくままに使ってきたこれらの資材がすっかり庭になじんで、今では生ごみも庭の残渣もマルチにすれば発酵して土に還ってくれます。ヨモギの天恵緑汁のおかげか、うどんこ病が出なくなりました。実家に咲く赤いバラは、消毒しなくても肥料がなくても40年変わらず5月を告げます。高温多湿の瀬戸内の春は短くあっという間に夏日を迎えます。冬でも休眠できない暖かさですからバラには過酷な気候でです。でも、無農薬でも鉢の植え替えをしなくても大丈夫と自信をもてる私のバラ育ての原点は、この母の赤いバラにあるのかもしれません。

佐藤 恵里子 さとう えりこ 北海道札幌市
バラ歴 20年　無農薬歴 15年
庭面積 122m²
庭の環境 日当たり良好、南向き。樹木の多い庭。
栽培バラ数 鉢植え32本、地植え40本
栽培のポイント 土づくりとこまめな病気予防とアブラムシ駆除(手で取る)を行ないます。土づくりは、有機肥料(発酵米ぬかと分解性微生物、魚粉、菜種油かす、骨粉)、腐葉土、牛糞バーク堆肥を施します。うどんこ病対策には、トルコデルマ菌液(トルコデルマ菌と光合成細菌液)を散布。バラ全体の病気予防には、週1～2回、ニームオイルや木酢液を散布。黒点病は見つけたら手で取り除き、大量発生以外は気にしません。花がらや病気の葉は早めに切り取り、落ちた葉や花がらは地面に残しません。日々のこまめな観察と早めの対処を実行しています。
http://e-garden.sblo.jp/

佐藤 妙子 さとう たえこ　奈良県生駒市

バラ歴　14年　無農薬歴　11年
庭面積　30m²
庭の環境　住宅街の戸建ての庭。東南の庭なので、午前中はよく日があたるが、午後からは日陰。
栽培バラ数　鉢植え6本、地植え45本
栽培のポイント　一時100を超えるバラを植えていましたが、狭い空間では風通しが悪くなり、病菌が繁殖してかなり減りました。現在は、手間いらずの品種しか生き残れないので、比較的育てやすい品種ばかりを育てています。EMぼかしを使った生ごみ堆肥をつくっていましたが、虫が発生したので、今は固形の置き肥と、リサイクラーに専用のバイオチップを混ぜてつくった堆肥を空き地に少し埋めてから使うようにしています。肌が弱いので薬剤に負けてからは無農薬です。うどんこ病に弱い品種もありますが、竹酢液を散布しています。
http://potto.lib.net/

佐藤 まゆみ さとう まゆみ　東京都世田谷区

バラ歴　12年　無農薬歴　5年
庭面積　20m²　庭の環境　ルーフバルコニーなので日当たり風通し良好。ただし、夏は灼熱地獄です。すべて鉢栽培なので、朝晩の水やりが欠かせません。
栽培バラ数　鉢植え30本、地植え0本
栽培のポイント　ベランダ鉢栽培のため、できるだけ植え替えの古土を出したくないので、善玉菌資材を使って（年に4～5回くらい）植え替えなしの栽培をしています。7、8年くらい植えっぱなしのものもあります。ペット（猫）を飼っていて、先代の猫はベランダにも出していたので、無農薬を心がけていました。風通しがよいのでうどんこ病は発生しませんが、黒点病は出ます。見つけたらすぐにむしってしまうことで、蔓延するのを少しは遅らせることができるような気がします。夏は灼熱になるので、鉢に直接日があたらないように、鉢同士をくっつけて置いたり、木の柵をめぐらせてカバーしたり、二重鉢にしているものもあります。高さの調節のために、鉢ON鉢にして置いたり、配置換えが自由なのがベランダ栽培の利点です。

島村 宏美 しまむら ひろみ　兵庫県篠山市

バラ歴　13年　無農薬歴　10年
庭面積　約1000m²
庭の環境　四方を山々に囲まれた丘の上。豊富な緑の借景に恵まれています。風が強すぎるという難点もありますが、庭全体、日当たりはよすぎるほど。庭は、駐車場側、中庭、カフェ側と、それぞれ違う雰囲気を楽しんでいます。
栽培バラ数　鉢植え21本、地植え12本
栽培のポイント　田舎なので敷地は広めですが、夫婦二人、仕事（小さな宿とカフェ）をしながら管理できる程度のバラを。我が家にもワンコがいて、ゲストに子どもさんたちやワンちゃんたちも多いので、無農薬で。そのための虫との戦いに、2011年からはシカも加わり、安全（＝無農薬なので）にバラの蕾を食べられる被害も！　シカも木酢が嫌いらしいと聞いて、まいてみたり試行錯誤中。そんな中でも咲いてくれるバラたちには感謝。
http://www008.upp.so-net.ne.jp/gardenhill/
http://blog.goo.ne.jp/jhg2181/

関口 朋子 せきぐち ともこ　東京都国立市

バラ歴　14年　無農薬歴　14年
庭面積　50m²
庭の環境　住宅地の戸建の庭。おもに家の東側～南側で育てています。
栽培バラ数　鉢植え18本、地植え17本
栽培のポイント　東京都下の田畑に囲まれた庭で、樹木、宿根草、ハーブ、野菜を育てています。子どもの頃から気管支が弱く、アレルギー体質のため、すべての植物を無農薬栽培しています。虫に食べられたり枯らされたりしますが、アマガエルや小鳥たちに助けてもらいながら、こまめにチェックし早めに対処しています。バラの黒点病などを最小限におさえたいと思い、ここ4～5年は園芸の基本の土づくりを見直し、有機堆肥と腐葉土、冬の寒かまきを実践中です。肥料は基本的に、完熟有機肥料ですが、薄い液体化成肥料を1カ月に2～3回ほど水代わりに与えています。

高坂 ひとみ たかさか ひとみ　神奈川県相模原市

バラ歴　9年　無農薬歴　9年
庭面積　76m²
庭の環境　東側は午前中の日当たり、風通しともに良好。南側デッキ部分は日当たり良好。南側の庭は、隣家があり日当たりはそれほどよくありません。
栽培バラ数　鉢植え30本、地植え5本
栽培のポイント　特別な栽培のポイントはありません。ただ薬剤を使わずに育てるために、日頃からよく観察するようにしています。平日仕事をしている私にとって、朝の水やりの時間は絶好の観察タイムです。「虫食いはないかな？」「虫のフンはないかな？」これは「一石二鳥」です。早く気づくこと。そしてもうひとつ心がけているのは掃除です。花がらや落ちた葉っぱもこまめに取り除くようにすること。特に雨の翌日。基本のことですね。
http://www.geocities.co.jp/AnimalPark-Lucky/3159/newpage8.htm
http://yaplog.jp/noichigo05/

滝口 明子 たきぐち あきこ　秋田県秋田市

バラ歴　8年　無農薬歴　8年
庭面積　65m²
庭の環境　ほとんどが日陰・半日陰で、少しだけ日当たりのよい場所があります。
栽培バラ数　鉢植え60本、地植え20本
栽培のポイント　定期的に木酢液や米ぬかをまいたりはしていません。気が向いたときにまくくらいです。なので、虫もつくし、病気も出ます。それでも、すごくたくさんではないけれど、バラは咲いてくれます。完璧を求めなければ、オーガニックでも十分にバラを楽しめると思っています。液体化成肥料を夏場にあげたりしています。

寺田 直子 てらだ なおこ　東京都目黒区
バラ歴　14年　無農薬歴　7年
庭面積　花壇と地植え2坪
庭の環境　北西角地。
栽培バラ数　鉢植え4本、地植え16本
栽培のポイント　動物病院なので、来院する動物や飼い主さんに、農薬や化成肥料の影響がないように、植物はすべてオーガニックで育てています。オーガニックにして3年目くらいから、虫の被害が激減し、手で取ったりすることがなくなりました。病気に対しても耐性がついたようで、自然とのバランスがとれてきたように感じます。桜並木に面しているので、秋は花壇に落ち葉を敷きつめ、米ぬかをまいて、腐葉土にします。冬の剪定＆誘引作業のときに、馬糞を株元に入れています。鉢植えのバラは、コガネムシが入らないように、ネットをかけた上から、チップをマルチングして防除しています。葉っぱが少々きれいじゃなくても気にせず、小さな虫や病気は自然にまかせています。
http://blogs.yahoo.co.jp/kuromaru1996（てらだ動物病院日記）

徳山 さゆり とくやま さゆり　神奈川県川崎市
バラ歴　10年　無農薬歴　10年
庭面積　70m²
庭の環境　住宅地の戸建ての庭。日当たりは、午前半分の東・南側と、午後半分の西側、風通しのよい明るい北側。
栽培バラ数　鉢植え15本、地植え20本
栽培のポイント　土づくりは、2009年までは、赤玉と馬糞堆肥、月1回のぼかし肥料のみでした。2010年から有機物のマルチ、自作の米ぬか発酵肥料を与えています。住宅が密集しているので、化学農薬は使わず、ニンニクとトウガラシの焼酎漬けと木酢液を薄めて散布。植える場所の日照時間などを考え、条件にあったバラ選びをしています。虫は見つけたら手で取っています。

長島 敬子 ながしま けいこ　長野県上田市
バラ歴　16年　無農薬歴　6年
庭面積　600m²
庭の環境　南向きの傾斜地。東南角地。
栽培バラ数　鉢植え20本、地植え300本
栽培のポイント　16年前に庭をつくり始めた頃は、殺虫剤、殺菌剤の散布をしていましたが、薬漬けに抵抗を感じ始め、裏庭をつくった7年前からは広くなったこともあり、まったくやめています。ただ樹木には、真冬に1回石灰硫黄合剤をまいています。これも2012年からはやめようかと考え中です。水やりは植えて1～2年だけ多めにしっかりあげます。庭づくりの始めからオールドローズを植えていますが、乾燥や病虫害に強いものだけが残りました。施肥も、株数が多いのでいきわたれたりません。生ごみはすべて庭に戻すことと、米ぬかを時々まくことがおもになっています。
http://oldrosekeiko.blog100.fc2.com/

中村 敦子 なかむら あつこ　埼玉県三郷市
バラ歴　10年　無農薬歴　8年
庭面積　200坪
庭の環境　南側と東側は日当たり風通しともに良好。西側は隣家との間で風通しが悪い。北側は大きなケヤキの木があるため、日当たりがあまりよくない。
栽培バラ数　鉢植え約100本、地植え約170本
栽培のポイント　ポイントの一番は、しょっちゅうバラを見ることです。毎日見ていると葉を食べる虫はテデトール（手で取る）できるし、元気がないのもすぐにわかります。特に決まったペースではなく、時間があるとき、気が向いたときに、ニームオイルなどを散布したり、米ぬかをまいたりしています。いろいろな植物があるなかで咲くバラが好きなので、木や草、野菜などさまざまなものをバラと一緒に育てています。
http://pompeechan.blog17.fc2.com/

中村 敬子 なかむら けいこ　鹿児島県鹿児島市
バラ歴　15年（東京12年、鹿児島3年）
無農薬歴　12年（東京9年、鹿児島3年）
庭面積　65m²　庭の環境　1日中日があたる南向きの花壇。午前中だけの日差しの壁面。午後だけの日差しの中庭。
栽培バラ数　鉢植え24本、地植え59本
栽培のポイント　鹿児島は桜島の降灰、黄砂、多雨、酷暑、シラス台地と、バラ栽培には不向きな土地柄ですが、数回の土壌改良を重ねて、やっと根腐れせずにバラが育つようになりました。シラスの岩盤を取り除き、霧島高原の土着菌入りの腐葉土や自家製馬糞堆肥、小粒の土壌改良材をすきこみ、米ぬか散布や発酵米ぬかを表面に置くことで、ふかふかの土に生まれ変わり、土が団粒構造になるのも早くなりました。2月から10日に1回の割合でニームオイルと木酢液を散布していますが、環境が整うにつれてこの作業も不要になるのではと期待しています。時間がない時の追肥は、緩効性化成肥料をばらまくこともありますが、基本はカニ殻と米ぬかを混合したものと、発酵米ぬかです。

中村 良美 なかむら よしみ　福島県須賀川市
バラ歴　15年　無農薬歴　5年
庭面積　約150m²
庭の環境　東南の角地で、日当たりはよいが、風がきつい。
栽培バラ数　鉢植え112本、地植え8本
栽培のポイント　馬糞・米ぬか・腐葉土などで、6カ月ほどかけて自家製馬糞堆肥をつくり、おもに鉢バラに使っています。2012年はもみ殻を発酵させたものもつくり、活用する予定にしています。日当たりがよく、風も強いので、冬の寒さと乾燥による植物の傷みが気になりますが、適した植物を選ぶことで、バラエティに富んだ植栽の庭をつくりたいと思っています。塀代わりのボーダーガーデンには100種を超える植物を植えています。絵になる風景・理想の風景を絵に描くようにつくりたいと思って庭づくりをしていますが、管理されすぎた庭は苦手です。植物や生き物が現わす偶然やパワーが庭づくりの力になっています。
http://poco0704.blog102.fc2.com/

野村 美穂子 のむら みほこ　神奈川県横浜市

バラ歴　6年　**無農薬歴**　4年
庭面積　75m²　**庭の環境**　住宅地の戸建ての庭。東南の角地だが、カイズカイブキの生け垣で囲まれており、庭には樹木が多い。日あたりのよい所は芝生。午前中か木もれ日程度の日があたる株が多い。
栽培バラ数　鉢植え15本、地植え35本
栽培のポイント　樹木が多いので、木陰でも咲くバラを選ぶようにしています。肥料は2年前から自分でつくった米ぬか醗酵肥料を使用。年4回の米ぬかまきと、春に葉にも米ぬかをまきます。無農薬に変えて4年、うどんこ病はあまり出ませんが、夏には黒点病が出るので、木酢液や海草から抽出した生薬、ニームオイルを時々葉面散布しています。2011年は、テントウムシやヒラタアブ、クサカゲロウの卵などがたくさん葉についていました。無農薬で育てるには、虫の生態を知って虫にも協力してもらうことも大事と実感しました。樹木のある庭で、農薬を使わずに、草花と一緒に咲くバラ庭を目指して試行錯誤している段階です。

濱田 世津子 はまだ せつこ　神奈川県相模原市

バラ歴　10年　**無農薬歴**　約3年
庭面積　25m²
庭の環境　住宅地の戸建ての庭。東南向きの庭で、西側と北側に隣家。おもに、東側の通路と南側の庭、日あたりのよい駐車場のフロントガーデン。
栽培バラ数　鉢植え約30本、地植え約30本
栽培のポイント　風の通りをよくし、蒸れで病気が発生しないように気をつけ、できるだけ密に植栽しないようにしています。土づくりが元気なバラと宿根草の源。冬に市販の完熟堆肥に米ぬか発酵肥料を混ぜ、それを株元にまきます。発酵肥料が足りない場合、堆肥だけまく場所もあります。土着菌を探さないので、市販の発酵肥料をつくっています。およそ3年、土はフカフカ、葉っぱはツヤツヤ、花は大きく咲き、支柱がなくてもいいくらいガッシリ育ちました。ヒラタアブ、カナヘビ、テントウムシ、鳥などの姿を庭で頻繁に見かけるようになり、ますますオーガニックの成果を楽しめるようになりました。

藤本 由紀子 ふじもと ゆきこ　千葉県袖ケ浦市

バラ歴　14年　**無農薬歴**　12年
庭面積　100m²
庭の環境　おもに東南。南側に建物あり。冬以外は日あたり良好。南西・西・北にも植栽。
栽培バラ数　鉢植え11本、地植え27本
栽培のポイント　夏前に乾燥予防として、また冬の剪定前に腐葉土ともみ殻くん炭でマルチング。仕事がらハーブを100種類以上育てているのですが、セージなどのおかげでテントウムシがふえました。また、コンパニオンプランツを用途に合わせて植栽するようにしています。ドライにしたカモミールを6月頃土に混ぜこんだり、予防のために、2月頃と必要に応じて米ぬかを葉っぱにまきます。タイムなどのハーブの浸出液で予防ができるか、いろいろ実験しています。あとは必死に虫取りですね。
http://yukimosorayuki.blog20.fc2.com/

本田 章子 ほんだ あきこ　埼玉県さいたま市

バラ歴　12年　**無農薬歴**　5年
庭面積　150m²
庭の環境　農家の庭なので、物置があったり大木があったり……で日陰、木陰が点在。風通しはよいほうですが、隣家のケヤキの大木が日光をさえぎり、常にソフトな光が差しこむ庭。
栽培バラ数　鉢植え110本、地植え195本
栽培のポイント　できるだけ、地元、身近で手に入るものを使って栽培。稲わら、米ぬかなどを取り入れ、ローコストで元気なバラを咲かせることを心がけています。バラ育てに限らず、植物とのつきあいは長い、と考え、無理はしません。地植えのバラは過保護にせず、肥料は冬の寒肥（ぼかし肥料）のみ。水やりには適宜与えますが、毎月などと決めずに、バラの様子であげたり、休んだりします。植物の健康は土から、という考えで、土の改良にはいろいろと工夫しています（でも難しいことは苦手なので、自分の続けられる範囲で）。最終的には、ローメンテナンスで年をとっても維持できることが目標。

松本 記司子 まつもと きしこ　広島県福山市

バラ歴　10年　**無農薬歴**　10年
庭面積　80m²
庭の環境　住宅地の戸建ての庭（おもに南向き）。日当り良好。
栽培バラ数　鉢植え4本、地植え23本
栽培のポイント　健全に育てるため、日当たりや風通しを重視し、植えつけ場所を決めたり剪定・枝の整理をしています。また、我が家の庭は水はけがよくないため、定植した場所の定期的な土づくりが欠かせません。バラやほかの植物の根がしっかり張れるよう、年に何度かは堆肥などの有機物を入れるようにしています。さらに無農薬で育てるためには、精神的な負担を減らすために、あまり手のかからない強健な品種を選ぶのが一番のポイントだと思います。少々病気になってもあまり気にせず「どんな状態になっても春には必ず花を見せてくれるわ！」と、おおらかな気持ちで育てることが無農薬栽培を長く続けられる秘訣だと思います。
http://www.ne.jp/asahi/kikko/living/
http://natural44.exblog.jp/

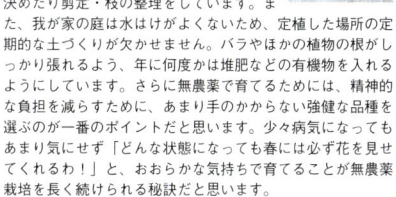

松本 隆司 まつもと たかし　長崎県佐世保市

バラ歴　16年　**無農薬歴**　5年
庭面積　70m²
庭の環境　基本的にはシェードガーデンの自宅の庭と、日あたりのよい駐車場。
栽培バラ数　鉢植え60本、地植え80本
栽培のポイント　どれだけ、豊かな善玉菌を豊富にもつ土をつくるかに力を注いでいます。そのうえで、なるべく手のかからない栽培、心地よい環境づくりを、心がけています。
http://takasisi.at.webry.info/

松本 徹・恭子 まつもと とおる・きょうこ　北海道江別市

バラ歴　4年　**無農薬歴**　4年
庭面積　60m²　**庭の環境**　風が常に吹いている感じがします。鉢が倒れる程度で、バラが折れるほどの強風ではありません。隣家の影響で、13時くらいから庭が日陰になり始めます。
栽培バラ数　鉢植え6本、地植え16本
栽培のポイント　夫婦共働きで残業も多いので無理はしません。肥料は2年目までは市販のもの。最近は生ごみ乾燥機処理物を利用するのが定着です。月に2回くらいまく木酢液に漬けこむものも工夫しています。ニームオイルもまきます。2010年から季節の変わりめに米ぬかをまき始めました。冬囲いはしっかりやります。週に一度庭に出すには、ハナグモやクサカゲロウ、ヒラタアブの幼虫に協力してもらっています。植えているニンニクも効いているようです。北海道は寒肥が使えぬ（お盆以降の追肥で育った枝は冬越しできない）、春の肥料やりだけでは栄養が足りないので、黒点病になりやすいと言われています。
http://myhomedream.jugem.jp/

松本 紀子 まつもと のりこ　千葉県船橋市

バラ歴　15年　**無農薬歴**　11年
庭面積　3.3m²
庭の環境　小さな花壇と家のまわりの狭い通路。家の壁、窓や雨戸、道路に面したフェンスを利用。
栽培バラ数　鉢植え2本、地植え12本
栽培のポイント　米ぬかで生ごみ堆肥をつくり利用しています。バラに来る虫を知り、葉や葉裏に潜む虫を、ひたすら手で取っています。虫の種類、植物の種類がふえることがよいと考え、土が見えないくらい植物を密に植えることによって、植物同士の不思議なテレパシーでのプラス効果もあるのでは？と感じています。葉や棘、ヒップにも魅力を感じ、四季咲きにこだわらないバラ栽培です。
http://hmmk.opal.ne.jp/

丸山 育子 まるやま いくこ　東京都町田市

バラ歴　13年　**無農薬歴**　13年
庭面積　50m²（ベランダ含）
庭の環境　半日陰〜日陰。東南〜東。ただし、建物・樹木などの影響があります。
栽培バラ数　鉢植え12本、地植え18本
栽培のポイント　堆肥や有機肥料を年に一〜二度ほど施しています。米ぬかを使った発酵肥料を手づくりすることもあります。まれにうどんこ病が発生した場合は、アルコール度40程度のウォッカで拭き取ることもあります。庭の環境に合うような品種を試行錯誤しつつ、時には移植したりして見きわめるようにしています。環境になじんだつるバラを中心に、縦のラインを意識して日照不足を補うようにしています。虫退治はおもに天敵まかせです（コガネムシやテッポウムシは人の手で！）。

宮野 純子 みやの じゅんこ　東京都中央区

バラ歴　10年　**無農薬歴**　9年
庭面積　7.8m²
庭の環境　北西向きのベランダ（5階）。まわりはビルに囲まれ、冬は特に日当たりが悪い。
栽培バラ数　鉢植え20本、地植え0本
栽培のポイント　すべて鉢植えなので、基本的にはバラ用の培養土を使っています。それに年に数回、米ぬか発酵させた堆肥を混ぜたり、時間がない時は東京都の公園で無料で配っている堆肥をそのままマルチングしたりしています。たまに米ぬかをパラパラと葉っぱにもまいています。肥料は有機系のものばかり。しかも量も少なめで、与える時期も気まぐれ。化成肥料、液肥などはまったく使わなくなりました。バラ本来の力を引き出せるように、あとはそこにちょっとだけ目を配り、愛情をかけていればそれなりに咲いてくれると思います。

矢崎 恵子 やざき けいこ　山梨県上野原市

バラ歴　11年　**無農薬歴**　11年
庭面積　165m²　**庭の環境**　明るい開けた土地で風通し日当たり良好。標高約380mで夏は暑すぎず冬は寒すぎず、バラにはまずまずよい環境ではないかと思います。樹木があるので半日陰になる場所も多いのですが、バラはなるべく日当たりのよい場所に植えたり置いたりしています。
栽培バラ数　鉢植え19本、地植え80本
栽培のポイント　よく見て、変化に気をつけることが第一かと思っています。それに対して適切な対応ができるようこれからも学んでいきたいと思っています。バラの気持ちになって、どうしてほしいかを感じながら育てています。自家製の生ごみ堆肥と嫌気性ぼかしを使っていますが、合っているようです。病気や虫の対策はほとんどやっていません。黒点病になった葉や不要枝はなるべく早く除いています。農薬を使わない理由はいろいろありますが、土地は地球のものなので、健全な状態にしたいというのが一番の理由でしょう。
http://bacillussa.exblog.jp/

籔 雅子 やぶ まさこ　神奈川県横浜市

バラ歴　15年　**無農薬歴**　15年
庭面積　16m²
庭の環境　マンションのベランダ。
栽培バラ数　鉢植え23本、地植え0本
栽培のポイント　毎年すべての鉢を植え替え、盆栽のように育てる大きさを調整します。あとの手入れは、観察し、虫は卵のうちにテデトール（手で取る）、トウガラシやヨモギ、ラベンダーなどのチンキ剤をブレンドしてつくったスプレーを定期的に散布するくらいです。ベランダ栽培の注意点は、階下に花弁が散らないように、開花したらすぐに剪定して花瓶に活けて楽しみます。オールドローズは特にハラハラと散るので気をつけます。また、排水溝がつまらないように、常にチェックします。うどんこ病の出方は、場所や天候によって変わります。黒点病は我が家のベランダではほとんど出ません。アンケートに、開花の回数を3回と書いたものがありますが、夏は体力を消耗するのであえて咲かせないようにしています。
http://ameblo.jp/phyto-rose

参考文献

『バラ大百科——選ぶ、育てる、咲かせる』(別冊NHK趣味の園芸)
　　　上田善弘+河合伸志［監修］　NHK出版［編］　日本放送出版協会
『オールド・ローズ花図譜』
　　　野村和子［著］　小学館
『イングリッシュローズのすべて』
　　　有島薫+鈴木満男［監修］　NHK出版［編］　日本放送出版協会
『Modern Roses 12』
　　　Marily Young+Phillip Schorr［編］　Pediment Publishing.
『Modern Roses XI: The World Encyclopedia of Roses』
　　　Thomas Cairns+Marily Young+Jolene Adams+Bob Edberg［編］　Academic Press.
『マダム高木の優雅なバラ——庭で育てた300種&きれいに咲かせるコツ』
　　　高木絢子［著］　主婦の友社
『オールド・ローズとつるバラ図鑑674』
　　　寺西菊雄+前野義博+村田晴夫+小山内健［編］　講談社
『四季咲き木立ちバラ図鑑728』
　　　寺西菊雄+前野義博+村田晴夫+小山内健［編］　講談社
『決定版　バラ図鑑』
　　　寺西菊雄+前野義博+村田晴夫+小山内健［編］　講談社
『美しく病気に強いバラ——選りすぐりの200品種と育て方のコツ』(別冊NHK趣味の園芸)
　　　河合伸志［監修］　NHK出版［編］　日本放送出版協会
『無農薬でバラ庭を——米ぬかオーガニック12カ月』
　　　小竹幸子［著］　築地書館
『バラはだんぜん無農薬——9人9通りの米ぬかオーガニック』
　　　梶浦道成+小竹幸子［編］　築地書館
『はじめてのバラこそ無農薬——ひと鉢からの米ぬかオーガニック』
　　　小竹幸子［著］　築地書館
『虫といっしょに庭づくり』
　　　ひきちガーデンサービス（曳地トシ+曳地義治）［著］　築地書館
『雑草と楽しむ庭づくり』
　　　ひきちガーデンサービス（曳地トシ+曳地義治）［著］　築地書館
『無農薬で庭づくり』
　　　ひきちガーデンサービス（曳地トシ+曳地義治）［著］　築地書館
『オーガニック・ガーデン・ブック——庭からひろがる暮らし・仕事・自然』
　　　ひきちガーデンサービス（曳地義治+曳地トシ）［著］　築地書館
『にほんのいきもの暦』
　　　財団法人日本生態系協会［著］　アノニマスタジオ［発行］　KTC中央出版［発売］
ナショナル・ジオグラフィック・チャンネル

バラ名和文索引

【ア】
アイスバーグ　122
アウェイクニング　165
あおい　128
アシュ・ウェンズディ　165
アシュラム　147
アデレード・ドルレアン　115
アブラハム・ダービー　182
アラン・ティッチマーシュ　210
アリスター・ステラ・グレー　84
アルシデューク・ジョセフ　100
アルバ・セミプレナ　32
アルバ・メイディランド　261
アルヒミスト　255
アルベリック・バルビエ　282
アルベルティーヌ　283
アレキサンダー・ジロー　285
アレトゥサ　52
淡雪　242
アンジェラ　126
アンドゥレ・ル・ノートゥル　147
アントニア・ドルモア　64
アンヌーマリ・ドゥ・モンラヴェル　177
アンブリッジ・ローズ　194
アンリ・マルタン　74

【イ】
イヴォンヌ・ラビエ　177
イヴ・ピアジェ　148
イザヨイバラ　30
イングリッシュ・ガーデン　210
イングリッシュ・ヘリテージ　184
インターナショナル・ヘラルド・トリビューン　128

【ウ】
ヴァリエガータ・ディ・ボローニャ　37
ヴァルトブルグ　109
ヴィオラケア　64
ヴィオレットゥ　108
ウィズリー　211
ウィリアム・R・スミス　100
ウィリアム・シェイクスピア2000　211
ウィリアム・モリス　186
ウィリアム・ロブ　76
ヴィレッジ・メイド　49
ウーメロ　129
ヴェルシーニ　252

【エ】
エヴリン　195
エクセレンツ・フォン・シューベルト　178
エグランタイン　188
F. J. グルーテンドルスト　278
エメ・ヴィベール　90
L. D. ブレスウェイト　212
エルモーサ　53
エンジェルズ・キャンプ・ティー　101
エンジェル・フェイス　129

【オ】
オーギュスト・ルノアール　148
オールド・ブラッシュ　50
オクタヴィア・ヒル　130
オノリーヌ・ドゥ・ブラバン　38
オリヴィエ・ローランジェ　257
オンブレ・パルフェトゥ　65

【カ】
カーディナル・ドゥ・リシュリュー　60
カーディナル・ヒューム　261
カナリー・バード　115
カピテーヌ・ジョン・イングラム　80
カフェ・ラテ　149
ガブリエル　130
カラフトイバラ　14

【キ】
ギスレヌ・ドゥ・フェリゴンドゥ　109
キフツゲート　26

キモッコウバラ　16
キャスリン・モーリー　212
キャンティ　213
キング　110

【ク】
クイーン・オブ・スウェーデン　213
グラウス　255
クラウン・プリンセス・マルガリータ　214
グラハム・トーマス　190
グラミス・キャッスル　214
グリーン・アイス　172
グルス・アン・アーヘン　131
クレア・オースチン　196
グレイス　197
グレート・メイドゥンズ・ブラッシュ　34
グレー・パール　149
クレパスキュル　90
クロッカス・ローズ　198
グロワール・デ・ムスーズ　80
グロワール・ドゥ・ディジョン　106
群星　142

【ケ】
ケーニギン・フォン・デーネマルク　34

【コ】
コーヴェデイル　215
コーネリア　264
ゴールデン・ウィングス　243
ゴールデン・セレブレーション　199
ゴールデン・ボーダー　131
コマンダン・ボールペール　69
コレットゥ　166
コンスタンス・スプライ　200
コントゥ・ドゥ・シャンパーニュ　201
コントゥ・ドゥ・シャンボール　95

【サ】
サー・エドワード・エルガー　202

賽昭君（サイザウチェン）　53
ザ・ジェネラス・ガーデナー　203
ザ・シェパーデス　215
ザ・ナン　216
サハラ'98　243
ザ・ピルグリム　216
ザ・フェアリー　178
サプライズ　132
サフラノ　101
ザ・プリンス　217
サマー・スノー　132
サラ・ヴァン・フリート　278
サレ　77
サンショウバラ　29

【シ】
ジ・アニック・ローズ　217
ジ・アレキサンドラ・ローズ　218
シー・フォーム　244
ジーン・シスレー　150
ジェイムズ・ゴールウェイ　218
ジェイムズ・ミッシェル　81
ジェーン・オースチン　219
ジェネラル・ジャックミノ　69
ジェネラル・シャブリキン　102
ジェフ・ハミルトン　219
ジェントル・ハーマイオニー　220
紫玉　61
シスター・エリザベス　220
シドニー　70
ジプシー・ボーイ　39
ジャクリーヌ・デュ・プレ　260
ジャック・カルティエ　94
シャポー・ドゥ・ナポレオン　49
シャリファ・アスマ　204
ジャルダン・ドゥ・レソンヌ　257
シャルル・ドゥ・ゴール　150
シャルル・ドゥ・ミル　62
シャンテ・ロゼ・ミサト　144
ジャンヌ・ダルク　35

シャンプニーズ・ピンク・クラスター　91
ジュード・ジ・オブスキュア　221
ジュノー　48
ジュビリー・セレブレーション　221
白長春　116
新雪　162
シンベリン　222

【ス】
スイート・ジュリエット　222
スイート・チャリオット　171
紫燕飛舞（ズーイェンフェウー）　116
スヴニール・ダン・ナミ　102
スヴニール・デュ・ドクトゥール・ジャマン　70
スヴニール・デリズ・ヴァルドン（香粉蓮）　103
スヴニール・ドゥ・アンネ・フランク　133
スヴニール・ドゥ・フィルモン・コシェ　279
スヴニール・ドゥ・ラ・マルメゾン　40
スカボロー・フェア　223
スタンウェル・パーペチュアル　112
ストロベリー・アイス　133
ストロベリー・ヒル　223
スノー・グース　192
スパニッシュ・ビューティ　163
スピリット・オブ・フリーダム　224
スペクタビリス　117

【セ】
セバスチャン・クナイプ　151
ゼフィリース・ドルーアン　44
セプタード・アイル　224
セリーズ・ブーケ　256
セリーヌ・フォレスティエ　91
セレスティアル　35
セント・セシリア　205

【ソ】
ゾエ　81
ソニア・リキエル　251
ソフィーズ・パーペチュアル　54
ソンブルーイ　160

【タ】
ダーシー・バッセル　225
ダヴ　225

タカネバラ　28
たそがれ　134
ダム・ドゥ・シュノンソー　244

【チ】
チャールズ・ダーウィン　226
チャールズ・レニー・マッキントッシュ　226
チャイコフスキー　245
チャリティ　227

【ツ】
つるアイスバーグ　141
つる桜霞　142
つるシンデレラ　173
つるピース　153
つるミセス・ハーバート・スティーヴンス　154

【テ】
ティージング・ジョージア　227
ディスタント・ドラムス　245
ディック・コスター　179
デインティ・ベス　145
デュシェス・ダングーレム　65
デュシェス・ドアウスタッド　92
デュシェス・ドゥ・ブラバン　97
デュシェス・ドゥ・モンテベロ　66
テレーズ・ブニェ　279

【ト】
トリアー　110
トレジャー・トローヴ　166
ドロシー・パーキンス　285

【ナ】
ナエマ　167
ナニワバラ　25

【ニ】
ニュー・ウェーブ　151
ニュー・ドーン　164

【ノ】
ノイバラ　22
のぞみ　173
ノック・アウト　246

【ハ】
バーガンディ・アイスバーグ　124
パークス・イエロー・ティー－センティッド・チャイナ　98
バーバラ・オースチン　228
パール・メイディランド　262
ハーロウ・カー　228
羽衣　167
バターカップ　229
バタースコッチ　168
パット・オースチン　206
バフ・ビューティ　266
バブル・バス　274
バレリーナ　272
バロン・ジロ・ドゥ・ラン　68

【ヒ】
ピエール・ドゥ・ロンサール　156
ビサンテネール・ドゥ・ギヨー　252
ヒュームズ・ブラッシュ・ティー－センティッド・チャイナ　103
ピンク・グルーテンドルスト　280
ピンク・グルス・アン・アーヘン　134
ピンク・サクリーナ　262
ピンク・パレード　246

【フ】
ファンタン－ラトゥール　46
フィリス・バイド　180
フィンブリアータ　280
ブータンナニワバラ　26
フェア・ビアンカ　229
フェリシア　274
フェリシィテ・パルマンティエ　36
粉粧楼（フェンジュアンロウ）　114
フォース・オブ・ジュライ　168
フォーチューンズ・ダブル・イエロー　117
フォルム　151
プティット・リゼット　36
ブライス・スピリット　230
ブラザー・カドフィール　230
ブラス・バンド　135
ブラック・ボーイ　82
ブラッシュ・ノワゼット　86
ブラッシュ・ブールソール　118
ブラッシング・ノック・アウト　247
フランシース・オースチン　231
フランシス・E・レスター　275
フランシス・デュブルーユ　99
フランス・アンフォ　247
フランソワ・ジュランヴィル　284
フランチェスカ　275
ブラン・ドゥブル・ドゥ・クベール　281
ブラン・ピエール・ドゥ・ロンサール　169
プリティ・レディ　135
プリンセス・アレキサンドラ・オブ・ケント　231
ブルー・フォー・ユー　136
ブルー・ボーイ　248
ブレドン　232
フローランス・ドゥラートル　253
プロスペリティ　268

【ヘ】
ペーター・ローセガー　111
ペガサス　232
ヘザー・オースチン　233
ペニー・レーン　169
ペネロペ　270
ベル・イジス　63
ヘルシューレン　146
ベル・ストーリー　233
ベル・ドゥ・クレシー　66
ペルル・デ・パナシェ　67
ペルル・ドール　176

【ホ】
ボウ・ベルズ　207
ホーム＆ガーデン　136
ポールズ・スカーレット・クライマー　170
ポールズ・ヒマラヤン・ムスク　273
ポール・セザンヌ　258
ポール・ボキューズ　253
ホット・ココア　137
ほのか　137
ホワイト・グルーテンドルスト　281
ホワイト・メイディランド　263

【マ】
マイ・グラニー　248
マサコ　188

マジェンタ 138
マダム・アルディ 56
マダム・アルフレッドゥ・キャリエール 88
マダム・アルフレッド・ドゥ・ルージュモン 71
マダム・アントワーヌ・マリ 104
マダム・イザアック・ペレール 44
マダム・ジュール・グラブロー 107
マダム・ジョルジュ・ブリュアン 277
マダム・ゾットマン 59
マダム・ピエール・オジェ 41
マダム・フィガロ 258
マダム・ブラヴィ 104
マダム・プランティエ 33
マダム・ルイ・レヴェク 78
マダム・ルナイー 71
マダム・ローレット・メッシミィ 54
マダム・ロンバール 105
マチルダ 138
マリー・ドゥ・サンジャン 95
マルゴ・コスター 179
マレシャル・ダヴゥ 79

【ミ】
ミスティ・パープル 139
ミセス・ドリーン・パイク 208

【ム】
ムーンライト 276
ムタビリス 55
ムンステッド・ウッド 234

【メ】
メアリー・マグダリン 234
メアリー・ローズ 209
メイ・クイーン 286
メイヤー・オブ・キャスターブリッジ 235
メルヘンランド 139

【モ】
モーティマー・サックラー 235
モッコウバラ 18

【ユ】
ユキコ 174
夢乙女 174

【ヨ】
ヨーク&ランカスター 59
ヨーランド・ダラゴン 96

【ラ】
ライラック・チャーム 140
ラヴェンダー・ドリーム 249
ラヴェンダー・ピノキオ 140
ラヴェンダー・ラッシー 276
ラウプリッター 254
ラウル・フォルロー 152
ラジオ・タイムズ 236
ラッセリアーナ 111
ラプソディ・イン・ブルー 249
ラ・フランス 152
ラマルク 92

【リ】
リッチフィールド・エンジェル 236

【ル】
ルイーズ・オディエ 42
ルイ14世 72
ルドゥーテ 237
ル・ベジューヴ 55

【レ】
レーヌ・ヴィクトリア 43
レーヌ・デ・ヴィオレッテ 72
レオナルド・ダ・ビンチ 125
レダ 58
レッド・キャスケード 175
レディ・エマ・ハミルトン 237
レディ・ヒリンドン 105

【ロ】
ロイヤル・サンセット 170
ロージー・カーペット 250
ローズ・デ・キャトル・ヴァン 259
ローズ・ドゥ・レシュ 96
ローゼンドルフ・シュパリースホープ 256
ロードリー・オベロン 238
ローラ・アシュレイ 175
ロココ 240
ロサ・エグランテリア 21

ロサ・カニーナ　27
ロサ・ガリカ・ウェルシコロル　27
ロサ・グラウカ　24
ロサ・スピノシッシマ　28
ロサ・ダヴーリカ・アルペストリス　14
ロサ・ニッポネンシス　28
ロサ・ニティダ　29
ロサ・バンクシアエ・バンクシアエ　18
ロサ・バンクシアエ・ルテア　16
ロサ・ヒルツラ　29
ロサ・ポミフェラ・デュプレックス　118
ロサ・ムリガニー　30
ロサ・ムルティフローラ　22
ロサ・ラエウィガータ　25
ロサ・ルブリフォリア　24
ロサ・ロクスブルギー・ロクスブルギー　30
ロング・ジョン・シルバー　119

【ワ】
ワイフ・オブ・バス　238
ワイルド・エドリック　239

バラ名欧文索引

[A]

Abraham Darby　182
Adélaïde d'Orléans　115
Aimée Vibert　90
Alan Titchmarsh　210
Alba Meidiland　261
Alba Semi-plena　32
Albéric Barbier　282
Albertine　283
Alchymist　255
Alexandre Girault　285
Alister Stella Gray　84
Ambridge Rose　194
André le Nôtre　147
Angel Face　129
Angela　126
Angels Camp Tea　101
Anne-Marie de Montravel　177
Antonia d'Ormois　64
Aoi　128
Archiduc Joseph　100
Arethusa　52
Ash Wednesday　165
Ashram　147
Auguste Renoir　148
Awakening　165
Awayuki　242

[B]

Ballerina　272
Barbara Austin　228
Baron Girod de l'Ain　68
Belle de Crécy　66
Belle Isis　63
Belle Story　233
Bicentenaire de Guillot　252
Black Boy　82
Blanc Double de Coubert　281
Blanc Pierre de Ronsard　169
Blue Boy　248
Blue For You　136
Blush Noisette　86
Blush Boursault　118
Blushing Knock Out　247
Blythe Spirit　230
Bow Bells　207
Brass Band　135
Bredon　232
Brother Cadfael　230
Bubble Bath　274
Buff Beauty　266
Burgundy Iceberg　124
Buttercup　229
Butterscotch　168

[C]

Caffe Latte　149
Canary Bird　115
Capitaine John Ingram　80
Cardinal de Richelieu　60
Cardinal Hume　261
Celestial　35
Céline Forestier　91
Cerise Bouquet　256
Champney's Pink Cluster　91
Chant rose misato　144
Chapeau de Napoléon　49
Charity　227
Charles Darwin　226
Charles de Gaulle　150
Charles de Mills　62
Charles Rennie Mackintosh　226
Chianti　213
Cinderella, Climbing　173
Claire Austin　196
Colette　166
Commandant Beaurepaire　69
Comte de Chambord　95
Comtes de Champagne　201
Constance Spry　200

Cornelia 264
Corvedale 215
Crépuscule 90
Crocus Rose 198
Crown Princess Margareta 214
Cymbaline 222

[D]

Dainty Bess 145
Dames de Chenonceau 244
Darcey Bussell 225
Dick Koster 179
Distant Drums 245
Dorothy Perkins 285
Dove 225
Duchesse d'Angoulême 65
Duchesse d'Auerstädt 92
Duchesse de Brabant 97
Duchesse de Montebello 66

[E]

Eglantyne 188
English Garden 210
English Heritage 184
Evelyn 195
Excellenz von Schubert 178

[F]

F. J. Grootendorst 278
Fair Bianca 229
Fantin-Latour 46
Felicia 274
Félicité Parmentier 36
Fen Zhang Lou 114
Fimbriata 280
Florence Delattre 253
Fortune's Double Yellow 117
Fourth of July 168
France Info 247
Francesca 275

Francine Austin 231
Francis Dubreuil 99
Francis E. Lester 275
François Juranville 284

[G]

Gabriel 130
Général Jacqueminot 69
Général Schablikine 102
Gentle Hermione 220
Geoff Hamilton 219
Ghislaine de Féligonde 109
Gipsy Boy 39
Glamis Castle 214
Gloire de Dijon 106
Gloire des Mousseuses 80
Golden Border 131
Golden Celebration 199
Golden Wings 243
Grace 197
Graham Thomas 190
Great Maiden's Blush 34
Green Ice 172
Grey Pearl 149
Grouse 255
Gruss an Aachen 131
Gunsei 142

[H]

Hagoromo 167
Harlow Carr 228
Heather Austin 233
Henri Martin 74
Hermosa 53
Home & Garden 136
Honoka 137
Honorine de Brabant 38
Hot Cocoa 137
Hume's Blush Tea-Scented China 103

[I]
Iceberg 122
Iceberg, Climbing 141
International Herald Tribune 128

[J]
Jacqueline du Pré 260
Jacques Cartier 94
James Galway 218
James Mitchell 81
Jardins de l'Essonne 257
Jayne Austin 219
Jean Sisley 150
Jeanne d'Arc 35
Jubilee Celebration 221
Jude the Obscure 221
Juno 48

[K]
Kathryn Morley 212
Kiftsgate 26
King 110
Knock Out 246
Königin von Dänemark 34

[L]
L. D. Braithwaite 212
La France 152
Lady Emma Hamilton 237
Lady Hillingdon 105
Lamarque 92
Laura Ashley 175
Lavender Dream 249
Lavender Lassie 276
Lavender Pinocchio 140
Le Vésuve 55
Léda 58
Leonardo de Vinci 125
Lichfield Angel 236
Lilac Charm 140
Long John Silver 119
Lordly Oberon 238
Louis XIV 72
Louise Odier 42

[M]
Magenta 138
Märchenland 139
Maréchal Davoust 79
Margo Koster 179
Marie de Saint Jean 95
Mary Magdalene 234
Mary Rose 209
Matilda 138
May Queen 286
Mayor of Casterbridge 235
Misty Purple 139
Mme. Alfred Carrière 88
Mme. Alfred de Rougemont 71
Mme. Antoine Mari 104
Mme. Bravy 104
Mme. Figaro 258
Mme. Georges Bruant 277
Mme. Hardy 56
Mme. Isaac Pereire 44
Mme. Jules Gravereaux 107
Mme. Laurette Messimy 54
Mme. Lombard 105
Mme. Louis Lévêque 78
Mme. Pierre Oger 41
Mme. Plantier 33
Mme. Renahy 71
Mme. Zöetmans 59
Moonlight 276
Mortimer Sackler 235
Mrs. Doreen Pike 208
Mrs. Herbert Stevens, Climbing 154
Munstead Wood 234
Mutabilis 55
My Granny 248

[N]
Nahéma 167
New Dawn 164
New Wave 151
Nozomi 173

[O]
Octavia Hill 130
Old Blush 50

Olivier Rocllinger 257
Ombrée Parfaite 65

[P]
Park's Yellow Tea-Scented China 98
Pat Austin 206
Paul Bocuse 253
Paul Cézanne 258
Paul's Himalayan Musk 273
Paul's Scarlet Climber 170
Peace, Climbing 153
Pearl Meidiland 262
Pegasus 232
Penelope 270
Penny Lane 169
Perle d'Or 176
Perle des Panachées 67
Peter Rosegger 111
Petite Lisette 36
Phyllis Bide 180
Pierre de Ronsard 156
Pink Grootendorst 280
Pink Gruss an Aachen 134
Pink Parade 246
Pink Sakurina 262
Pretty Lady 135
Princess Alexandra of Kent 231
Prosperity 268

[Q]
Queen of Sweden 213

[R]
Radio Times 236
Raoul Follereau 152
Raubritter 254
Red Cascade 175
Redouté 237
Reine des Violettes 72
Reine Victoria 43
Rhapsody in Blue 249
Rokoko 240
Rosa banksiae banksiae 18
Rosa banksiae lutea 16
Rosa canina 27

Rosa davurica alpestris 14
Rosa cglanteria 21
Rosa gallica versicolor 27
Rosa glauca 24
Rosa hirtula 29
Rosa laevigata 25
Rosa mulliganii 30
Rosa multiflora 22
Rosa nipponensis 28
Rosa nitida 29
Rosa pomifera duplex 118
Rosa roxburghii roxburghii 30
Rosa spinosissima 28
Rose de Rescht 96
Rose des 4 vents 259
Rosendorf Sparrieshoop 256
Rosy Carpet 250
Royal Sunset 170
Russelliana 111

[S]
Safrano 101
Sahara'98 243
Sai Zhao Jun 53
Sakuragasumi, Climbing 142
Salet 77
Sarah Van Fleet 278
Scarborough Fair 223
Scepter'd Isle 224
Sea Foam 244
Sebastian Kneipp 151
Sharifa Asma 204
Shigyoku 61
Shinsetsu 162
Shirochoushun 116
Sidonie 70
Sir Edward Elgar 202
Sister Elizabeth 220
Snow Goose 192
Sombreuil 160
Sonia Rykiel 251
Sophie's Perpetual 54
Souvenir d'Anne Frank 133
Souvenir d'Elise Vardon 103
Souvenir d'un Ami 102

Souvenir de la Malmaison   40
Souvenir de Philémon Cochet   279
Souvenir du Docteur Jamain   70
Spanish Beauty   163
Spectabilis   117
Spirit of Freedom   224
St. Cecilia   205
Stanwell Perpetual   112
Strawberry Hill   223
Strawberry Ice   133
Summer Snow   132
Surprise   132
Sweet Chariot   171
Sweet Juliet   222

[T]
Tasogare   134
Tchaikovski   245
Teasing Georgia   227
The Alexandra Rose   218
The Alnwick Rose   217
The Fairy   178
The Generous Gardener   203
The Nun   216
The Pilgrim   216
The Prince   217
The Shepherdess   215
Thérèse Bugnet   279
Treasure Trove   166
Trier   110

[U]
Umilo   129

[V]
Variegata di Bologna   37
Verschuren   146
Versigny   252
Village Maid   49
Violacea   64
Violette   108

[W]
Wartburg   109
White Grootendorst   281

White Meidiland   263
Wife of Bath   238
Wild Edric   239
William Lobb   76
William Morris   186
William R. Smith   100
William Shakespeare 2000   211
Wisley   211

[Y]
Yolande d'Aragon   96
York and Lancaster   59
Yukiko   174
Yumeotome   174
Yves Piaget   148
Yvonne Rabier   177

[Z]
Zéphirine Drouhin   44
Zi Yan Fei Wu   116
Zoé   81

謝辞

この本は、バラを愛するたくさんの方々の力が結集したからこそ実現できました。
3.11東日本大震災後、不安おさまらぬ春に、愛情こめた美しい写真を添えてアンケートにお答えくださった51人の全国のオーガニック・ローズ・ガーデナーの皆さん。
アンケート内容の検討にはじまり、51人のまとめ役となってくださった、『バラはだんぜん無農薬』にも登場した、大石忍さん、片寄敬子さん、神吉晃子さん、中村敦子さん、中村良美さん、松本隆司さん、矢崎恵子さん。
各品種紹介全体に目を通し、的確で心強いアドバイスをくださった、我らが師と仰ぐ有島薫さん。
『無農薬でバラ庭を』の読者であり、ていねいに品種の精査をしてくださった、花フェスタ記念公園運営管理事務所の西依束さん。
素敵なブックデザインをしてくださった、秋山香代子さん。
そして、私たち編者とがっちりタッグを組んで、約1年間の長きにわたり力をつくしてくださった築地書館の橋本ひとみさん。
皆さまにあつくお礼を申し上げたいと思います。

日本で、バラの無農薬栽培がうたわれてから、約20年がたちました。
大きな時代のうねりの中で、今まさに日本全国に広がろうとしているオーガニック・ガーデニングを楽しむたくさんの皆さんの思いがひとつになって、明るい未来へとつながる希望となりますように。
この本がもっと気楽にもっと楽しくバラと暮らすための一助になることを願います。

編者

編者紹介

梶浦道成（かじうら・みちなり）

1995年、東京都渋谷区に事務所兼住居を建築。狭い壁庭でバラ栽培を続けている。

職業は、フリーランスのコピーライター。コマーシャルのアイデアに煮詰まっては庭仕事に逃げこむ"ちょこちょこガーデナー"。最初の2シーズンは、ガーデニング雑誌などの栽培ノウハウを鵜呑みにして、化学農薬や漢方農薬をせっせと散布。インターネットで知り合ったバラ仲間たちと情報交換を重ねつつ米ぬかによる無農薬栽培を追求。以来16年間、壁庭はオーガニックなバラづくりの実験場と化し、飽きることがない。

毎年、玄関のレモンの木から渋谷生まれのアゲハチョウがはばたいていくのが自慢だ。

共編書に『バラはだんぜん無農薬』（築地書館）。
ブログ〈カジヴィジョン〉http://blog.livedoor.jp/kajivi/

小竹幸子（おだけ・ゆきこ）

東京都町田市で、オーガニックなバラ庭づくりを始めて18年。フルタイムで働く週末ガーデナー。

ネット仲間と情報交換しながら、試行錯誤のうえ「米ぬかオーガニック」にたどりついた。工夫しながら作業を重ね、5月に満開のバラに囲まれるのは最上の幸せ。

多少の虫食いはOK。おおらかな気持ちでバラ庭を楽しんでいる。庭の成長とともに大きくなった長男は今や大学生、次男は高校生。趣味は、園芸のほかに、パンやケーキ、家族が喜ぶおいしいものをつくることと、夫との小旅行。

著書に『無農薬でバラ庭を』『はじめてのバラこそ無農薬』、共編書に『バラはだんぜん無農薬』（以上、築地書館）。
ホームページ〈庭造りの愉しみ〉http://yukikoo.web.fc2.com/
ブログ〈Organic Roses〉http://yukiko17roses.blog48.fc2.com/

オーガニック・ローズ358
私が育てたおすすめの無農薬バラ

2012年5月25日　初版発行

編者	梶浦道成＋小竹幸子
発行者	土井二郎
発行所	築地書館株式会社
	〒104-0045
	東京都中央区築地7-4-4-201
	☎03-3542-3731　FAX 03-3541-5799
	http://www.tsukiji-shokan.co.jp/
	振替00110-5-19057
印刷製本	シナノ印刷株式会社
装丁 本文デザイン	秋山香代子

ⓒMichinari Kajiura & Yukiko Odake　2012　Printed in Japan　ISBN978-4-8067-1439-2

・本書の複写にかかる複製、上映、譲渡、公衆送信（送信可能化を含む）の各権利は築地書館株式会社が管理の委託を受けています。

・JCOPY 〈(社)出版者著作権管理機構　委託出版物〉
本書の無断複写は著作権法上での例外を除き禁じられています。複写される場合は、そのつど事前に、(社)出版者著作権管理機構（TEL03-3513-6969、FAX03-3513-6979、e-mail: info@jcopy.or.jp）の許諾を得てください。

オーガニック・ローズの本

無農薬でバラ庭を
米ぬかオーガニック12カ月

小竹幸子［著］
2200円＋税　◎5刷

米ぬかによる簡単・安全・豊かなバラ庭づくりの方法を紹介。各月の作業を、バラや虫、土など、庭の様子をまじえて具体的に解説。著者が庭で育てているオーガニック・ローズ78品種をカラーで掲載。「うどんこ病対策レシピ」などコラムも充実。

はじめてのバラこそ無農薬
ひと鉢からの米ぬかオーガニック

小竹幸子［著］
1800円＋税

初心者から経験者まで、オーガニック・ローズ栽培の疑問・質問にお答えします。
17年間の経験をもとに無農薬栽培に向くバラ35品種を紹介。
オーガニックなバラと一緒に楽しむ草花・樹木も掲載。

バラはだんぜん無農薬
9人9通りの米ぬかオーガニック

梶浦道成＋小竹幸子［編］
1800円＋税　◎3刷

東北から九州まで。農家の庭から都会の壁庭、ベランダ栽培まで。無農薬でバラ庭づくりを楽しむ9人の愛好家が、土づくり、米ぬか活用法、おすすめのバラなどを具体的に紹介します。
9人の12カ月作業カレンダー付き！

価格・刷数は2012年4月現在

オーガニック・ガーデンの本

雑草と楽しむ庭づくり
オーガニック・ガーデン・ハンドブック

ひきちガーデンサービス（曳地トシ＋曳地義治）［著］
2200円＋税　◎5刷

雑草との上手なつきあい方教えます！　雑草を生やさない方法、庭での生かし方、草取りの方法、便利な道具……。庭でよく見る86種を豊富なカラー写真で紹介。オーガニック・ガーデナーのための雑草マメ知識も満載。雑草を知れば知るほど庭が楽しくなる。

虫といっしょに庭づくり
オーガニック・ガーデン・ハンドブック

ひきちガーデンサービス（曳地トシ＋曳地義治）［著］
2200円＋税　◎7刷

無農薬・無化学肥料で庭づくりをしてきた個人庭専門の町の植木屋さんが、長年の経験と観察をもとにあみだした農薬を使わない「虫退治」のコツを、庭でよく見る145種の虫のカラー写真とともに解説。

無農薬で庭づくり
オーガニック・ガーデン・ハンドブック

ひきちガーデンサービス（曳地トシ＋曳地義治）［著］
1800円＋税　◎8刷

無農薬・無化学肥料で庭づくりをしてきた植木屋さんが、そのノウハウのすべてを披露。大人も子どももペットも安心。安全で健康な使いやすい庭づくりのコツ。
自然農薬のつくり方・使い方もくわしく解説。

価格・刷数は2012年4月現在